精品课程立体化教材系列

能源经济学

魏一鸣　焦建玲　廖　华　编著

科学出版社

北京

内 容 简 介

本书以能源经济与管理问题为主线，将能源战略与政策的研究纳入经济学研究框架，系统地介绍了能源需求与能源供给、能源市场、能源价格、能源效率、能源要素替代和能源贸易与能源金融等核心问题。在强调基础性和系统性的同时，本书注重把握现代能源经济与管理问题的发展趋势，吸收了最新发展与研究成果，并注重深入浅出和与中国实践的结合，使本书更适应当前高等院校经济与管理类人才培养的要求，特别是能源经济与管理领域高层次人才培养的要求。

本书既可以作为能源经济与管理类专业的本科生教材，也可以作为高等院校师生、科研人员、企业管理人员及政府部门的公务人员的培训教材或自学参考材料。

图书在版编目（CIP）数据

能源经济学/魏一鸣，焦建玲，廖华编著. —北京：科学出版社，2011.2
（精品课程立体化教材系列）
ISBN 978-7-03-030288-5

Ⅰ.①能… Ⅱ.①魏… ②焦… ③廖… Ⅲ.①能源经济学-高等学校-教材 Ⅳ.F407.2

中国版本图书馆 CIP 数据核字（2011）第 022697 号

责任编辑：王伟娟/ 责任校对：张怡君
责任印制：徐晓晨 / 封面设计：耕者设计工作室

科学出版社出版
北京东黄城根北街 16 号
邮政编码：100717
http://www.sciencep.com

北京中科印刷有限公司印刷
科学出版社发行 各地新华书店经销
*
2011 年 2 月第 一 版 开本：B5（720×1000）
2019 年 1 月第四次印刷 印张：13 1/2
字数：270 000

定价：48.00 元

（如有印装质量问题，我社负责调换）

前 言

能源及其密切相关的气候变化问题已成为全球政策界、学术界、工商界和社会公众共同关注的焦点。无论是能源问题还是气候问题，归根结底都是发展问题。在当前和未来相当长时期内，经济发展仍将是中国的首要任务，能源问题在很大程度上是经济问题。

近年来，能源经济与管理方面的人才需求急剧上升，但这方面的人才培养相对滞后。长期以来，我国从事能源经济学研究或教学工作的人员大多是单一学科背景，要么是侧重经济学，要么是侧重能源工程，主要集中在地质、煤炭、石油、电力等高校，因此，在“石油经济学”、“煤炭经济学”、“电力经济学”等方面有许多很好的研究成果，但大多属于工程经济分析或者财务分析，与经济学有较大区别。事实上，能源经济学是一个多学科交叉性的综合性学科。

解决能源经济复杂系统问题不仅需要自然科学、工程技术科学，以及大量的实践经验，还需要现代经济学思想、理论和方法的指导。能源经济学是现代经济学在能源经济系统中的应用。能源经济学属于应用经济学的范畴，同时由于能源问题的特殊性，也推动了经济学理论和方法的发展，如产业组织理论、非线性定价等。另一方面，能源经济学是一类典型的交叉科学，不仅需要依靠以能源工程为具体背景，也需要依靠经济学理论和方法。

北京理工大学能源与环境政策研究中心是 2009 年经学校批准成立的研究机构，挂靠在管理与经济学院。中心大部分研究人员来自于本人在中科院创建的能源与环境政策研究中心。长期以来，我们面向国家能源与应对气候变化领域的重大需求，针对能源与环境战略、能源政策中的关键科学问题开展研究。近年来，与同行们一起在推动能源经济与管理学科的发展，能源经济与管理领域高水平专门人才培养方面也作了一些有益的探索。在“能源经济学”方面开展了一些有价值的研究，并有较多研究成果发表在 *Energy Economics*、*Energy Policy* 等能源经济与政策领域的国际重要期刊上，其中部分论文已被麻省理工学院（MIT）等国外著名高校能源经济与政策类课程列为指定读物。

自 2006 年以来，《中国能源报告》以学术专著的形式出版，迄今已出版三部，得到了国内外从事能源经济与管理研究的同仁、政府相关管理部门和能源企业的领导及同行许多积极的反响和鼓励。同时，已有部分高校研究生甚至本科生课程将该专著作为参考教材。

国内有不少高等院校将陆续开设“能源经济”课程并招收本科生和研究生。为顺应这一新的形势和要求，鉴于教材与学术专著无论是在写作内容还是风格方面均有较大差异，北京理工大学组织长期从事能源经济与管理研究和教学的专家编写了本书。在编写过程中，参考了我们团队之前出版的学术专著《中国能源报告》和论文及国内外的有关文献。本书以能源经济与管理问题为主线，把经济学中的相关理论贯穿到能源经济复杂系统中，从能源市场供需着手，探讨能源市场资源配置效率，能源价格与能源市场以及宏观经济之间的关系，强调教材的基础性和系统性；其次，本书突出能源资源的要素禀赋特性，注重能源与其他要素的替代性、各类能源之间的替代性、能源与技术的相互关系等；最后，本书注重在探讨经典的能源经济学问题的同时，力求引入国际国内最新的研究方法和研究成果，并结合中国的实际问题给出研究案例。由于能源经济与管理问题的复杂性和综合性，为确保本书的可读性，在本书编写过程中，我们注重深入浅出，使本书能更适应当前高等院校经济与管理类人才培养的要求，特别是能源经济与管理领域高层次人才培养的要求。

本书共八章，由魏一鸣负责组织和统稿，魏一鸣、焦建玲、廖华负责主笔，何凌云、从荣刚等参与了部分章节的编写。本书适合具有高等数学基础的本科生使用。本书在写作过程中，参考了大量资料，作者已尽可能地在参考文献中详细列出，在此，对引文中的所有作者表示诚挚的感谢！但是，也有可能由于疏忽，引用了一些资料而没有注明出处，若有此类情况发生，在此深表歉意。并将在修订版本中予以补充。

本书的研究和编写过程中，得到了国家自然科学基金（71020107026、0971034、70733005、70903066）等项目的支持，先后得到了陈述彭院士、于景元、彭苏萍院士、何建坤、徐伟宣、宋建国、马燕合、黄晶、孙洪、田保国、沈建忠、延吉生、李善同、陈晓田、李一军、汪寿阳、高自友、张维、黄海军、周寄中、黄季昆、杨列勋、刘作仪、李若筠、葛正翔、方朝亮、戴彦德、许永发、刘克雨、郭日生、彭斯震、傅小锋、李景明、涂序彦、计雷、蔡晨、李之杰、池宏、张建民等专家和领导的鼓励、指导、支持和无私的帮助；国外同行 Tol R S J、Hofman B、Martinot E、Drennen T、Jacoby H、Parsons J、MacGill I、Edenhofer O、Burnard K、Nielsen C、Nguyen F、Okada N、Ang B、Yan J、Tatano H、Murty T、Erdmann G. 等曾应邀访问能源与环境政策研究中心并作学术交流，他们曾以不同形式给予我们支持和帮助。中国科学院副院长丁仲礼院士也曾对我们的研究工作给予了指导和支持。值此，向他们表示衷心的感谢和崇高的敬意！

由于作者的知识修养和学术水平有限，本书中难免存在缺陷和不足，甚至是错误，恳请各位同仁和读者批评指正。

2011年2月10日于北京

目　　录

第1章　导　　论

能源问题已经演变成为影响全球政治经济格局和人类社会发展全局的重大战略问题。在宏观的科学研究层面上，能源问题归根结底是发展问题，但在很大程度上是经济问题。本章将简要介绍能源经济学的学科特征，包括能源经济学的定义、研究对象、研究方法，能源经济学的形成和发展，以及能源经济学与其他相关学科的联系。

1.1　能源经济学概述

1.1.1　能源经济问题的重要性

能源是人类社会赖以生存和发展的重要物质基础。纵观人类社会发展的历史，人类文明的每一次重大进步都伴随着能源的改进和更替。能源的开发利用极大地推进了世界经济和人类社会的发展。能源的大量开发和利用，是造成环境污染和气候变化的主要原因之一。正确处理好能源开发利用与环境保护和气候变化的关系，是世界各国迫切需要解决的问题（国务院新闻办　2007）。不论是能源问题还是气候问题，归根结底都是发展问题。发展问题的涉及范围相当广泛，既包括经济和社会发展，也包括文化、科技和环境发展等诸多内容。各项内容相互关联、错综复杂，但在当前和未来相当长一段时期内，对于中国，经济发展仍将居于主线地位。

当前人类所使用的能源主要是商品能源，贯穿于整个经济系统的各个环节内。能源既是重要的生产要素，不可能被其他要素完全替代；能源也是重要的生活资料，不可能被其他消费品完全替代。工业革命以来，世界经济和能源消耗均保持了较快增长态势。1980～2009年，世界生产总值（GWP）与能源消耗量的相关系数为0.995；GWP和能源消费年均分别增长2.8%和1.8%；单位GWP能耗累计下降了23%。全球经济每增长1%，大约带动能源需求增长0.64%（魏一鸣等　2010）。未来世界能源需求增长仍然较快。据国际能源署（IEA　2010）预测，按照目前的政策，2008～2035年世界能源消费总量年均增长1.4%，达到180.5亿吨标准油。

当前，世界能源发展面临着重大变革（中国能源研究会　2010）：①世界能源消费开始由发达国家与发展中国家共享市场；②世界化石能源的供需平衡，只能满足全球能源需求的低速增长，世界化石能源资源进一步趋紧；③对能源安全、温室气体排放及新的国际竞争力的战略追求，将对传统的世界能源格局提出挑战，能源利用将进一步向节能、高效、清洁、低碳方向发展；④在今后几十年内，世界能源结构将发生重大变化，非化石能源将逐步成为主要能源；⑤世界各主要国家纷纷调整战略，能源新技术成为竞相争战的新的战略制高点，以争取可持续发展的主动权。

不论是与其他国家相比，还是与中国自身历史相比，当前中国的能源经济形势都显得更为紧迫，能源发展挑战也更为严峻。加强能源经济学的研究、普及和应用，对于中国显得尤为迫切。

中国是当今世界上最大的发展中国家，在促进经济发展和社会进步的过程中，面临着更严峻的能源与气候挑战。受经济社会发展阶段、人口众多、经济发展方式惯性作用等因素的制约，未来中国能源需求增速仍将处于较高水平。中国正处于工业化、城市化的快速发展进程中。20 世纪后 20 年，中国能源消费年均增长 4.5%；21 世纪前 10 年，年均增速超过了 8%，如图 1-1 所示。即使 2010～2030 年中国能源消费年均增速为 4.0%，到 2030 年能源消费总量将达到 71 亿吨标准煤（发电煤耗法）；如果年均增速按照 6%计算，则 2030 年能源需求将超过 100 亿吨标准煤。即使未来中国人均能源消费量与目前能源效率较高的日本的人均水平相当，按 14.5 亿人口计算，则中国每年能源需求总量将超过 85 亿吨标准煤；如果与目前的美国人均水平相当，则每年能源需求总量将超过 160 亿吨标准煤。巨大的能源需求前景给中国未来经济和社会发展带来了严峻挑战，但是不确定的能源需求情景也给中国改善能源效率带来了诸多机遇。

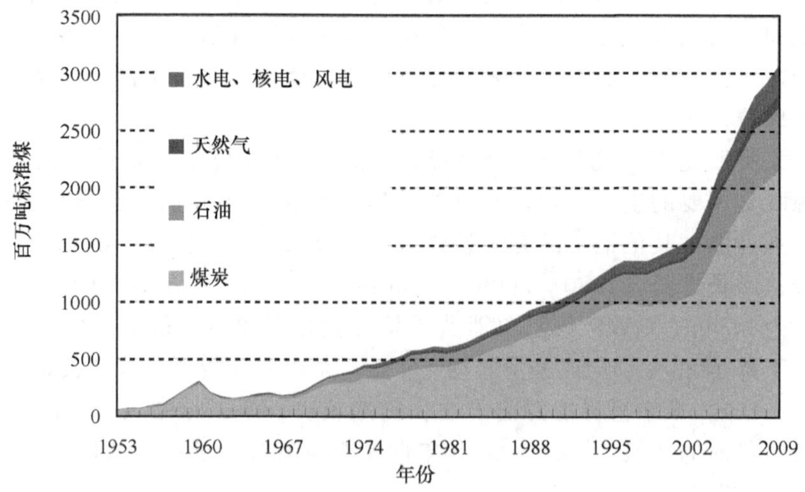

图 1-1　中国的能源消费总量和结构

资料来源：魏一鸣等．2010．中国能源报告 2010：能源效率研究．北京：科学出版社．

尽管中国的能源资源总量比较丰富，但由于中国人口众多，人均能源资源拥有量在世界上处于较低水平。煤炭和水力资源人均拥有量相当于世界平均水平的50%，石油、天然气人均资源量仅为世界平均水平的1/15左右。耕地资源不足世界人均水平的30%，制约了生物质能源的开发（国务院新闻办 2007）。此外，中国能源资源分布极不均衡。如果没有出现重大的能源技术变革或者大规模资源储量发现，国内较低的人均能源资源特别是油气资源储量，将越来越难以满足未来经济社会发展的需要。中国自1993年起再次成为石油净进口国，自1997年起能源自给率开始小于100%；2000年以来，石油净进口量急剧增长，对外依存度迅速攀升，2009年净进口量达到2.11亿吨，对外依存度53%。能源自给率逐渐下降，石油净进口量急剧增长，这还将影响到中国的国家安全。

中国是世界上少有的几个以煤炭为主的能源消费大国，煤炭消费量约占全部能源消费量的70%（发电煤耗法）。大量煤炭开采和燃烧带来了严重的环境污染问题。中国已经是世界上最大的二氧化硫排放国，2009年二氧化硫排放总量2214.4万吨，与2005年相比下降13.14%。

中国还是二氧化碳排放大国，而且排放量增长较快。虽然目前没有具体的温室气体减排义务，但是随着全球气候变化问题的日益严重，以及中国温室气体排放总量继续增长，今后中国在减缓碳排放增速方面将要继续做出巨大努力。工业革命以来，全球温室气体累计排放的最大部分源自发达国家。目前温室气体减排成本较高昂，发达国家已经完成了工业化进程，当时几乎没有温室气体减排压力；而中国目前正处在工业化进程中，在推动经济发展、促进社会进步的同时，还需要应对全球气候变化带来的新挑战。

1.1.2 研究和应对能源挑战需要能源经济学

由于能源的至关重要性和特殊性，能源问题成为国际社会高度关注的问题，能源政策在世界各国的发展政策体系中都占据重要地位。如何制定或调整本国的能源政策，这吸引了来自各个学科的专家学者。

能源作为能量，在热力学中有第零定律、第一定律、第二定律、第三定律。这些定律对于认识能源的自然属性具有重要意义。在能源工程中，也有一些具体的能源技术方法。但是，仅有能源科学和能源工程的理论或方法，还不足以应对当前人类面临的能源挑战。

应对复杂的能源经济系统问题不仅需要自然科学、工程技术科学，以及大量的实践经验，还需要现代经济学思想、理论和方法的指导。能源经济学是现代经济学在能源经济系统中的应用。能源经济学属于应用经济学的范畴，同时由于能源问题的特殊性，也推动了经济学理论和方法的发展，例如产业组织理论、非线性定价等。此外，能源经济学是一类典型的交叉科学，不仅需要依靠以能源工程为具体背景，而且需要依靠经济学理论和方法。

作为一门科学，能源经济学在不同文献中的定义有所不同，但大体上存在基本的共识。在《新帕尔格雷夫经济学大辞典》（第 2 版）中，能源经济学研究能源资源问题和能源商品问题，包括企业和消费者供应、转换、运输和使用能源资源的行为或动机，市场及其规制结构，能源利用的经济效益，能源开发和利用导致的分配和环境问题等。在《麦克米伦能源百科全书》中，能源经济学定义为关于经济学在能源领域中应用的一门科学，重点关注能源利用领域内各类主要能源的供应和需求，各类能源之间的竞争性，公共政策的作用，以及能源带来的环境影响。

能源问题与其他经济、社会问题交织在一起，互为关联，具有典型的系统性和动态性特征。单纯地依靠能源技术、能源工程，愈来愈难以应对能源经济系统问题。例如，世界各国都要不断地开展中长期能源需求预测。预测本身并不是目的，而是为了更好的未雨绸缪，更好地制定节能规划和能源供应规划。要做好中长期预测，需要对整个经济系统有比较全面的把握和认识，包括经济增长速度、经济结构和要素结构演变、人口结构和居民消费倾向变迁、技术进步、经济体制变化等。对这些因素的把握和认识都需要依靠现代经济学理论和方法。如图 1-2 所示，不同的国家，人均能源消费量的演变路径也不相同。如何去分析各国人均用能量的影响因素，区分哪些是客观因素、哪些是主观政策因素，这对于一国制定中长期能源发展战略具有重要的启示作用。

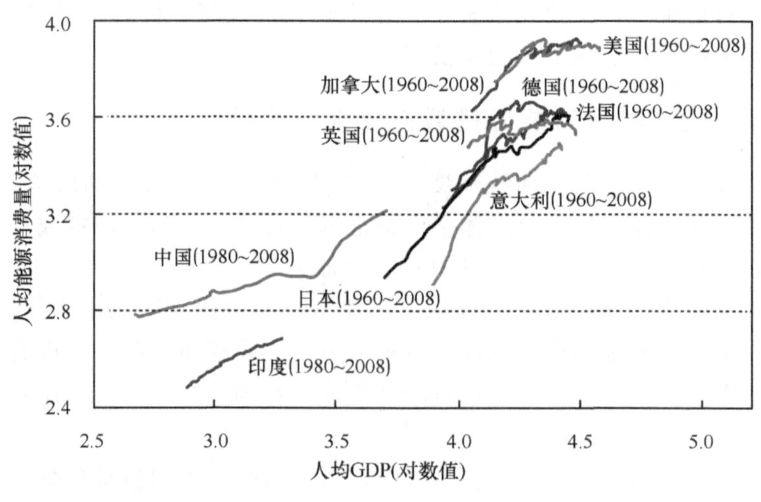

图 1-2　经济发展水平与人均能源消费量

在我国，能源经济系统研究已有 30 多年的历史，但与目前国家能源战略、能源形势的发展相比，仍然需要进一步大力普及和推广能源经济学教育和研究。

近年来，由于能源问题的紧迫性和重要性日益凸显，能源经济研究报告和论文大量涌现，从事能源经济学学习和研究的人员日益增多，这也迫切要求出版一部能源经济学教科书。目前，国内外有关能源经济类的教科书大多以能源品种为脉络，分别介绍石油、天然气、煤炭、水电、可再生能源、节能、能源管理等方面的知识。本书将以能源问题为脉络，把各类能源纳入整个经济社会系统框架综合考量，注重能源与其他要素的替代性、各类能源之间的替代性、能源与技术的相互关系等。

1.2 能源经济学的研究对象和方法

1.2.1 能源经济学的研究对象

能源经济学以能源经济系统的运行规律为研究对象。能源经济系统不仅包括能源的勘探、生产、加工、贮运和利用各个环节，更包括各个环节的相互关系及其与其他经济要素的关联关系。能源经济学包括以下主要研究对象或研究内容，各项研究内容相互关联。

1. 能源供给与需求

能源供需和可持续发展受经济发展速度、能源投融资状况、新技术的使用、消费模式及能源政策等很多因素的影响。能源的供应与消费研究具体包括能源与经济发展、能源供需预测、能源消费模式、区域能源消费、能源可持续发展、能源技术政策等问题。

2. 能源效率与节能

改善能源效率是应对能源挑战的重要且有效途径。能源效率与节能研究具体包括能源效率测度方法与应用、能源效率与经济社会发展、节能政策设计与模拟、居民消费行为与节能、重点行业能源效率、区域能源效率等。

3. 能源市场与碳市场

能源市场与碳市场的金融特征日益突出，关系越来越密切。能源价格波动、能源价格机制、能源市场风险监测和预警、碳市场机制已成为研究热点。当前，在能源市场与碳市场方面重点需要研究能源价格机制与价格预测、能源市场风险管理、能源金融与碳金融、碳市场配额分配机制、碳市场与低碳发展等。如何在保障能源供应的可靠性普遍性和提高能源供应的经济效益两个方面做好平衡，一直是全球各国政府的难题。能源市场研究，特别是电力市场和天然气市场研究，在现代经济学理论研究中占重要的引领作用。

4. 气候变化与环境变化

全球气候变化和环境变化涉及不同层次范围和时间尺度，是典型的复杂科学问题。其重点研究内容包括碳排放问题、气候变化情景分析、气候政策设计与模拟、碳捕获与封存、能源－环境－健康、气候变化与环境变化的影响及易损性等。

5. 能源安全与预警

国际能源地缘政治纷繁复杂，国际原油价格剧烈波动，给石油贸易带来巨大风险，直接影响能源进口国的能源安全。该领域重点研究战略石油储备、能源进口风险评价、海外油气开发利用风险管理、海外油气运输风险评估、能源供应安全预警、国际能源安全政策等。

6. 能源建模与系统开发

目前，大多数能源模型是涵盖社会、经济、技术、资源、环境、气候的综合集成模型，这些模型大多以经济系统为核心。在构建能源系统模型时，根据研究目的、假设条件及数据可获得性，在经济系统的基础上加载技术、资源、环境、气候等模块。在国际上，一些重要的国际组织或政府机构发布的能源报告大多数是以能源经济系统模型的模拟结果为基础，例如，国际能源署（IEA）每年发布的《世界能源展望》是基于 1993 年以来不断开发和升级的世界能源模型（WEM），美国能源部能源信息署（EIA）每年发布的《国际能源展望》是基于1993 年以来开发的美国国家能源建模系统（NEMS）。WEM 模型包括终端能源需求、电力生产、转换与运输、化石能源供应、二氧化碳排放、投资六个子模块，可用于预测全球主要国家和地区的需求量。NEMS 模型包括十多个模块，主要用于美国的中长期能源需求预测和政策模拟。

7. 能源公平与能源贫困

能源属于生活必需品。世界各国的人均能源需求水平和需求结构极不平衡。发达国家和石油出口国的年人均用能量基本处在 3～10 吨标准油水平。大多数发展中国家的人均用能量远低于发达国家水平，美国的年人均用能量是世界人均水平的 4 倍多。在同一国家的不同社会群体间，能源需求也极不平衡。在广大发展中国家和地区，能源贫困问题依然相当严重。当前，世界能源贫困问题突出表现在三个方面：一是人均用能水平较低；二是无法获得电力服务；三是煤炭和传统固体生物质能使用比较广泛。能源贫困会对健康和教育导致很多不良后果，而且这些后果是深远的，甚至是不可逆转的。如果广大农村居民无法获得电力，不能满足基本的照明和电器服务，则无法为学生提供更好的学校教育和家庭条件，即使是基本、简单的医疗设备也无法正常运转。大量使用煤炭和柴草等传统固体能源将导致严重的室内空气污染，造成严重呼吸道疾病，还会给产妇和新生幼儿的健康造成威胁。在获取传统生物质能的过程中，劳动强度大、劳动时间多，而且往往是由儿童或妇女来承担，同时影响健康和人力资本水平。另外，传统生物质能的利用效率相当低下，造成大量资源浪费。

在不同的历史时期，能源经济学的研究对象或者侧重点有所不同。在早期，能源经济学主要研究资源的可耗竭性、能源中长期需求预测、OPEC 行为等。近年来，全球气候变化问题的国际政治生态和舆论环境业已形成，全球和区域气候政策也成为能源经济学的重要研究对象。

1.2.2　能源经济学的研究方法

开展能源经济学研究，首先需要树立全局观、系统观、动态观。由于现实能源经济系统的复杂性，在开展能源经济研究中，需要依据具体的问题和数据的可获得性，确定系统的边界，确定外生因素和内生因素。例如，能源价格会影响能源需求，那么在开展能源中长期需求预测研究中，是把价格作为内生因素还是外生条件，对于选择具体的预测方法、得到的具体预测结论和政策启示均有重要影响。

能源经济学的研究方法应当以经济学理论、统计学理论等有关科学理论基础，同时还需要大量的实践经验支撑。当前，能源经济学研究大多是经验研究（国内通常也称为实证研究）和实验研究（或者模拟研究），或者二者的结合；也有少量数理研究（特别是在电力市场研究方面）。在经验研究中，大多依据基本的经济学原理或者实践经验，通过收集相适应的数据，开展计量或者统计分析。在实验研究中（大多数能源系统建模研究属于这一类），一般首先依据有关经济学理论建立行为方程和平衡方程（方程的参数大多依据经验或者校准获得），然后改变外生变量（如税收政策、能源价格等），对模型系统进行运算（模拟），得到结果或结论。具体来讲，经验研究方法包括回归分析、投入产出分析、增长核算分析、统计分析、时间序列分析等方法；实验研究方法包括可计算一般均衡模拟、多主体模拟等。

能源经济模拟研究往往需要一个团队合作完成，一项出色的模拟研究往往是几年甚至数十年的积淀。例如，国际应用系统分析研究所（IIASA）和斯坦福大学联合开发的 MERGE 模型，主要用于全球气候政策模拟研究，包括宏观经济、能源供应、温室气体排放三个子模型。美国 Brookhaven 国家实验室开发的 MARKAL-MACRO 模型及其变形。麻省理工学院开发的 IGSM 模型，包括经济、大气化学变化、气候、陆地生态系统等模块，偏向于技术层面，该模型是早期经济合作与发展组织（OECD）开发的 GREEN 模型的延续版本。由马里兰大学和美国太平洋西北国家实验室联合成立全球变化联合研究所开发的第二代能源经济系统模型 SGM，它是由 14 个地区的一般均衡模型组成的模型集组成。McKibbin 和 Wilcoxen 联合开发的多国多部门跨期动态一般均衡模型 G-Cubed（含 12 个部门）。由于不同的能源系统模型模拟结果差异较大，为了使模型更易比较、更加透明化，推动能源经济科学发展，20 世纪 70 年代，斯坦福大学 Swneey 和 Weyant 等教授创建了著名的能源建模论坛（EMF），为能源建模学者提供了一个良好的交流平台。

经验研究与模拟研究相结合的经典实例就是哈佛大学的 Hudson 和 Jorgenson（1974）开创的基于计量的可计算一般均衡研究。他们在编制投入产出时间序列表等大量数据的基础上，采用 Translog 函数形式，建立了反映美国能源经济系统的一般均衡计量经济模型，并用该模型模拟了不同税收政策对美国能源需求和碳排放的影响。与其他常见的 CGE 模拟研究所不同，该模型的一些参数采用计量方法内生获得，减少了对技术进步有偏性和模型参数的人为设定。因该模型需要编制投入产出时间序列表，数据量要求也较大。

1.3 能源经济学的形成与发展

1.3.1 能源经济学的起源与兴起

能源经济学的起源可以追溯到经济学界对自然资源的可耗竭性的关注。19 世纪，得益于以蒸汽机为代表的工业革命，英国成为世界制造中心，煤炭需求量急剧增长，从 1800 年的 0.13 亿吨标准煤增长到 1900 年的 1.66 亿吨标准煤，英国煤炭产量曾一度占全球产量的 80%以上。煤炭需求量有没有顶峰？何时达到顶峰？世界煤炭储量是否会耗竭？这些问题在当时已经引起了一些从事经济研究学者的重视。1865 年，著名的边际学派代表人物、英国经济学家杰文斯（Jevons）出版了著名的《煤炭问题》，该书是最早应用经济学分析煤炭问题的著作（图 1-3）。

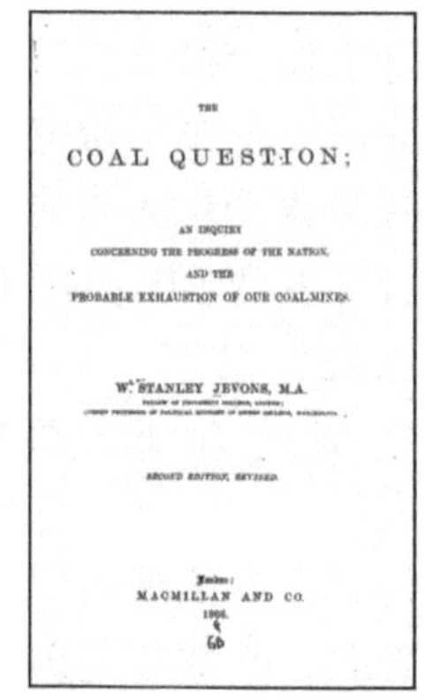

THE

COAL QUESTION;

AN INQUIRY
CONCERNING THE PROGRESS OF THE NATION,
AND THE
PROBABLE EXHAUSTION OF OUR COAL-MINES.

W. STANLEY JEVONS, M.A.

SECOND EDITION, REVISED.

MACMILLAN AND CO.

图 1-3 杰文斯及其出版的《煤炭问题》

尽管能源资源的可耗竭性在 19 世纪已经引起人们的注意，但在当时的经济学界还未引起广泛关注。1931 年，美国经济和统计学家 Hotelling（1931）在《政治经济学》期刊上发表了著名的“可耗竭性资源的经济分析”一文，开创了资源经济学。但在当时，世界能源结构逐步转向以石油为主，化石能源资源的可耗竭性并不是很突出。后来由于第二次世界大战及战后初期的重建工作，能源经济问题依然没有得到足够的重视。

1952 年，美国未来资源研究所成立。该机构成为美国第一个资源与环境领域的智库。1963 年，未来资源研究所的 Barnett 和 Morse 出版了著名的《稀缺性与增长：关于自然资源可获得性的经济学》，再次引起了全球经济学界对能源经济问题的重视。

1973 年，第一次石油危机爆发，带动了能源经济学研究的兴起，大量曾经获得诺贝尔科学奖的经济学家对能源经济问题开展了系统，深入的研究，如已获奖者 Kenneth J. Arrow、Tjalling C. Koopmans 等，也包括后来的获奖者 Robert M. Solow、Joseph E. Stiglitz 等。研究问题不仅仅包括资源开采和定价，还包括 OPEC 的定价能力、能源价格波动对宏观经济的影响、能源市场规制、节能政策设计等。自此，能源经济学成为经济学的一个重要分支，大量的能源经济研究文献见诸于主流的经济学期刊中。

1.3.2 能源经济学的发展

1. 一批能源经济学期刊相继出版

第一次石油危机后，无论是在广度上还是在深度上，能源经济研究都有了较大的推进。为了适应当时能源经济学者交流的需要，一批能源经济学期刊相继出版。例如，*Energy Policy*（1973 年创刊），*Energy Economics*（1979 年创刊），*Energy Journal*（1980 年创刊），*Annual Review of Energy*（1976 年创刊，后更名为 *Annual Review of Environment and Resources*），*Resources and Energy*（1978 年创刊，后更名为 *Resource and Energy Economics*）。

此期间，能源经济学文献大量涌现。Google Scholar 的文献计量显示，在 20 世纪 60 年代全球经济、金融与管理领域的英文文献中，以“Energy”为标题的仅有 295 篇（部），但到 70 年代则增长到 6760 篇（部），而且该数据还在持续增长中（图 1-4）。

2. 一批能源经济学研究机构、组织或学会相继成立

当前世界著名的能源经济学研究机构、组织或学会大多成立于 20 世纪 70 年代石油危机后，如国际能源经济学会（IAEE）、国际能源署经济研究部（IEA）、美国能源部能源信息署（EIA）、斯坦福大学能源建模论坛（EMF）、麻省理工学院能源与环境政策研究中心（CEEPR）、日本能源经济研究所（IEEJ）、剑桥能源研究会/咨询公司。一些著名的经济学研究机构成立了专门的能源经济部门或

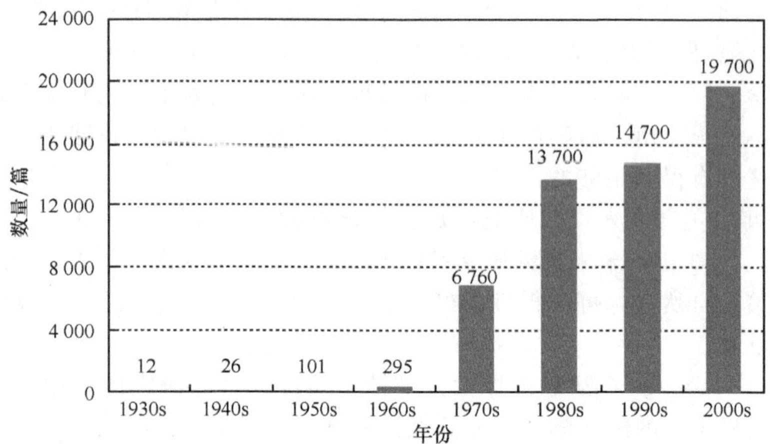

图 1-4 全球经济、金融及管理领域中以“Energy”为标题的英文文献数量

项目组，如美国国民经济研究局（NBER）的环境与能源经济学项目组。此外，从事能源研究类的咨询公司也相继出现，如剑桥能源研究会。

国际能源经济学会（IAEE）成立于1977年，总部设在美国俄亥俄州，其会员来自70多个国家和地区的能源和相关问题的商业、政府、学术界和其他专家学者，该组织致力于为全球范围内关注能源及相关问题的专家学者提供服务，在世界30多个国家或地区有分支机构，拥有3400多名会员。自从20世纪70年代末起，IAEE每年都要召开全球年会，2011年的第34届年会将在瑞典斯德哥尔摩举行。IAEE还每年举行地区年会，如欧洲年会、北美年会。IAEE主办的学术期刊*Energy Journal*在能源经济与政策领域中享有盛名。国际能源经济学学会中国委员会成立于2009年，挂靠在北京理工大学能源与环境政策研究中心。

自20世纪80年代以来，中国能源经济研究机构也相继成立，很多国家一级学会下设了能源经济类分会或专业委员会。中国的能源经济研究主要起源于20世纪80年代的能源系统工程研究。1981年2月，“能源系统模型学术研讨班”在天津大学举行，这是国内首次开展的能源系统模型专业性学术活动。

3. 现代经济学理论和方法的发展推动了能源经济学的发展

20世纪70年代逐步成熟的博弈、信息、机制设计理论在能源经济研究中得到了越来越广泛的应用。博弈论已经广泛应用分析OPEC等垄断性能源组织的产量和定价行为。信息和机制设计理论在节能和能源效率政策方面提供了大量有益启示。计量经济学的发展也为定量研究能源经济问题提供了更恰当的工具选择。

4. 计算机、信息技术的发展和能源经济数据的不断完善推动了能源经济学的发展

不论是开展能源经济经验研究还是模拟研究，均需要开展大量的运算，这需

要大量的能源经济数据，也需要依靠计算机和信息技术。20 世纪 70 年代以来，国际能源署和世界主要国家都加强了能源经济统计工作，相继建立了比较完善的能源统计体系，并定期出版能源经济数据。一些能源信息服务商也相继涌现，如 Platts、Cedigaz、SSY、Energy Intelligence 等，Thomson Reuters、Bloomberg 等信息服务商提供了海量能源交易数据。目前，有关能源经济的微观数据也逐渐增多，这将有助于更深入地研究能源经济问题。

20 世纪 80 年代以来，计算机硬件不断升级和普及，大规模计算软件和工具不断涌现，程序设计占用能源经济研究人员的时间大幅减少，使得研究人员可以更加专注于能源经济问题的研究。

1.4 能源经济学科与其他相关学科的联系

能源经济学属于经济学的一个分支，与其他经济学分支有着密切联系，可用图 1-5 来概括。现代微观经济学、宏观经济学理论是能源经济研究的基础理论。化石能源开发和利用导致了严重的环境污染、生态恶化和碳排放问题，资源经济学、环境经济学与能源经济学存在一定的交叉性。能源问题归根结底是发展问题，这对广大发展中国家更是如此，因此能源经济学与发展经济学密切相关。

研究能源公平与能源贫困问题，还需要应用福利经济学和社会学有关理论和方法。能源是一种国际性战略资源，能源问题已经泛政治化，因此能源经济学与国际政治学存在交叉关系。在能源政策设计中，还需要应用运筹学、系统科学与系统工程方面的知识。

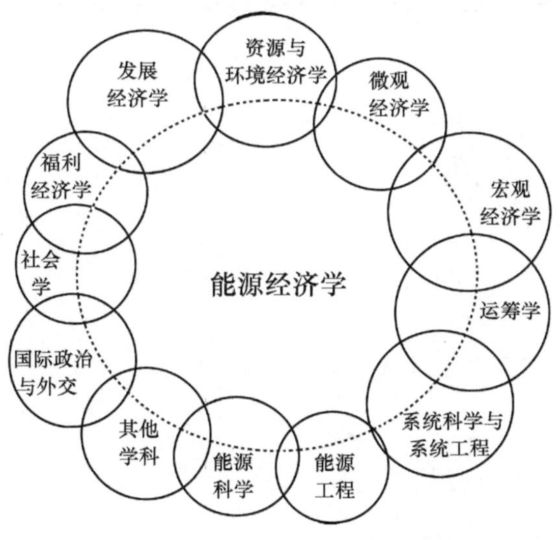

图 1-5 能源经济学与其他学科的关系

在早期，不同领域、不同能源行业的人员对能源经济系统的研究侧重点不同，因此出现了石油经济学、煤炭经济学、天然气经济学等。严格来讲，这些研究大多与具体的能源行业密切相关，“软科学”和“财务分析”倾向显著，在很大程度上属于技术经济学或者工程经济学的范畴，不属于经济学研究的范畴（涉及天然气管网和电网规制的研究除外）。

1.5 本章小结

本章简要介绍了能源经济问题的由来，能源经济学的研究对象和研究方法，能源经济学的起源、兴起和发展，以及能源经济学与其他相关科学的联系。

当前，人类面临着前所未有的能源挑战：化石能源资源储量不足、能源资源分布不平衡、能源贫困问题突出、能源导致环境污染和生态破坏、化石能源开发利用导致碳排放、能源投资周期长风险大、能源市场脆弱、能源定价两难等。应对这些能源挑战仅仅依靠能源自然科学和能源工程技术远远不够，还需要应用关于能源经济系统发展的一般规律的科学——能源经济学。

思考题

1. 能源经济学的研究对象是什么？
2. 能源经济学与经济学其他分支有什么联系？
3. 为什么能源经济学研究在20世纪70年代有了较大发展？
4. 我国的能源发展面临着哪些挑战？

第2章 能源需求

能源是人类社会发展和经济增长最基本的驱动力。人类从旧石器时代以火熟食和御寒后，长期使用柴薪作为能源。18 世纪 60 年代，由于蒸汽机的发明，促使能源利用由柴薪向煤炭转移，煤炭成为 19 世纪资本主义工业化的动力基础，第一次工业革命得以大规模展开。1895 年，埃德温·德雷克在美国宾夕法尼亚州打出第一口油井，标志着近代石油工业的诞生，石油的发现及接踵而至的一系列发明改变了世界的生产模式、交通模式。电力的发明和大规模使用，直接推动世界经济进入了轰轰烈烈的第二次工业革命，伴随着产业发展的升级换代，能源消费量急剧增大。因此，一部《世界经济发展史》也就是一部《人类利用能源的发展史》，随着生活水平的提高，能源需求在经济发展中的作用将越来越重要。本章首先阐述能源需求的基本概念，然后对影响能源需求的主要因素进行分析探讨，最后就能源需求预测建模问题展开论述。

2.1 能源需求的基本概念

2.1.1 能源需求含义

能源需求指消费者在各种可能的价格下，对能源资源愿意并且能够购买的数量。与一般产品的需求一样，能源需求必需满足：①有购买的欲望；②有购买的能力，缺少任何一点都不会产生有效的需求，进而在市场上形成实际的购买力。

人们对社会产品和服务的需求是一种绝对需求。能源需求在很大程度上是一种派生需求，是由人们对社会产品和服务的需求而派生出来的。能源需求从本质上来说，是类似于劳动和资本这样的生产要素，因为能源可以转换为现代化生产过程中所必需的燃料和动力，或直接作为最基本的生产原料，它们与劳动、资本等生产要素相结合，就能为市场提供产品和服务。因为能源需求的派生性质，在其他条件不变时，能源需求水平会随着市场产品需求的变动而变动。

能源需求是能源经济学的一个基本概念，在实际应用中容易与能源消费相混淆。能源消费量是有效能源需求的反映，当能源供给充足，且不存在库存时，能源需求在量上等于能源消费。但是，能源需求一般很难准确测度，因此，实际分析中仍经常用能源消费代替能源需求。本书在不引起混淆的地方也不严格区分能源需求与能源消费两个概念。

2.1.2 能源需求总量与能源需求结构

能源种类繁多，不同能源种类经济特性不同，因此对能源需求运动规律的研究，首先需了解能源需求总量与能源需求结构两个基本概念。

(1) 能源需求总量是指所研究的一定范围内各种能源需求量之和，如一次能源需求量，化石能源需求量等，通常能源需求量指的是一次能源需求量。

一国的能源需求总量由终端能源需求量、能源加工转换损失量和损失量三部分构成。其中：

终端能源需求量，按照OECD/IEA的定义，终端能源需求是终端用能设备入口得到的能源。因此，终端能源需求量等于一次能源消费量减去能源加工、转化和储运这三个中间环节的损失和能源工业所用能源后的能源量。其中，中间环节损失包括选煤和型煤加工损失，炼油损失，油气田损失，发电、电厂供热、炼焦、制气损失，输电损失，煤炭储运损失，油气运输损失。在中国能源平衡表统计中，按等价值计算的终端能源消费中只扣除选煤、炼焦、油田、炼油、输配电损失，未扣除发电损失和能源工业所用能源。因此，计算得出的终端能源需求量远高于按照国际通行准则计算得出的数量。

能源加工转换损失量，指一定时期内全国投入加工转换的各种能源数量之和与产出各种能源产品之和的差额，是观察能源在加工转换过程中损失量变化的指标。

能源损失量，指一定时期内能源在输送、分配、储存过程中发生的损失和由客观原因造成的各种损失量，不包括各种气体能源放空、放散量。

(2) 能源需求结构，指能源需求总量中各能源品种所占比例。目前世界一次能源需求以油气、煤炭和天然气等化石能源为主，不同的国家或地区因资源禀赋及其他因素不同有所差别。主要发达国家一次能源需求结构已实现了以煤炭为主向油气为主的需求结构转换。世界平均能源需求结构中，以煤为主的固体能源已从20世纪50年代的60%以上降到了27%左右，以石油为主的液体能源成为主要的一次能源，比重在38%左右，天然气具有高效、安全、净化环境的优点，备受世人青睐。

能源需求结构优化调整对一国乃至整个人类社会、经济发展均具有重要意义。一国的能源需求结构主要受制于该国的能源资源禀赋和能源技术，我国由于“富煤贫油少气”的自然资源禀赋特点决定了我国以煤为主的能源需求结构，煤炭占总能源需求的70%左右，是目前世界上少有的能源需求结构以煤为主的国家，虽然煤炭燃烧产生的热值低，排放的温室气体较石油、天然气多，但由于经济发展需要和能源资源的高度稀缺性及资源禀赋限制，在相当长时期内，我国仍将保持以煤为主的能源需求结构。表2-1给出了2004年世界主要国家能源需求结构，从表中我们可以看到，煤炭消费超过50%的国家只有印度和中国，且中国煤炭所占比重比印度要高出近15%，其他国家煤炭所占比重都不到1/4。产生同样的热量，石油燃烧产生的CO_2约为煤炭的3/4，天然气约为煤炭的1/2，在当前环境压力越来越大的形势下，我国的能源需求结构面临严峻的挑战。

表2-1 2004年世界主要国家一次能源消费结构（%）

国家	石油	天然气	煤炭	核能	水电
美国	40.2	25.0	24.2	8.1	2.6
日本	46.9	12.6	23.5	12.6	4.4
德国	37.4	23.4	25.9	11.4	1.8
英国	35.6	38.9	16.8	8.0	0.7
法国	35.8	15.3	4.8	38.6	5.6
加拿大	32.4	26.2	9.9	6.7	24.8
俄罗斯	19.2	54.1	15.8	4.8	6.0
印度	31.7	7.7	54.5	1.0	5.1
巴西	44.9	9.1	6.1	1.4	38.6
中国	22.3	2.5	69.0	0.8	5.4
世界平均	36.84	23.67	27.17	6.11	6.20

资料来源：BP. 2005. BP Statistical Review of World Energy 2005. http：//www.bp.com/multipleimagesection.do? categoryId=6840&contentId=7021557.

2.1.3 能源强度

能源强度，也称单位产值能耗或能源密集度（energy intensity），是指一段时间内，某一经济行为体单位产值消耗的能源量，通常以吨（或公斤）油当量（或煤当量）/美元（或其他货币单位）来表示。一个国家或地区的能源强度，通常以单位国内生产总值耗能量来表示。能源强度是反映经济对能源依赖程度的一个重要指标，能源强度高，意味着经济对能源的依赖程度高；反之，则低。

能源强度指标反映了经济行为体利用能源效率的状况，与能源强度相近似的还有一些反映能源技术效率的指标，如能源生产过程用能加工转换效率、贮运效率和终端利用效率。这些指标是指在使用能源（加工、转换、储运和终端利用）的活动中所得到的有效能与实际输入的能源量之比，一般用百分率表示。综合能源效率技术指标更能反映不同经济行为体能源利用的效率，但该指标的计算对数据要求较高，需要有全面、详尽的技术和能源数据基础，实际中不易编制。

能源强度的编制只需要当年的能源需求总量和当年的国内生产总值（GDP），这两个数据比较容易获得，因此能源强度在实际中得到广泛应用。但是，能源强度指标反映了由技术水平、发展阶段、经济结构、能源需求结构等多方因素形成的能源需求水平和经济产出的比例关系，非单纯由技术水平决定的能源利用效率；此外，在利用能源强度进行不同国家能源效率比较时，要注意剔除汇率对能源强度的影响。

2.1.4 能源需求弹性

2.1.4.1 能源需求价格弹性

能源需求价格弹性，是指在其他条件不变时，能源价格的相对变动所引起的能源需求量的相对变动比率，即能源需求量的变化率与能源价格变化率之比。根据定义知计算公式为

$$E_{dp}=\frac{\Delta Q_d/Q_d}{\Delta P/P}=\frac{\Delta Q_d}{\Delta P}\cdot\frac{P}{Q_d}$$

其中，Q_d 为能源需求绝对量，ΔQ_d 为能源需求变动量，P 为能源价格绝对量，ΔP 为能源价格变动量。

当 $\Delta P\rightarrow 0$ 时，$E_{dp}=\lim\limits_{\Delta P\rightarrow 0}\frac{\Delta Q_d}{\Delta P}\cdot\frac{P}{Q_d}=\frac{dQ_d}{dP}\cdot\frac{P}{Q_d}$。

按照需求法则，需求量与市场价格反向变动，dQ_d/dP 一般为负值，因此，E_{dp} 为负值，即能源需求价格弹性与一般产品需求价格弹性一样，一般为负值。

在技术一定的前提下，为保证经济生产的顺利进行，人类生活不受影响，短期能源需求总量和结构难以随价格的变化做出大的调整，能源需求价格弹性一般较小；但在长期，如果能源价格持续偏高，就会激发技术进步和对能源的替代，因此长期能源需求总量和结构随价格调整的幅度会增加，即长期能源需求价格弹性相对较大。此外，能源需求价格弹性与收入水平有关，在收入较低阶段，能源需求主要用于满足基本需求，对价格相对不敏感，随着生活水平的提高，能源被用于更广泛的领域，选择的余地更大，对价格敏感度随之提高。

例如，John C. B. Cooper 利用计量经济学模型和 1979～2000 年的数据，对 23 个国家长期、短期石油需求收入弹性进行了估计。他建立的计量经济学模型如下：

$$\ln D_t=\ln\alpha+\beta\ln P_t+\gamma\ln Y_t+\delta\ln D_{t-1}+\varepsilon_t$$

其中，D_t 为人均原油消费量序列，P_t 为实际原油价格序列，Y_t 为实际人均收入序列，ε_t 为残差序列。β 即为短期价格需求弹性，$\beta/(1-\alpha)$ 为长期需求价格弹性。其实证结果（表 2-2）显示：第一，无论长期还是短期石油价格弹性都是负数，除中国和葡萄牙除外；第二，长期价格弹性明显大于短期价格弹性；第三，能源需求对价格来说，总体是缺乏弹性的，但发达国家需求价格弹性相对较大。

表 2-2　原油需求价格弹性

国家	人均石油消费增长率	人均实际 GDP 增长率	能源需求价格弹性	
			短期	长期
澳大利亚	−0.3	1.7	−0.034	−0.068
加拿大	−1.3	1.6	−0.041	−0.352
中国	3.6	8.6	0.001	0.005
丹麦	−2.5	1.5	−0.026	−0.191
法国	−1.5	1.7	−0.069	−0.568
德国	−1.4	1.2	−0.024	−0.279
希腊	2.2	1.5	−0.055	−0.126
意大利	−0.4	2.2	−0.035	−0.208
日本	−1.0	8.1	−0.071	−0.357
韩国	8.3	6.4	−0.094	−0.178
葡萄牙	3.0	2.9	0.023	0.038
西班牙	1.3	2.1	−0.087	−0.146
英国	−1.1	2.0	−0.068	−0.182
美国	−0.7	2.0	−0.061	−0.453

资料来源：Cooper J C B. 2003. Price elasticity of demand for crude oil：estimates for 23 countries. OPEC Review，27（1）：1～8.

2.1.4.2　能源需求交叉价格弹性

能源需求交叉弹性是指一种能源产品价格的相对变动所引起的有关能源品种需求量的相对变动，其数学表达式为

$$E_{ij}=\frac{\Delta Q_{dj}/Q_{dj}}{\Delta P_i/P_i}=\frac{\Delta Q_{dj}}{\Delta P_i}\cdot\frac{P_i}{Q_{dj}}$$

其中，Q_{dj} 为能源品种 j 的需求绝对量，ΔQ_{dj} 为能源品种 j 的需求变动量，P_i 为能源品种 i 的价格绝对量，ΔP_i 为能源品种 i 的价格变动量。

当 $\Delta P_i\rightarrow 0$ 时，$E_{ij}=\lim\limits_{\Delta P_i\rightarrow 0}\frac{\Delta Q_{dj}}{\Delta p_i}\cdot\frac{P_i}{Q_{dj}}=\frac{dQ_{dj}}{dP_i}\cdot\frac{P_i}{Q_{dj}}$。

2.1.4.3　能源需求收入弹性

能源需求收入弹性，是指在其他条件不变时，能源消费者收入的相对变动所引起的能源需求量的相对变动。数学计算公式为

$$E_y=\frac{\Delta Q_d/Q_d}{\Delta Y/Y}=\frac{\Delta Q_d}{\Delta Y}\cdot\frac{Y}{Q_d}$$

其中，ΔY 为能源消费者收入的变动量，Y 为能源消费者收入的绝对量。

当 $\Delta Y\rightarrow 0$ 时，$E_y=\lim\limits_{\Delta P\rightarrow 0}\frac{\Delta Q_d}{\Delta Y}\cdot\frac{Y}{Q_d}=\frac{dQ_d}{dY}\cdot\frac{Y}{Q_d}$。

能源需求收入弹性系数与一国的经济技术发展水平，产业结构、能源需求结构和消费习惯等有密切关系。

从长期趋势来看，能源需求收入弹性系数有一定变动规律。英美等国的经验数据表明，能源需求收入弹性系数伴随着工业化进程，呈现倒 U 型变动轨迹。短期，能源需求受多种因素影响，会在一定水平上下波动。

能源需求收入弹性系数是衡量经济对能源依赖的一个重要指标。$E_y>1$，表明能源需求增长率快于经济增长率，经济增长为一种粗放式增长；$E_y=1$，能源需求增长与经济增长同步；$0<E_y<1$，能源需求增长率低于经济增长率，当 $E_y<0$ 时，表明经济增长，能源消费不仅不增加，反而减少，这是一种可喜的局面，意味着能源效率的极大提高，节能效果显著。

这里需要提醒的是，上述的能源需求收入弹性与统计年鉴及其他一些情况下出现的另一个概念，能源需求弹性系数不是一回事。能源需求弹性系数是指能源需求总量相对变动与国民收入总量相对变动之比，是用来衡量整个国民经济生产对能源需求敏感性程度的指标，即能源需求弹性系数反映经济总量对能源的依赖程度，能源需求收入弹性系数反映人均水平上，经济（或收入）对能源的依赖程度。

能源需求弹性系数与能源强度概念存在密切关系。能源需求弹性系数>1，能源强度上升，能源需求弹性系数=1，能源强度不变，能源需求弹性系数<1，能源强度下降。例如，由能源需求弹性系数=1，根据定义可得

$$\frac{Q_{dt}-Q_{dt-1}}{Q_{dt-1}}=\frac{Y_t-Y_{t-1}}{Y_{t-1}},$$

其中，Q_{dt-1}，Q_{dt} 为 $t-1$ 和 t 时期能源需求量，Y_t，Y_{t-1} 为 $t-1$ 和 t 时期的经济总量。化简得 $\frac{Q_{dt-1}}{Y_{t-1}}=\frac{Q_t}{Y_t}$，即 $t-1$ 时期能源强度等于 t 时期能源强度。

2.1.4.4 弹性的计算

按上述弹性定义计算各类弹性，从严格意义上来说，应该清楚需求量随价格或收入变化的具体数量关系，显然，因为能源产品的基础性和复杂性，现实中很难获得相关各量确切的数量关系，所以有关能源各类弹性的计算多数是通过建模方法近似获取的。下面主要介绍利用时间序列建模方法估计各类能源弹性。

首先简单介绍时间序列平稳性与协整两个概念（李子奈，叶阿忠 2000）。

1. 平稳序列

如果一个时间序列 y_t 满足：

(1) 均值 $E(y_t)$ 与时间 t 无关；

(2) 方差 $\mathrm{var}(y_t)$ 有限，且不随 t 的变化而发生系统变化。

则称 y_t 为平稳序列。平稳序列趋于返回均值，以一种相对不变的振幅围绕均值波动。则为非平稳序列。

序列平稳性的检验，也称单位根检验（unit root test），检验方法有多种，其中比较常用的单位根检验有增广的 ADF（Augment Dickey-Fuller）检验（Dickey and Fuller 1979，1981）和 PP（The Phillips-Perron）检验（Phillips and Perron 1988）。下面是增广的 ADF 检验模型：

$$\Delta y_t = (\rho - 1)y_{t-1} + \sum_{i=1}^{m}\delta_i \Delta y_{t-i} + \varepsilon_t \tag{2-1}$$

$$\Delta y_t = \beta_1 + (\rho - 1)y_{t-1} + \sum_{i=1}^{m}\delta_i \Delta y_{t-i} + \varepsilon_t \tag{2-2}$$

$$\Delta y_t = \beta_1 + \beta_2 t + (\rho - 1)y_{t-1} + \sum_{i=1}^{m}\delta_i \Delta y_{t-i} + \varepsilon_t \tag{2-3}$$

其中，ε_t 为白噪声，Δ 为差分算子。上述三个模型分别为模型 1：无常数项和趋势项；模型 2：有常数项无趋势项；模型 3：有常数项和趋势项的检验模型。检验时从模型 3 开始，然后是模型 2、模型 1，何时检验拒绝零假设，即原序列不存在单位根，为平稳序列，何时检验停止，否则就要继续检验。换句话说，只有检验到最后才能得到原序列存在单位根的结论。

ADF 检验的原假设为 $H_0: \rho = 1$，表示 $\{y_t\}$ 有一个单位根，即 $\{y_t\}$ 非平稳。若 $\{y_t\}$ 非平稳，但它的一阶差分平稳，我们称 $\{y_t\}$ 是一阶单整的，记为 $I(1)$，经过 d 阶差分后平稳的序列称为 d 阶单整的，记为 $I(d)$。

2. 协整

经济时间序列经常是不平稳的，但若干个不平稳的时间序列的某个线性组合可能是平稳的。如果不平稳的时间序列的某个线性组合是平稳的，我们称这些不平稳的时间序列为协整的（Engle and Granger　1987）。

考虑 VAR（p）模型：

$$Y_t = \mu + \Phi_1 Y_{t-1} + \Phi_2 Y_{t-2} + \cdots + \Phi_p Y_{t-p} + e_t \tag{2-4}$$

其中，Y_t 是一个（$m \times 1$）维时间序列，包含 $y_{1,t}$ 到 $y_{m,t}$。将上式改写为

$$\Delta_1 Y_t = \mu + \Pi y_{t-p} + \sum_{i=1}^{p-1}\Gamma_i \Delta_1 y_{t-i} + e_t \tag{2-5}$$

这里

$$\Gamma_i = (\Phi_1 + \Phi_2 + \cdots + \Phi_i) - I_m, i=1, 2, \cdots, p-1。$$

$$\Pi = \Phi_1 + \Phi_2 + \cdots + \Phi_p - I_m 。$$

当 $\sum_{i=1}^{p}\Phi_i$ 有特征根接近于 1 时，Π 就有特征根接近于 0，这意味着 Π 可能不满秩，也就是存在协整关系。

检验变量间最终协整关系数目的第一个检验统计量由 Johansen（1988）提

出，称为迹检验统计量（Trace test statistic）：$Trace = -n\sum_{i=r+1}^{m}\log(1-\hat{\lambda}_i)$ 。这一迹检验的零假设是：至多存在 r 个协整关系。

下面以煤炭需求为例，介绍利用计量经济学模型方法，估计煤炭需求的价格弹性，收入弹性和交叉价格弹性。设 TC_t 为煤炭需求量序列，RG_t 为收入变量，通常用人均实际收入反映，PC_t，PO_t 和 PG_t 分别为煤炭、石油、天然气价格序列，建立如下计量模型：

$$\ln TC_t = \beta_0 + \beta_1 \ln RG_t + \beta_2 \ln PC_t + \beta_3 \ln PO_t + \beta_4 \ln PG_t + e_t \tag{2-6}$$

其中，e_t 为残差。模型中各变量取对数，是计量经济学建模的一种常用方法，目的是使序列更易平稳和处理，此外，后面的分析，还可以进一步看出取对数的价值所在。

估计方程（2-6）后，为检验协整关系的存在性，充分条件是利用下述回归模型检验残差序列的单位根

$$\Delta\hat{e}_t = \alpha\hat{e}_{t-1} + \sum_{i=0}^{m}\delta_i\Delta\hat{e}_{t-i} + u_t \tag{2-7}$$

其中，$\hat{e}_t$ 为方程（2-6）的残差，m（$\geqslant 0$）为方程（2-7）的最优滞后阶数，以使方程（2-7）的残差 u_t 近似于白噪声，$\delta_0 = 0$ 。最优滞后阶数的确定采用 AIC 和 SC 准则。

Engle 和 Granger（1987）曾计算过上述检验的临界值。如果拒绝假设，则可以推断煤炭需求与收入、煤炭价格以及石油价格、天然气价格之间存在长期协整关系。

根据模型（2-6），可以获得如下关系：

$$\frac{\partial \ln TC_t}{\partial \ln RG_t} = \beta_1, \frac{\partial \ln TC_t}{\partial \ln PC_t} = \beta_2, \frac{\partial \ln TC_t}{\partial \ln PO_t} = \beta_3, \frac{\partial \ln TC_t}{\partial \ln PG_t} = \beta_4$$

因此，模型（2-6）中的系数 $\beta_1, \beta_2, \beta_3, \beta_4$ 与前面定义的有关弹性概念一致，故它们分别表示煤炭需求的长期收入弹性、价格弹性以及关于石油、天然气的交叉价格弹性。

Engle 和 Granger（1987）提出的协整关系的误差修正模型可用下式估计：

$$\Delta\ln TC_t = \alpha_0 + \alpha_1\Delta\ln RG_t + \alpha_2\Delta\ln PC_t + \alpha_3\Delta\ln PO_t + \alpha_4\Delta\ln PG_t + \alpha\hat{e}_{t-1} + \xi_t \tag{2-8}$$

与长期协整关系类似的是，误差修正模型（2-8）中的系数 $\alpha_1, \alpha_2, \alpha_3, \alpha_4$ 也有一个很好的经济解释：它们分别表示煤炭需求的短期收入弹性、价格弹性和煤炭需求关于石油、天然气价格的交叉弹性。误差修正项的系数 α 则表示任意波动所导致的煤炭需求对长期均衡偏离的调整速度。

利用上述方法估计相关价格弹性和收入弹性，前提是能源消费量与有关价格变量，收入变量存在长期协整关系。在存在协整关系的前提下，利用误差修正模

型估计结果应该比 Cooper（2003）方法结果准确。

2.2　能源需求的主要影响因素

能源是整个世界发展和经济增长最基本的驱动力，是人类赖以生存的基础。能源需求既与经济生产密切联系，又与人们的生活息息相关，因此影响能源需求的因素非常复杂，下面仅对几个主要因素作一简单分析。

2.2.1　经济增长

经济增长是推动能源需求总量增加的首要因素。当世界经济稳步增长时，由于各行各业扩大生产，能源作为基本生产要素，需求量必然相应增加；同时，随着生产规模的扩大，企业需要更多的工人，或更长的工作时间，或更大的劳动强度，从而增加了居民的收入，居民收入的增加有可能导致居民对生活能源使用的增多，如更多的人购买家用汽车，从而大大增加对汽油的需求；相反，当世界经济发展不景气时，各行业相对缩小生产规模，导致作为原材料的能源需求量减少；此外，由于各部门生产规模缩小，或减少了雇佣劳动力，或缩短了工作时间，或降低了工作强度，这些变化使得居民收入也随之减少，这又进一步减少了居民对生活能源的使用。因此，能源需求量与世界经济活动水平之间存在着正向变动关系。一些研究从实证角度也证实了这种关系的存在性。例如，Cheng 和 Lai（1997）与 Yang（2000）发现中国台湾能源需求和 GDP 之间存在因果关系，Aqeel 和 Butt（2001）发现经济增长是巴基斯坦能源需求增长的原因。

工业革命以来，世界经济和能源消费都保持了较快的增长态势。如表 2-3 所示，世界各国总的国内生产总值（GDP）由 1970 年的 115.49 千亿美元增长到 2004 年的 317.49 千亿美元，年均增长了 3.0%；能源消费量则由 50.2 亿吨油当量增长到 102.2 亿吨油当量，年均增长了 2.1%；能源强度由 1970 年的 4.3 吨油当量/万美元下降到 2004 年的 3.2 吨油当量/万美元。

表 2-3　部分国家 GDP 和能源消费量［单位：千亿美元（1990 年不变价），亿吨油当量］

国家	年份	1970	1975	1980	1985	1990	1995	2000	2002	2004
美国	GDP	30.37	34.90	41.85	49.05	57.57	65.06	79.69	81.80	87.85
	能源消费量	16.5	16.9	18.1	17.7	19.7	21.2	23.1	22.9	23.3
日本	GDP	8.83	11.57	14.07	16.41	20.11	22.77	24.21	24.83	25.38
	能源消费量	2.8	3.3	3.6	3.7	4.4	4.9	5.2	5.1	5.1
德国	GDP	10.13	11.33	13.31	14.11	16.71	18.49	20.22	20.41	20.70
	能源消费量	3.1	3.2	3.6	3.6	3.5	3.3	3.3	3.3	3.3
英国	GDP	6.28	6.98	7.63	8.43	9.90	10.75	12.57	13.09	13.79
	能源消费量	2.2	2.0	2.0	2.0	2.1	2.1	2.2	2.2	2.3

续表

国家	年份	1970	1975	1980	1985	1990	1995	2000	2002	2004
法国	GDP	6.69	8.13	9.60	10.44	12.26	12.93	14.75	15.24	15.67
	能源消费量	1.6	1.7	1.9	2.0	2.2	2.4	2.5	2.6	2.6
意大利	GDP	6.18	7.14	8.81	9.58	11.02	11.74	12.93	13.19	13.39
	能源消费量	1.2	1.3	1.4	1.4	1.5	1.6	1.8	1.8	1.8
印度	GDP	1.37	1.57	1.84	2.38	3.24	4.17	5.52	6.07	6.99
	能源消费量	0.6	0.8	1.0	1.4	1.9	2.5	3.2	3.4	3.8
中国	GDP	0.96	1.24	1.61	2.68	3.83	6.85	10.18	11.86	14.19
	能源消费量	2.3	3.4	4.3	5.6	6.9	8.9	7.7	10.3	13.9
世界	GDP	115.49	139.56	168.57	191.53	218.99	243.49	286.98	297.10	317.49
	能源消费量	50.2	57.8	66.4	71.9	81.2	85.4	90.8	94.9	102.2

资料来源：联合国网站统计数据库 . 2005. http：//unstats. un. org/ unsd/snaama/downloads/GDPconstantNC-countries. xls.

不同国家和同一国家不同经济发展阶段，经济增长对能源需求的影响是不同的，一般可以用能源需求的弹性系数定量反映经济增长对能源需求总量的影响程度。通常情况下，发达国家能源需求的弹性系数较小，而发展中国家能源需求弹性系数相对较大（王文平等　2007）。

美国是世界上最大的发达国家，也是能源消费量最大的国家。表 2-3 显示，1970～2004 年美国 GDP 由 30.37 千亿美元增长到 87.85 千亿美元，能源消费量由 16.5 亿吨油当量增长到 23.3 亿吨油当量，年均增长率分别为 3.2%和 1.0%。第一、二次石油危机对美国经济产生了严重的负面影响，造成短暂的经济停滞甚至衰退。1970～2004 年，日本的年均经济增长速度和年均能源消费增长速度分别为 3.2%和 1.8%；而同期一些欧洲工业化国家的能源消费增长速度减缓，如 1970～2004 年德国的 GDP 年均增长速度为 2.1%，能源消费量年均增长速度为 0.2%。中国是一个发展中国家，正处于工业化快速发展阶段，经济总量和能源消费增长迅速，2004 年 GDP 和能源消费量分别为 14.19 千亿美元和 13.9 亿吨油当量。

为进一步寻找能源需求和经济增长之间的定量关系，一般将能源与劳动和资本等同视为经济生产的基本要素，如将传统的 Cobb-Douglas 生产函数（或其他生产函数）扩展为下面的经济产出函数

$$Y = A(t)K^{\alpha}L^{\beta}R^{\gamma}$$

其中，Y 为总产出，$A(t)$ 为综合技术水平，L、K、R 分别为投入的劳动力、资本和能源数量，α、β、γ 则分别为产出对劳动力、资本和能源的弹性系数。大量实证研究利用上述或其变形、扩展的经济产出函数研究各经济行为体的产出对能源需求的依赖程度。

2.2.2 社会发展

人口是社会系统中最基本的因素，人口总量的多少将直接影响到能源需求总量。居民对能源需求分为直接需求和间接需求，直接需求指居民对能源商品的直接购买量，如用于出行、炊事、照明、取暖等的燃料和电力需求量；间接需求指为提供居民生活所需的非能源商品和服务而消耗的能源。如消费者购买的小汽车、衣服、食品等，这些商品及其他几乎任何商品和服务的生产都需要消耗能源。一般来说，居民间接能源需求量远远大于直接能源需求量，因此，在一定的技术水平下，人口总量的增加将直接导致能源需求量增多（李艳梅，张雷，2008）。

实证研究发现，1850～2000 年全球矿物能源消费与人口增长的相关系数高达 0.9844，高于同期，铁矿石消费与人口增长的相关系数 0.9515（张雷，蔡国田 2005）。

与 1860 年时相比，2003 年世界人均一次能源消费水平增长了 19 倍（图 2-1）。总体而言，工业化开始后的 100 年（1750～1850 年）人均能源消费的年递增速度仅为 1.4%；1860～1960 年，增速达到了 2.56%；1960～2000 年，人均一次能源消费的年递增为 1.1%。

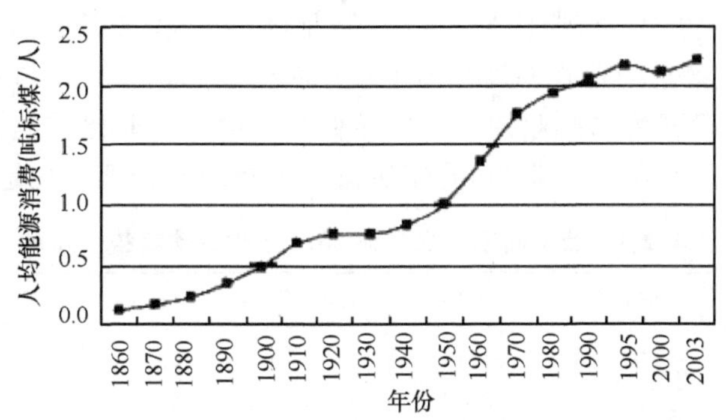

图 2-1 1860～1995 年世界人均一次能源消费水平变化趋势

资料来源：张雷，蔡国田．2005．中国人口发展与能源供应保障探讨．中国软科学，(11)：11～17.

其次，社会人口结构变化也会对能源需求量产生影响。城市居民和农村居民的能源利用方式和消费水平有很大差异，一般来说，城市居民无论对能源的直接需求还是间接需求，都较农村居民多，因此城市化会增加人口对能源的需求。我国正处于城市化水平快速增长时期，这也是导致我国能源需求快速增加的一个重要影响因素。

经济增长、人口增加，使得能源需求几乎呈刚性增加的趋势，自 20 世纪 60 年代以来，全球一次能源需求，仅在 1980～1982 年第二次石油危机期间和 2009 年有一个微弱的负增长外，其余年份均一路上扬。1970 年全球一次能源需求总量为 4957.5 百万吨标准油，到 2009 年增加到 11 164.3 百万吨标准油，年均增长率达 2.05%。

2.2.3 产业结构及部门能源强度

能源需求的增长除了与经济周期、人口密切相关外，还受到产业结构的影响，不同的产业结构，其能源需求不同，甚至差别很大。在现有技术水平下，产业结构的变动决定了能源利用效率的高低，无论长期还是短期，产业结构的调整都会影响能源需求量和需求结构的变化。例如，1993～2005 年，我国工业部门内部轻工业和重工业结构变化对能源需求的影响大致为重工业比例每增加一个百分点，能源需求量增加约 1000 万吨标准煤（齐志新等 2007）。

产业结构之所以会对能源需求产生重要影响，其主要原因在于，不同产业部门单位产值需求的能源数量，即部门能源强度相差较大。一般来说，第二产业属于高耗能产业，能源强度相对较高；第三产业能源强度相对较低。按照产业结构升级理论，在经济水平发展到一定程度以后，第二产业的主导地位应该逐渐向第三产业过渡，从而整个经济的能源强度趋于下降。改革开放初期，我国第二产业在 GDP 中的比重不到 50%。此后的 10 年中，第二产业的比重不断下降，在 20 世纪 90 年代初一度下降到 41%左右。但是随后，第二产业的比重开始回升，2007 年前三季度第二产业在 GDP 中的比重甚至突破了 50%。与其他国家的发展历程相比，目前我国第二产业的比重明显偏高，第三产业比重偏低，并且呈现出第二产业比重回升，第三产业 2006 年后持续下降的不合理变化趋势（表 2-4）。

表 2-4 若干国家三次产业 GDP 结构变动趋势（%）

国别	产业	1980 年	1990 年	2000 年	2001 年	2002 年	2003 年
印度	第一产业	38.7	31.4	24.6	25.0	22.7	22.2
	第二产业	24.2	27.6	26.6	25.7	26.6	26.6
	第三产业	37.1	40.9	48.8	49.4	50.7	51.2
日本	第一产业	3.7	2.5	1.4	1.4		1.3
	第二产业	41.9	41.2	32.2	30.6		30.4
	第三产业	54.4	56.3	66.4	68.1		68.3
韩国	第一产业	14.4	8.5	4.3	4.3	4.0	3.2
	第二产业	39.9	43.1	36.2	42.0	40.9	34.6
	第三产业	45.7	48.4	59.5	53.7	55.1	62.2
英国	第一产业		1.70	1.1	1.0	1.0	1.0
	第二产业		31.4	28.5	27.6	26.4	26.6
	第三产业		66.9	70.4	71.5	72.6	72.4

续表

国别	产业	1980 年	1990 年	2000 年	2001 年	2002 年	2003 年
中国	第一产业	30.2	27.1	15.1	14.4	13.7	12.8
	第二产业	48.2	41.3	45.9	45.1	44.8	46.0
	第三产业	21.6	31.6	39.0	40.5	41.5	41.2

资料来源：根据《国际统计年鉴 1990》、《国际统计年鉴 1995》、《国际统计年鉴（1998～2005 年）》整理所得。

中国正处于工业化发展进程中，工业部门能源需求量占全国能源需求总量的比重一直保持在 70%左右，1999 年工业能源需求比重有所下降，但是 2003 年又恢复到了 70%的水平，需求量约为 11.96 亿吨标准煤（国家统计局 2005）。在工业部门内部，制造业的能源需求量最大，一直占全国能源需求总量的 50%以上，其中石油加工及炼焦业、化学原料及化学制品制造业（化学工业）、黑色金属冶炼及压延加工业（钢铁工业）、非金属矿物制品业（建材工业）的能源需求比重较大，2003 年分别占全国能源需求总量的 5.3%、10.0%、14.1%、7.4%，能源需求量分别为 9.00 亿、17.11 亿、24.07 亿、12.66 亿吨标准煤。电力、煤气及水生产和供应业的能源需求比重也较大，2003 年占全国能源需求总量的 8.4%。

除了工业部门以外，交通部门的用能增长明显加快，需求比重从 1994 年的 4.6%左右增长到 2003 年的 7.5%左右。随着全面小康社会的逐步实现，家庭轿车保有量将迅速增长，交通部门的能源需求比重还将进一步增长（表 2-5）。

表 2-5　中国各产业部门的能源需求比重（%）

行业＼年份	1994	1995	1996	1997	1998	1999	2000	2001	2002	2003
农、林、牧、渔、水利业	4.2	4.2	4.1	4.3	4.4	4.5	4.4	4.6	4.4	3.9
工业	71.6	73.3	72.2	72.4	71.4	69.8	68.8	68.5	68.9	70.0
采掘业	7.8	7.6	7.1	8.0	7.9	7.1	7.1	7.1	7.0	7.1
制造业	58.4	59.7	58.4	56.4	55.7	54.4	53.4	53.3	53.7	54.5
其中：										
石油加工及炼焦业	2.9	4.2	2.6	5.3	5.2	5.5	5.7	5.8	5.7	5.3
化学原料及化学制品制造业	13.2	12.1	14.5	11.3	10.6	9.9	9.8	9.6	9.8	10.0
黑色金属冶炼及压延加工业	12.5	14.1	13.1	13.2	12.9	13.0	12.9	12.7	13.0	14.1
非金属矿物制品业	10.2	10.0	9.9	8.9	8.8	8.4	7.8	7.4	7.2	7.4

续表

行业＼年份	1994	1995	1996	1997	1998	1999	2000	2001	2002	2003
电力、煤气及水生产和供应业	5.4	6.0	6.7	8.0	7.9	8.3	8.3	8.0	8.3	8.4
建筑业	1.1	1.0	1.0	0.9	1.2	1.1	1.1	1.1	1.1	1.0
交通运输、仓储和邮政业	4.6	4.5	4.3	5.5	6.2	7.1	7.6	7.6	7.5	7.5
批发、零售业和住宿、餐饮业	1.5	1.5	1.6	1.7	1.9	2.2	2.2	2.4	2.3	2.4
其他行业	4.5	3.5	4.0	3.4	3.9	4.2	4.4	4.5	4.3	4.0
生活消费	12.6	12.0	12.8	11.9	10.9	11.2	11.4	11.4	11.5	11.3

资料来源：国家发改委宏观经济研究院 .2005. 能源经济数据库 . http：//www.amr.gov.cn：8000/showcedb/index.asp，2005-12.

不仅不同部门能源强度相差较大，相同部门由于技术水平不同，能源强度也会差别较大，这就是2.2.5中要谈的能源技术对能源需求的影响。产业结构不合理和偏高的能源强度使我国能源需求量一路走高，成为我国经济持续健康发展的一大障碍。

2.2.4 能源价格

与其他任何商品一样，能源价格也是影响能源需求的一个主要因素，且能源市场的市场化程度越高，能源价格对能源需求的影响也越大。在市场经济条件下，价格是稀缺资源配置最主要的市场机制，与其他经济产品类似，能源价格与能源需求二者之间呈反向关系，即能源价格上涨，能源需求减少；反之，能源价格下跌，能源需求增加。除对能源需求总量产生影响外，能源价格波动还会对单位产出能耗产生影响，能源价格上升引致众多高耗能产业的成本大幅度上升，促使节能设备的研发和投入使用，单位产出的耗能量（能源强度）将不断下降。

其次，由于能源需求与机器设备（技术水平）有关，能源价格波动对当期能源需求的影响有限，这种影响通常有一个滞后期。如经历了1973～1974年和1979～1980年两次大的石油危机后，石油价格由最初的3～4美元/桶飞涨至每桶三十多美元，此后世界能源需求一路走低，1986年降到了历史低点。

与能源资源的独特性相匹配，能源价格的不确定性较一般经济产品价格不确定性大。能源价格的不确定性除来自未来能源市场的可预期性外，还体现在能源价值的不稳定性上。一方面，随着资源日益稀缺，开发成本日益提高，作为经济发展的必要投入要素，价值逐渐提高；另一方面，随着替代能源的开发，能源价值趋于下降（葛世龙，周德群　2007）。能源价格较高的不确定性，使得能源价格波动剧烈而频繁，一有风吹草动就会闻风而动，甚至完全脱离供需基本面，这也使得能源价格对能源供需的调节作用大大减弱。

2.2.5　能源技术与管理

科技进步和管理是生产力，近年来实践表明，依靠技术进步，加强管理，采用新技术、新工艺、新材料、新设备，逐步淘汰高能耗低效设备，可以达到有效节约能源，降低需求的效果。

能源技术进步和管理创新对能源需求和供给均会产生积极的影响。例如，勘探开发领域内的能源技术进步，可以提高能源勘探能力，增加探明储量，提高已发现资源的采收率。但是，由于化石能源的可耗竭性在一定程度上抑制了能源技术和管理对化石能源供给的作用，能源技术和管理的作用更多地体现在需求结构优化，以及能源使用效率的提高及开发可再生能源上。

能源技术进步是能源需求结构优化调整的支撑。历史上两次重大的能源需求结构转换都是由于技术进步引起的。由于蒸汽机的发明和推广应用及有机化工的发展促成了第一次能源需求以薪柴为主转向以煤为主；第二次由煤炭向石油的转换主要是由于燃料汽车、飞机等技术进步促成的。为应对气候变化，世界能源结构正酝酿巨变，世界范围内正在大力发展可再生能源技术，碳捕获与封存技术（CCS）及交通运输用能模式系统技术，一旦这些方面的技术有了实质性突破，人类将可能迎来第三次能源结构大的转型。伴随着能源结构的升级，优质能源替代劣质能源，能源利用效率得到提高。

能源技术进步是提高能源使用效率的核心和关键。能源技术进步一方面通过直接减少能源需求，提高能源使用效率。例如，超超临界火力发电技术，机组热效率能够达到 45%左右，据测算，如果我国燃煤发电厂热效率都达到 45%的水平，按 2006 年全国火电发电量计算，相当于全年可以少烧约 2 亿吨标准煤，减少二氧化碳排放约 5.4 亿吨。此外，节能灯的使用，建筑中的保温外墙等由新技术生产的新材料，新产品都可以达到节约能源的目的。

管理制度创新通过对耗能产品制定科学的耗能标准；办公场所、营业场所耗能设施的管理制度建设等，规范企业生产行为，降低能耗；引导顾客树立节能意识，主动使用高能效产品，节约能源。

美国“能源之星”计划是能源管理制度创新的一个很好的例子。为减少能源使用并有效保护环境，鼓励开发高效低耗低污染的产品，引导广大消费者购买和使用节能环保设备，同时也为了节约更多的资金，美国环保署（EPA）于 1992 年开始实施能源之星项目。该项目通过将产品的保证标志与信息、宣传推广活动以及选择性的融资活动结合在一起来提高各种产品的能效。此计划并不具强迫性，自发配合此计划的厂商，就可以在其合格产品上贴上能源之星的标签。

“能源之星”项目开始于 1992 年，执行两年后，就有超过 50%的个人电脑和

80%的打印机符合能源之星的高效标准。该项目在短短十几年的时间内已取得了巨大的成功，具体表现在以下几个方面：①美国居民的节能意识大幅度提高，节能产品已成为市场的主导产品，“能源之星”已成为居民购买产品的重要参考依据之一；②“能源之星”无形中成了国外产品进入美国市场的技术壁垒，未获能源之星认证的产品在美国无法取得市场份额；③“能源之星”认证正逐步由美国扩展到其他国家（彭红圃，朱惠英　2007）。

除上述介绍的五个主要因素外，季节与气温变化、能源政策、消费者的主观偏好、消费习惯、替代产品的价格等也都会在不同程度上影响能源需求。

虽然影响能源需求的因素很多、很复杂，全球实际能源消费量逐年也会有所变化，但是正如前面所述，全球能源需求旺盛，几乎呈刚性增长的趋势短期内仍将继续，难以改变，主要原因来自两个方面：一是运输部门需求的增长。除非有重大技术突破，否则在未来一段时期内，路运、海运和空运等部门还几乎不存在其他有较强竞争力的燃料。运输业石油消费在全球一次石油消费中的比例，1971年为33%，2002年为47%，预计到2030年将达到54%（国际能源署　2006）。二是发展中国家需求的快速增长。据*IEO* 2005预测，2002～2025年亚洲新兴经济体的石油消费年均增长将达到3.5%，为世界平均增速1.6%的2倍多（美国能源信息署　2006）。

2.3　能源需求预测建模

2.3.1　能源需求预测概述

能源需求预测，是通过能源供需的历史和现状，预测未来的能源需求状况。能源需求预测是能源市场管理的重要组成部分，是能源企业编制企业生产规划，确定投资和进行经营活动的依据，国家能源需求预测是政府制定能源发展战略的基础，其预测结果的好坏直接与国家或地方经济发展息息相关，因此，做好能源需求预测对经济发展和社会的稳定有着重要意义。

国内外目前从事能源需求预测的机构非常多，一方面，有很多从事全球能源需求预测的机构，他们会定期发布较大范围内的能源需求预测报告，比较典型的如国际能源署（IEA）、国际能源公司或石油公司（如BP）等；另一方面，很多国际机构和国内机构以及有关领域的学者也有针对单国进行的大量能源需求预测，主要目标是为各国的政策服务，如美国、日本等国的诸多预测机构。在这些对单国的预测中，对中国能源需求的预测在近些年变得越来越多，这主要是因为中国经济发展拉动能源需求不断快速增长，中国的能源需求变化对全球的经济、能源、环境体系都产生着越来越重要的影响。

能源需求预测建模方法很多，如时间序列方法、灰色理论方法、人工神经网络方法、投入产出法等单一模型方法和运用这些模型的组合模型方法。每种方法都有其优点，都有其适用的场合，但同时也都有其不足或局限之处，不能简单地说哪个模型好，哪个模型不好。韩君（2008）对此做过比较全面的介绍。

（1）部门分析法，该方法是为了直接预测在一定经济发展速度以及一定技术进步条件下的能源需求量。根据实际情况把国民经济依部门划分，利用能源需求与经济发展速度之间的关系，使用单位产值能源消费量来综合反映各部门能源消费的技术水平和管理水平。模型把国民经济现状作为分析和计算的出发点，直接应用基期年份的产值水平与能源消费量等参数，在对各部门的产值增长速度与单位产值能耗变化率做出假设后，就可预测出各部门能源消费需求量、总能源需求量和增长趋势。部门划分越细，预测的准确率就越高；反之，预测的准确率就越低。

（2）传统时间序列趋势法，从能源消费量的历史统计数据出发，寻找能源消费量序列随时间变动的规律，并利用该规律对未来某时刻的能源需求量进行预测。该方法的基本思想是能源消费量在将来随时间变化的规律同过去能源消费量随时间变化的规律一致。适用于国家、地区或企业从事短期或中期的能源消费预测。当遇到历史数据起伏较大，或未来趋势可能会出现拐点等变化时，必须同其他预测方法相结合。Dahl 和 Sterner（1990）对 100 多个实证研究进行汇总，发现估计能源需求的最常用模型是以能源需求为被解释变量，以能源价格、能源需求滞后变量和收入为解释变量的模型形式。

（3）能源需求弹性系数法，一个国家和地区的能源需求弹性系数可以宏观地反映本国或本地区国民经济发展与能源需求的统计规律。在某一特定的历史发展阶段，能源需求弹性系数有一个大体上比较稳定的数值范围。根据历史上能源需求与经济增长的统计数据，计算出能源需求弹性系数，然后利用能源需求弹性系数值预测今后年份的能源需求量，该预测法的基本思想是假设一国或地区在未来预测年份的经济发展对能源的依赖程度与过去的经济发展对能源的依赖程度相比无明显的改变。

（4）投入产出法，能源投入产出分析是研究能源部门与整个国民经济的联系。它从国民经济是一个有机整体出发，同时从能源生产消耗和分配使用两个侧面来全面反映能源产品在国民经济各部门间的运动过程。它不仅能反映能源产品的价值形成过程，也能反映能源产品的使用价值运动过程。

（5）BP 人工神经网络模型法，神经网络是一种由若干互连处理单元组成的并行计算系统。前馈神经网络是神经网络体系结构中的一种，它是指一层中的所有权重直接指向下一个网络层的结点，权重不循环回来作为前一层的输入；前馈神经网络通常使用 BP（back propagation）算法作为训练方法。BP 算法是通过从输出层开始修改权重，然后反向移动到网络的隐层，来进行反向学习。

(6) 情景分析法，是从未来社会发展的目标情景设想出发，构想未来的能源需求，这种构想可以不局限于目前已有的条件限制，允许人们首先考虑未来希望达成的目标，然后再来分析达成这一目标所要采取的措施和可行性。

(7) 灰色模型法，在控制论中，将已知信息的系统称为白色系统，未知信息的系统称为黑色系统，而系统中既含有已知又含有未知或不完全的信息系统称为灰色系统。1982 年，我国学者邓聚龙教授创立了灰色系统理论，开辟了控制论新的研究方法。概括来讲，灰色系统理论是以“部分信息已知，部分信息未知”的“小样本”、“贫信息”不确定性系统为研究对象，主要通过对“部分”已知信息的生成、开发，提取有价值的信息，对系统运行行为、演化规律的正确描述和有效监控。

其中传统时间序列趋势法、灰色模型法、BP 人工神经网络模型法等，主要是根据历史数据之间的相互关系和规律，不考虑能源系统的相互作用和平衡规律，直接将历史趋势进行外推的建模方法，这些模型结构简单，使用起来比较方便，但由于这些模型对系统内的机理考虑较少，外推能力有限，比较适合短期预测。与单一模型预测相比，利用组合模型可以将各模型有机结合，综合各模型的优点，从而提供更精确的预测结果。

2.3.2 中长期能源需求预测

下面介绍以多地区投入产出方法，结合情景分析法，对中长期能源需求预测进行建模分析。情景分析的思想有助于全面考察影响能源需求的主要驱动因素（即技术进步、经济增长、人口增加及城市化推进）各种可能的发展路径，从而把握这些因素发展在时间上的不确定性；多地区投入产出分析方法通过将预测总体划分为多个预测区域，可以把握空间上的复杂性。

2.3.2.1 情景分析

能源系统是一个复杂的巨系统。影响能源需求的主要社会经济因素（如经济、人口、技术等）的变化具有不确定性。在能源需求分析方面，传统的趋势外推的预测方法只能预测当影响因素按过去的轨迹变化时的需求，无法考察过去未发生过的情况，如突发事件下的需求，预测结果具有片面性。

目前流行的情景分析法与一般的趋势外推的预测方法的不同：它并不是要预报未来，而是设想哪些类型的未来是可能的，通过描述在不同的发展路线下各种“可能的未来”，从而可以考虑能源需求的各驱动因素的不确定性（Silberglitt et al. 2003）。

2.3.2.2 基本的投入产出模型

投入产出模型是 Wassily Leontief 教授于 20 世纪 30 年代末开发的一个分析

框架。它的主要内容是编制棋盘式的投入产出表（表 2-6）和建立相应的线性代数方程体系。

投入产出表展示了各经济部门之间的货币往来及其相互作用关系。表 2-6 中的各行描述了各部门的产出在整个经济中的分配情况，即销售给生产部门作为中间使用，或者销售给消费者作为最终使用；而表 2-6 中的各列描述了各部门的生产所需的投入情况，包括作为原材料的各项中间投入，以及劳动力和资本等要素投入（Miller and Blair　1985）。

表 2-6　投入产出表的基本结构

投入＼产出		中间使用			最终使用	总产出
		部门 1	…	部门 n		
中间投入	部门 1	x_{11}	…	x_{1n}	Y_1	X_1
	⋮	⋮	⋮	⋮	⋮	⋮
	部门 n	x_{n1}	…	x_{nn}	Y_n	X_n
增加值		Z_1	…	Z_n		
总投入		X_1	…	X_n		

模型中的线性代数方程体系同样从数学上描述了部门产出在经济中的分配情况，其矩阵表示形式如方程（2-9）所示。

$$X = A \cdot X + Y \tag{2-9}$$

其中（设国民经济有 n 个部门）：

X 为 n 维向量，其元素 X_i 表示第 i 部门的总产出；

Y 为 n 维向量，其元素 Y_i 表示第 i 部门的最终使用（最终使用包括居民和政府消费、固定资本形成总额、存货增加及出口）；

A 为 $n \times n$ 维直接消耗系数矩阵，其元素 a_{ij} 表示第 j 个部门生产单位产品对第 i 个部门产品的直接消耗量。A 也被称为技术系数矩阵。a_{ij} 的计算方法为

$$a_{ij} = \frac{x_{ij}}{X_j} \qquad (i,j = 1,2,\cdots,n) \tag{2-10}$$

其中：x_{ij} 为第 j 个部门对第 i 个部门产品的直接消耗量。

方程（2-9）可被改写为

$$X = (I - A)^{-1} \cdot Y \tag{2-11}$$

其中：I 为 $n \times n$ 维单位矩阵。

$(I - A)^{-1}$ 为完全需求系数矩阵（又称列昂剔夫逆矩阵），其元素 b_{ij}（i，j = 1，2，…，n）称为完全需求系数，表示第 j 个部门生产单位最终使用产品对第 i 个部门产品的完全需求量。由方程（2-11）可见，投入产出模型是由最终需求驱动的，通过完全需求系数矩阵将最终需求的变化传导到总产出的变化。

如方程（2-12）所示，完全需求系数矩阵可分解为 n 个部门生产的单位最终

使用矩阵 I 、生产单位最终使用产品所产生的直接消耗矩阵 A 和生产单位最终使用产品所产生的全部间接消耗矩阵 $A^2+A^3+\cdots+A^n$ 三个组成部分，由此可以全面地反映出由于对任一部门产品最终需求的变化所直接及间接引起的该部门和其他各部门总产出的变化。

$$(I-A)^{-1}=I+A+A^2+A^3+\cdots+A^n\cdots \tag{2-12}$$

2.3.2.3 面向多个地区的投入产出模型

当研究对象为一个以上的地区时，就需要对基本的投入产出模型进行扩展，得到关于多个地区的投入产出模型。

面向多个地区的投入产出模型包括基本的地区间投入产出模型（inter-regional input-output model，IRIO）及一系列简化模型。最早关于地区间投入产出模型的陈述出现在 Isard 的著作中（Miller and Blair 1985）。基本的地区间投入产出模型对统计资料的要求很高，需要有完整的地区间投入产出表。在经济统计体系不够完善的情况下，编制这样的投入产出表需要进行大规模的调查工作，耗费大量人力物力，调查所得数据的可靠性有时也不能保证。目前只有日本和荷兰等极少数国家编制出了完整的地区间投入产出表。

因为数据来源的限制，直接运用基本的地区间投入产出模型是非常困难和复杂的，所以出现了一系列简化模型，主要包括：多地区投入产出模型（multiregional input-output model，MRIO，亦称列系数模型）、Leontief 模型和 Pool-Approach 模型。其中，MRIO 模型是目前公认的地区间投入产出模型的主流形式，它与其他模型相比具有“资料要求低、精度较高等显著特点”（张阿玲，李继峰 2004；刘强，冈本信广 2002）。目前，我国的区域间投入产出表也正是采用 MRIO 模型方法编制的。因此，本节选择 MRIO 模型作为核心模型。

假设研究对象为 m 个地区，则在 MRIO 模型中，投入产出模型的基本方程（2-9）变为

$$C\cdot A\cdot X+C\cdot Y=X \tag{2-13}$$

其中：

$X=\begin{bmatrix}X^1\\X^2\\\vdots\\X^m\end{bmatrix}$，$X^k$ 为 n 维第 k 个地区的总产出矩阵，其元素 x_i^k 表示第 k 个地区第 i 部门的总产出；

$C\cdot A\cdot X$ 描述了各区域各部门中间投入的来源和中间使用的去向。

$$A=\begin{bmatrix} A^1 & 0 & \cdots & 0 \\ 0 & A^2 & \cdots & 0 \\ \vdots & \vdots & & \vdots \\ 0 & 0 & \cdots & A^m \end{bmatrix}$$，A^k 为 $n\times n$ 维第 k 个地区的技术系数矩阵，其元素 a_{ij}^k 表示第 k 个地区第 j 部门生产单位产品对第 i 个部门产品的直接消耗量；

C 为区域间贸易系数矩阵

$$C=\begin{bmatrix} \hat{C}^{11} & \cdots & \hat{C}^{1m} \\ \vdots & & \vdots \\ \hat{C}^{m1} & \cdots & \hat{C}^{mm} \end{bmatrix}$$，其中 $$\hat{C}^{kl}=\begin{bmatrix} c_1^{kl} & 0 & \cdots & 0 \\ 0 & c_2^{kl} & \cdots & 0 \\ \vdots & \vdots & & \vdots \\ 0 & 0 & \cdots & c_n^{kl} \end{bmatrix}$$，c_i^{kl} 为第 l 个地区使用的所有第 i 部门产品中来自第 k 个地区的比例。

$$Y=\begin{bmatrix} Y^1 & & \\ & \vdots & \\ & & Y^m \end{bmatrix}$$，Y^k 为 n 维第 k 个地区的最终使用矩阵，其元素 y_i^k 表示第 k 个地区对第 i 部门产品的最终需求量。

2.3.2.4　能源需求模型

本小节介绍如何基于上述的 MRIO 模型预测未来的能源需求。需要说明的是，这里预测能源需求时只考虑一次能源需求，因为二次能源“由于部门间相互的需求结构已经自动被考虑了”（Cruz　2002）。

1. 能源需求量

首先计算一次化石能源，即煤炭、原油和天然气的需求量，如方程（2-14）所示。

$$Q^{Fossil}=Q^{\Pr oduce}+Q^{\mathrm{Re}\,sident} \tag{2-14}$$

其中：

Q^{Fossil} 为 3×1 维矩阵，一次化石能源需求总量，其元素 Q_j^{Fossil} 表示对第 j 种化石能源（煤炭、原油、天然气）的需求量；

$Q^{\Pr oduce}$ 为 3×1 维矩阵，生产过程一次化石能源需求量，其元素 $Q_j^{\Pr oduce}$ 表示生产过程对第 j 种化石能源的需求总量；

$Q^{\mathrm{Re}\,sident}$ 为 3×1 维矩阵，居民生活一次化石能源需求量，其元素 $Q_j^{\mathrm{Re}\,sident}$ 表示居民生活对第 j 种化石能源的需求总量。

$Q^{\Pr oduce}$ 和 $Q^{\mathrm{Re}\,sident}$ 的求法分别如方程（2-15）和（2-16）所示。

$$Q^{\Pr oduce}=\sum_k^m Q^{\Pr oduce,k}=\sum_k^m\sum_i^n\sum_j^3 g_{i,j}^k\cdot x_i^k \tag{2-15}$$

其中：

$Q^{Produce,k}$ 为第 k 个地区的生产活动对一次化石能源的需求总量；

$g_{i,j}^{k}$ 为第 k 个地区第 i 部门单位产出对第 j 种能源的需求量（实物量）。

$$Q^{Resident} = \sum_{k}^{m} Q^{Resident,k} = \sum_{k}^{m} \sum_{j}^{3} [h_{Urban,j}^{k} \cdot \eta^{k} \cdot P^{k} + h_{Rural,j}^{k} \cdot (1-\eta^{k}) \cdot P^{k}] \tag{2-16}$$

其中：

$Q^{Resident,k}$ 为第 k 个地区的居民生活对一次化石能源的需求总量；

$h_{Urban,j}^{k}$ 为第 k 个地区城镇居民对第 j 种能源的人均生活用能需求量；

$h_{Rural,j}^{k}$ 为第 k 个地区农村居民对第 j 种能源的人均生活用能需求量；

P^{k} 为第 k 个地区的人口数；

η^{k} 为第 k 个地区的城市化率，即城镇人口占全国总人口数的比例。

设 β 为化石能源占一次能源比重，则一次能源需求量 Q^{Total} 为

$$Q^{Total} = \frac{\sum_{i=1}^{3} Q_{i}^{Fossil}}{\beta} \tag{2-17}$$

2. 能源强度

由能源强度的定义可得到其计算方法如下所示。

$$D_{Q} = \frac{Q^{Total}}{GDP} = \frac{Q^{Total}}{\sum_{j=1}^{n} Z_{j}} \tag{2-18}$$

其中：

D_{Q} 为能源强度；

Z_{j} 为第 j 个部门的增加值。

2.3.2.5　将驱动因素的影响结合进模型

由方程（2-14）～（2-18）可见，为了预测未来的能源需求量，首先需要获得未来的最终需求、技术系数矩阵及能源效率进步矩阵。获取这些变量的过程也就是将各主要驱动因素的变化结合进模型的过程。

以下统一用上标“f”表示终端年份 f 的变量，用上标“c”表示基年的变量。同时为了简单起见，以下计算过程中省略了描述区域的上标“k”。

1. 终端年份 f 的最终需求 Y^{f}

对终端年份的最终需求 Y^{f} 的计算包括以下 3 个步骤。

1）计算终端年份居民对各部门产品的人均消费量

这里终端年份的居民人均消费量的变化通过收入弹性系数求出（Hubacek and Sun　2001）。收入弹性系数度量的是收入每变化一个百分点时居民对各种商

品需求量的变化，见方程（2-19）。

$$\varepsilon = \frac{\dfrac{K^f - K^c}{K^c}}{\dfrac{L^f - L^c}{L^c}} \tag{2-19}$$

其中：

ε 为收入弹性系数；K^f 为终端年份 f 的居民人均消费量；K^c 为基年 c 的居民人均消费量；L^f 为终端年份 f 的居民人均收入；L^c 为基年 c 的居民人均收入。

改写方程（2-19）就可得到终端年份的居民人均消费量，如方程（2-20）所示。

$$K^f = \left[1 + \varepsilon \cdot \frac{(L^f - L^c)}{L^c}\right] \cdot K^c \tag{2-20}$$

按类似的方法可获得 K^f_{Urban} 和 K^f_{Rural}，其中：

K^f_{Urban} 为终端年份 f 的城市居民人均消费量；

K^f_{Rural} 为终端年份 f 的农村居民人均消费量。

2）计算终端年份居民消费总量

居民消费总量可通过将人均消费量和人口总数相乘得到。因为城市与农村在消费模式、生活水平上的差异较大，所以这里将两者的居民消费总量分别计算。

$$T^f = T^f_{Urban} + T^f_{Rural} = K^f_{Urban} \cdot P^f \cdot \eta^f + K^f_{Rural} \cdot P^f \cdot (1 - \eta^f) \tag{2-21}$$

其中：

T^f 为终端年份 f 的居民消费总量；

T^f_{Urban} 为终端年份 f 的城镇居民消费总量；

T^f_{Rural} 为终端年份 f 的农村居民消费总量；

P^f 为终端年份 f 的人口数；

η^f 为终端年份 f 的城市化率。

3）估计终端年份最终需求

这里终端年份的最终需求 Y^f 利用相应年份的居民消费总量的结果估计得到：

$$Y^f = \frac{T^f}{\theta^f} \tag{2-22}$$

其中：

θ^f 为居民消费总额占最终使用的比例。

2. 终端年份 f 的直接消耗系数矩阵 A^f

终端年份的直接消耗系数矩阵运用 RAS 直接消耗系数调整法（Miller and Blair，1985）确定。

RAS 方法是在更新投入产出系数矩阵中普遍使用的一种工具，它旨在通过所研究年份的三组数据获取该年份的 $n \times n$ 个技术系数。这三组所需的信息如下：

（1）终端年份第 i 部门的总产出 X_i^f；

（2）终端年份第 i 部门的中间使用合计 U_i^f，它等于 $\sum_{j=1}^{n} x_{ij}$，也等于该部门的总产出 X_i^f 减去部门的最终需求 Y_i^f；

（3）终端年份第 i 部门的中间投入合计 V_i^f，它等于 $\sum_{i=1}^{n} x_{ij}$，也等于 X_i^f 减去部门增加值 Z_i^f。

RAS 法的基本目的是：根据技术变化的代用假定和制造假定，利用 X_i^f、U_i^f、V_i^f 等控制数据，找出一套行乘数（$\hat{R}$）和一套列乘数（$\hat{S}$），分别用于调整基年直接消耗系数矩阵 A^c 各行和各列元素。这两套乘数可以通过图 2-2 所示的迭代算法获得。获得两套乘数之后，利用方程（2-23）可得到未来的直接消耗系数矩阵：

$$A^f = \hat{R} \cdot A^c \cdot \hat{S} \tag{2-23}$$

3. G^f 和 H^f

终端年份的单位产出能耗矩阵 G^f 和人均生活能耗矩阵 H^f 通过对基年相应的能耗系数调整得到：根据相应的能源规划可以设定能源效率进步情景，假设 $3 \times (n+1)$ 维矩阵 O 为技术进步矩阵，其元素 O_{ij}（$1 \leqslant j \leqslant n$）表示第 j 个部门单位产出对第 i 种能源的耗用量的年变化率，$O_{i,n+1}$ 为与第 i 种能源的人均生活耗用量的年变化率，则有

$$g_{i,j}^f = g_{i,j}^c \cdot (1 + O_{i,j})^{f-c} \tag{2-24}$$

$$h_i^f = h_i^c \cdot (1 + O_{i,n+1})^{f-c} \tag{2-25}$$

需要注意的是，因为假设了各种投入品之间不可相互替代，以及没有引入能源相对价格变化的影响，所以这里没有考虑能源利用效率提高过程中潜在的回弹效应。

2.3.2.6 相关软件的开发

运用 Visual Basic 6.0，梁巧梅（2007）还开发基于上述模型的用于预测中国中长期能源需求量、能源强度软件系统，并命名为 CEDAS 1.0。

1. 主要模块的特点

如图 2-3 所示，CEDAS 软件系统由以下四部分组成：

（1）数据库及数据库管理子系统：对基年数据、各影响因素情景以及模型结果进行输入、存储、查询等维护和管理工作。

（2）用户接口：提供图形化的用户界面，使用户能方便的输入参数及查询结果。

（3）情景生成子系统：将各要素情景进行组合，形成综合情景。

（4）模型库子系统：利用能源需求模型分析各综合情景下终端年份的各项能源需求指标。

基年数据库
情景生成子系统
Z_i^f
Y_i^f
A^c
X_i^f　U_i^f　V_i^f
$a_{ij}^f \Leftarrow a_{ij}^c$
$U_i' \Leftarrow \sum_{j=1}^{n} a_{ij}^f X_j^f$
$U_i' = U_i^f$?
否
$r_i \Leftarrow \frac{U_i^f}{U_i'}$
$a_{ij}^f \Leftarrow r_i a_{ij}^f$
是
$V_i' \Leftarrow \sum_{i=1}^{n} a_{ij}^f X_j^f$
$V_j' = V_j^f$?
否
$S_j \Leftarrow \frac{V_j^f}{V_j'}$
$a_{ij}^f \Leftarrow a_{ij}^f S_j$
是
否
$U_i' = U_i^f$?
是
END

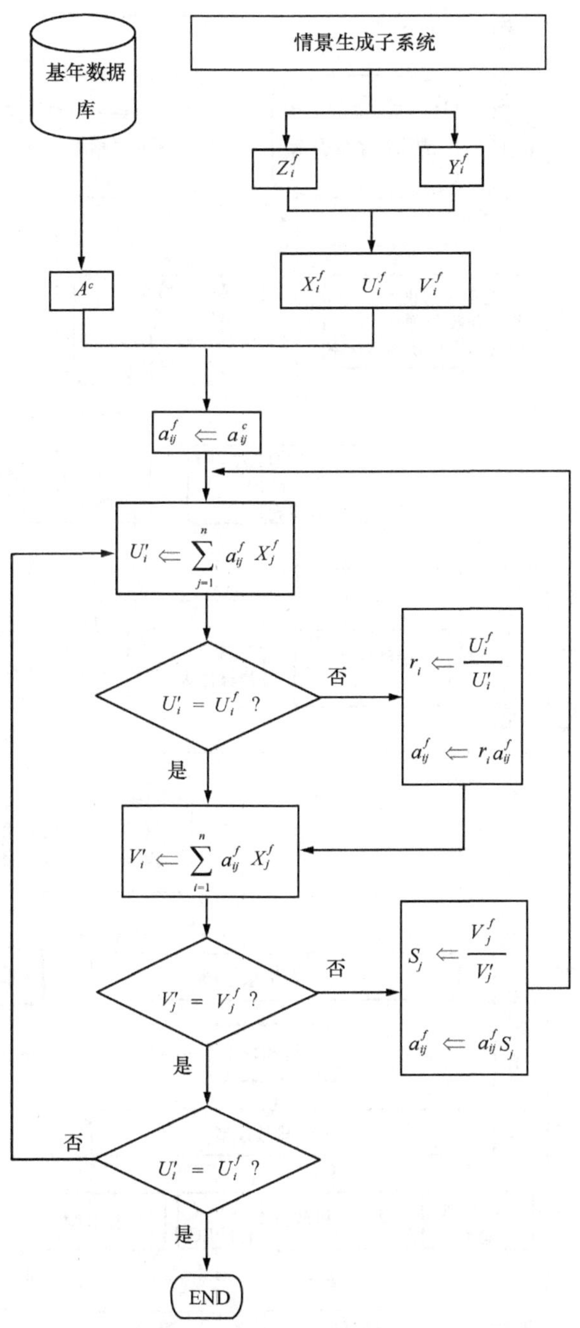

图 2-2　RAS 迭代算法

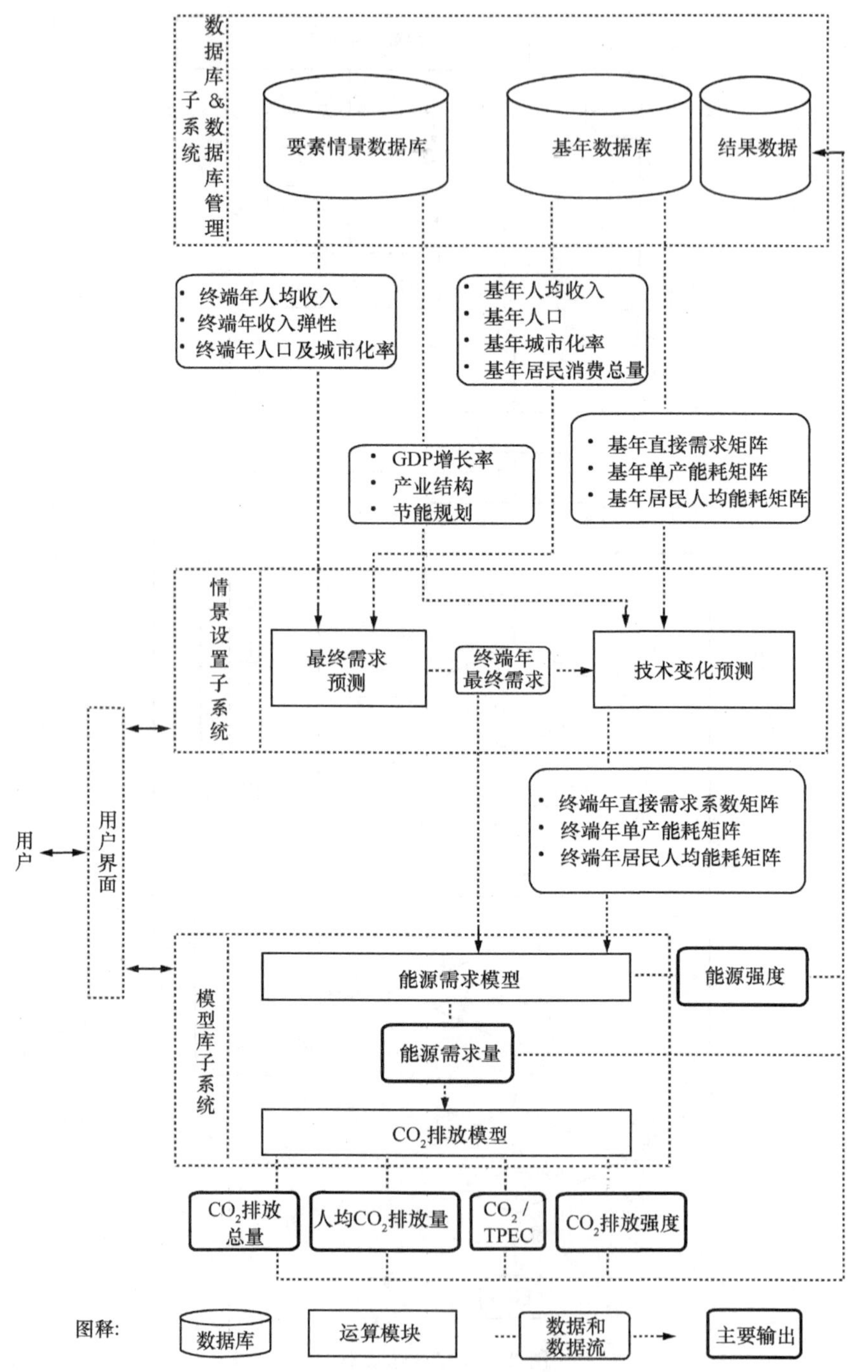

图 2-3　CEDAS 系统设计框图

上述系统将能输出以下结果：按区域、部门或燃料类型的能源需求量；按区域或部门的能源强度。

2. 数据库和数据库管理子系统

1）数据库

上述系统所用到的数据库由基年数据库、要素情景数据库和结果数据库组成。

基年数据库包括基年的投入产出表、社会经济数据及技术数据。

要素情景数据库包括经济情景库、人口情景库、城市化情景库和技术情景库。各要素情景库的数据来源于政府及各权威机构的预测。

(1) 经济数据库存储各阶段的 GDP 增长速度，人均收入增长速度，收入弹性系数，产业结构变化等数据信息；

(2) 人口数据库存储历年人口总数；

(3) 城市化情景库存储历年城市化率；

(4) 技术情景库存储单位产出能源消耗变化率，人均生活用能耗用量变化率等数据信息。

结果数据库用于分情景存储能源需求量以及其他结果。

2）数据库管理子系统

数据库管理子系统为用户提供方便的对要素情景数据库和结果数据库进行添加、修改和显示的功能。

对于要素情景数据库而言，用户可以在使用过程中实时添加自定义情景。但是，如无管理员权限确定添加，这些自定义要素情景在系统关闭时会被数据库管理子系统自动回滚删除，以维护系统的有效性和一致性。

对于结果数据库而言，用户可以通过数据库管理子系统对结果数据进行生成报表及打印等操作。

3. 软件描述

如图 2-4 所示，该软件的主界面分为左右两栏。主界面右栏为欢迎界面，在此界面上显示了用户的登录信息，若以管理员身份登录，界面上将显示登录用户的名称和用户的权限。欢迎界面下方是管理员快速登录入口。

主界面左栏为各影响要素的情景库，单击情景库中各项目名称可查看该项目的数值及来源。用户设定好各要素情景后，点击工具栏上的“情景生成”按钮，就可以得到组合好的综合情景并在界面右方展示出来。当所有要考察的情景都生成后，点击工具栏上的“情景分析”按钮，就可以得到相应的分析结果，这些结果自动地以图表形式展示以方便用户直接利用，如图 2-5 所示。

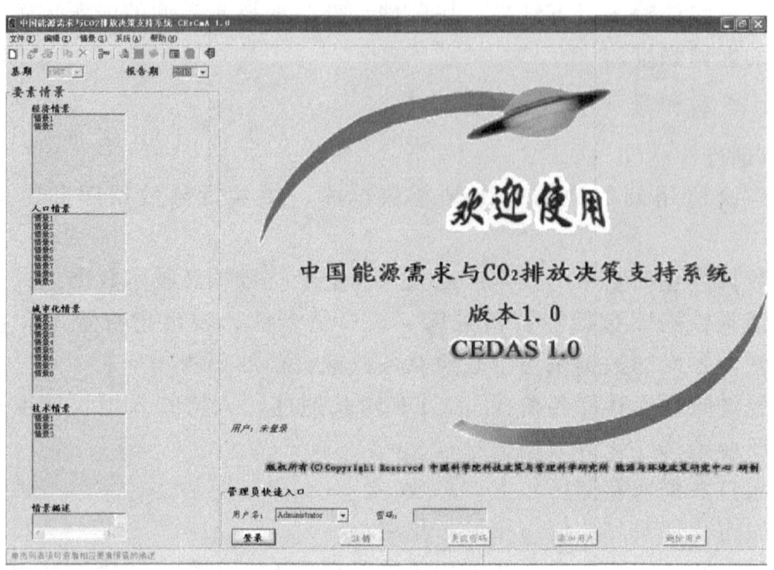

图 2-4　软件主界面

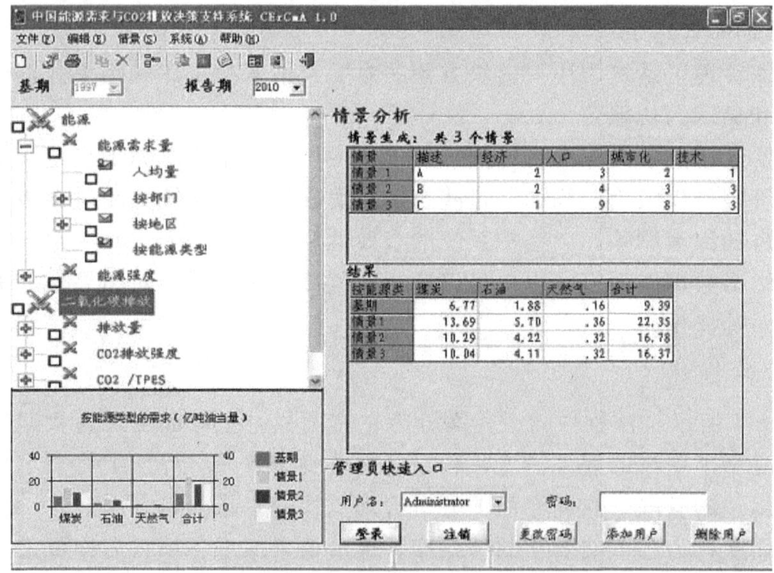

图 2-5　软件结果展示界面

2.3.2.7　模型的应用

目前我国经济正处于迅速发展之中，尤其是未来 20 年是中国全面建设小康社会的重要时期。中国政府提出了“在优化结构和提高效益的基础上，国内生产总值到2020年力争比2000年翻两番”，“到2020年基本上实现工业化”的奋斗目标。因此，这一时期各种社会经济因素都会发生比较显著的变化。在这一时期中，随着人民生活水平的提高，城市化进程的加速推进，家电消费将迅速增长，小汽车也将越来越多地进入家庭，从而带来生活用能需求的增加；“到2020年中国基本实现工业化”，意味着工业生产的规模仍要持续扩大；同时，城市化进程的加速发展还将大大推动服务业，交通运输业加速发展，因此未来20年生产用能也会有显著增加。届时，中国能源需求总量将达到什么水平，其品种结构将如何，将是进行能源建设规划的重要前提依据。

此外，我国幅员辽阔，各地区在自然地理条件、经济、人口、产业结构等方面都不尽相同，尤其是东部发达地区与中西部地区的社会经济发展水平之间存在着显著差异，从而使得这些地区在对能源的依赖程度，能源需求结构方面也存在着较大差异。为了促进各地区能源建设与经济建设协调发展，避免仅考虑全国平均发展水平有可能带来决策的片面性，有必要在预测全国能源需求的同时（Wei et al. 2006），对地区水平的能源需求进行预测，以利于因地制宜地进行地区能源发展规划，也利于从国家层面上协调各地区的资源优势。

基于上述原因，目前在国内的能源研究领域，非常有必要建立我国自己的能源需求预测模型，以加强我国在能源需求方面的话语权，更好地为国家的相关政策服务。上述能源需求预测模型正好可以满足我国在能源需求预测中对不同经济发展情景，不同地区能源需求中长期预测需求，为全面建设小康社会及实现可持续发展提供决策支持。有兴趣的读者请阅读文献（梁巧梅 2007）。

2.3.2.8 模型改进设想

能源需求预测是一项非常复杂的工程，无论考虑得多么周密、细致，仍然会存在很多欠缺。因此，实际工作中，对能源需求的预测，尤其是中长期预测是一个动态调整的过程，这种调整既包括对预测方法的修正，也包括对问题或情景的描述等。例如，上述建立的预测模型在实际运用过程中，可根据需要和可能就以下三方面工作进行完善与改进。

1. 改进对直接消耗系数矩阵的调整方法

到目前为止，动态投入产出模型的理论尚不成熟，仍在发展之中。因此，上述研究选用了比较经典的静态投入产出模型。然而，一个完全静态的方法无法描述结构上的变化。为了解决这一问题，研究中运用RAS方法对基年的直接消耗系数矩阵A^c进行了调整，以模拟出在所研究的时间范围中部门间投入产出结构的可能变化。

然而，RAS方法也存在着一些弱点，最主要的一个就是它的经济假设：替代效应和制造效应的部门一致性在很多情况下并不能满足。一种改进 RAS 的方法是将其与对直接消耗系数矩阵中关键系数的个案研究（case study）相结合。目前，对这种方法的改进已受到了很多关注。因此，进一步的工作可通过追踪 RAS 技术的改进方法，以及其他可能的更有效的调整措施，来提高现有模型的精度。

2. 改进对技术情景的描述

由于数据来源及方法等的限制，上述模型中的技术因素只考虑了能源利用效率的变化情景，没有考虑能源替代技术的影响。对于面向中长期的研究而言这种设置方法有可能会在一定程度上削弱技术情景的合理性，从而限制了对技术影响研究的深度。将来的研究可在引入能源替代技术、引入回弹效应系数等方面对技术情景的描述进行改进。

3. 引入对非商业能源的描述

关于非商业能源，一方面，现有投入产出表或其他能源统计资料中的相关统计数据不足；另一方面，目前的能源政策主要关注商业能源，如原油进口、电力部门能源效率等问题，因此在上述的模型中只讨论了商业能源。

然而，这部分能源在包括中国在内的大多数发展中国家中仍将发挥着重要的作用。因此，在未来的工作中很有必要进行这方面的相关研究，在数据可获的基础上设法在现有模型中引入对非商业能源的描述。

2.4 本章小结

能源是人类社会发展和经济增长最基本的驱动力，是人类赖以生存的基础。能源需求是构成能源市场活动的一个重要方面，对能源资源配置，市场效率具有重要作用。

能源需求存在总量和结构之分，一国的能源需求总量由终端能源需求量、能源加工转换损失量和损失量三部分构成，世界一次能源需求以化石能源为主，结构已实现从煤炭向油气的转换，中国是为数很少的几个以煤为主的国家。经济增长、社会发展、产业结构及部门能源强度、能源价格和能源技术与管理是决定一国能源需求总量和结构的主要因素。

因为能源产品的基础性，能源主要是作为生产投入中的一种基本要素，其对价格的相对变化反应不大，即能源需求的价格弹性较小，短期由于耗能设备技术等方面制约，难以随价格波动迅速做出调整，所以短期能源需求价格弹性更小。

能源需求预测是各国制定能源发展战略的重要组成部分，对保障能源需求具有重要意义。能源需求预测方法很多，有基于单一方法的预测模型，有基于若干方法的组合模型，其中基于能源需求历史数据趋势外推的方法，使用方便，比较适合短期预测，对能源需求的中长期预测比较适合使用组合预测模型。

本章第3节介绍的多地区投入产出分析方法与情景分析法相结合的能源需求预测组合模型，基本原理是：首先将能源需求的主要驱动因素设置为技术、经济、人口及城市化水平；然后围绕这些驱动因素构建代表未来不同技术、经济发展路径的情景；最后具体到各情景，运用多地区投入产出模型计算得到各终端年份预测总体及各组成部分的能源需求量。该模型可用于对中国未来全国和各经济区域水平上的能源需求情景分析，从而为国家及各区域的能源规划建设和相关能源环境政策改革等提供决策支持。

思考题

1. 世界能源史上发生过几次大的需求结构调整？其主要推动因素是什么？

2. 能源需求主要受哪些因素影响，如何影响？

3. 能源需求收入弹性长期与短期有什么区别？

4. 什么是能源强度？能源强度与能源需求弹性系数有什么关系？

5. 能源需求预测的主要作用是什么？主要有哪些预测方法？各自的优缺点如何？

6. 我国当前的能源需求有什么特点？未来可能的发展趋势如何？

第3章　能源供给

必要的能源供给是维持社会经济生产和人民群众生活有序运转的重要保证。当今世界，能源供给以化石能源为主，由于化石能源资源的绝对稀缺性和分布区域的高度不平衡性，加之能源需求近似刚性增长趋势，使得能源供给经常处于能源市场供需力量的短边，因此增加能源供给成为全球各国非常关注的一个重要问题。本章将介绍能源供给的基本概念，影响能源供给的主要因素，最后就能源供给预测建模有关问题进行阐述和探讨。

3.1　能源供给的基本概念

3.1.1　能源供给含义与性质

能源供给是指在一定时期内，能源生产部门在各种可能的价格下，愿意并能够提供的数量。如果由于价格太低，厂商不愿意出售，即使有产品也不能在市场上形成有效的供给。

当今世界供应的主要能源为煤炭、石油、天然气等化石能源，这些能源是典型的自然资源，具有两个方面的显著特点：

(1) 有限性指能源资源总量是有限的，这种有限是绝对的，不是相对人类无限需求欲望而言的相对有限，这种绝对有限性与人类社会不断增长的需求构成了供需结构上的矛盾。当然受人类认识世界能力的限制，人类对各类能源资源（即储量）的探明是一个逐步发现的过程（见 3.2.1)，但无论人类探明还是未探明，这些能源资源的总量都是有限的；

(2) 区域性指能源资源分布上的不均衡性，存在数量或质量上的显著地域差异，并有其特殊分布规律。从已探明的石油资源储量看，约 3/4 集中在东半球，储量前 10 位的国家占了全球 83％的份额，中国以 22 亿吨列第 13 位，储量最多的国家是沙特，达 363 亿吨，占全球 21.9％，储量前 5 位的国家都在中东，占有了全球 61.5％的份额，被称为“世界油库”。类似地，天然气和煤炭资源在全球的分布也具有高度地缘性。表 3-1 给出了石油、天然气和煤炭三大化石能源储量位居前 10 位的国家及其储量（朱孟珏等　2008)。

表 3-1　世界三大化石能源储量前 10 位的国家

位次	石油储量		天然气储量		煤炭储量	
1	沙特	36.3	俄罗斯	47.65	美国	2 466.4
2	伊朗	18.9	伊朗	28.13	俄罗斯	1 570.1
3	伊拉克	15.5	卡塔尔	25.36	中国	1 145.0
4	科威特	14.0	沙特	7.07	印度	924.5
5	阿联酋	13.0	阿联酋	6.06	澳大利亚	785.0
6	委内瑞拉	11.5	美国	5.93	南非	487.5
7	俄罗斯	10.9	尼日利亚	5.21	乌克兰	341.5
8	哈萨克斯坦	5.5	阿尔及利亚	4.50	哈萨克斯坦	312.8
9	利比亚	5.4	委内瑞拉	4.32	波兰	140.0
10	尼日利亚	4.9	伊拉克	3.17	巴西	101.13
比重	占世界	83%	占世界	76%	占世界	91%

资料来源：BP. 2007. BP Statistical Review of World Energy 2007. http：//www.bp.com/multipleimagesection.do? categoryId=6840&contentId=7021557.

正是由于能源资源的上述两个特点，使得能源供给始终处于能源供需的短边，能源供应安全成为全球关注的一个重点问题，各国都在积极努力，大力促进可再生能源，新能源的开发利用，力求提高能源供给多样化，保证供需平衡。

3.1.2　能源供给总量与能源供给结构

能源供给总量是指所研究的一定范围内各种能源供给量之和；如一次能源供给量，为原煤、原油、天然气、水电、核电等供给量之和，化石能源供给量则为原煤、原油、天然气供给量之和等。

能源供给结构指能源供给总量中各类能源所占比例。例如，我国一次能源主要由煤炭、石油、天然气及水电＋核电构成，其中煤炭占绝对主导地位，约占一次能源供给总量的 70%左右。

与能源需求一样，能源供给也是能源经济学范畴的一个基本概念，在实际应用中容易与能源供应量或生产量相混淆。能源供应量是有效能源供给在量上的反映，当能源需求充足，且不存在库存时，能源供给在数量上等于能源供应量。一国的能源供应量通常包括本国生产量和进出口部分。在不引起混淆的地方，本书不严格区分能源供给与能源供应两个概念。

库兹涅茨认为现代经济增长不仅仅是一个总量问题。“如果不去理解和衡量生产结构的变化，经济增长是难以理解的”。也就是说，如果离开了结构分析，将无法解释增长为什么会发生和怎么发生，因此现代经济增长本质上是一个结构问题。对于能源也是一样，仅仅是能源供给总量的增加并不一定能满足经济增长的需要，能源供给结构合理才是经济增长和能源安全的重要保障。

表 3-2 列出了 1978 年以来，特别是近 20 年来，中国能源生产总量和构成。

表 3-3 列出了 1949、1980、1990 年及 1998～2003 年中国能源产量及居世界位次。综合两表可以看出，经过 50 多年的发展，目前中国能源工业已经形成了以煤炭为主、多能互补的能源供给体系，支撑中国经济保持稳定的增长速度。但是，由于近儿年高耗能产业的迅速扩张，中国能源需求加速增长，一次能源生产也出现了高速增长。

与第 2 章的表 2-1 相比，可以发现，我国能源生产结构与需求结构不完全一致，相对来说，煤炭在能源生产结构中占的比重大于其在能源需求结构中的份额，而石油则相反。我国能源生产基本上与需求平衡，近年来存在一些缺口，但自给率仍然在 90％以上，按理说，不存在严重的能源供应安全问题，但正是由于生产结构与能源需求结构不匹配，使得我国石油供需缺口越来越大，石油供应安全成为我国能源安全最大的隐患。

表 3-2　中国能源生产总量与构成

年份	能源生产总量（Mtoc）	占能源生产总量的比重（％）			
		原煤	原油	天然气	水电
1978	627.70	70.3	23.7	2.9	3.1
1980	637.35	69.4	23.8	3.0	3.8
1985	855.46	72.8	20.9	2.0	4.3
1989	1 016.39	74.1	19.3	2.0	4.6
1990	1 039.22	74.2	19.0	2.0	4.8
1991	1 048.44	74.1	19.2	2.0	4.7
1992	1 072.56	74.3	18.9	2.0	4.8
1993	1 110.59	74.0	18.7	2.0	5.3
1994	1 187.29	74.6	17.6	1.9	5.9
1995	1 290.34	75.3	16.6	1.9	6.2
1996	1 326.16	75.2	17.0	2.0	5.8
1997	1 324.10	74.1	17.3	2.1	6.5
1998	1 242.50	71.9	18.5	2.5	7.1
1999	1 091.26	68.3	21.0	3.1	7.6
2000	1 069.88	66.6	21.8	3.4	8.2
2001	1 209.00	68.6	19.4	3.3	8.7
2002	1 383.69	71.2	17.3	3.1	8.4
2003	1 599.12	74.5	15.1	2.9	7.5
2004	1 846.00	75.6	13.5	3.0	7.9

资料来源：国家统计局．中国统计年鉴 2005. 北京：中国统计出版社，2005.

表 3-3 中国能源产量及居世界位次

类别	产量位次	1949	1980	1990	1998	1999	2000	2001	2002	2003	2004
一次能源	产量（百万吨标准煤）	23.7	637.4	1039.2	1242.5	1091.3	1069.9	1209.0	1383.6	1599.1	1846.0
	位次	13	3	3	3	3	3	3	2	2	2
煤炭	产量（百万吨）	32	620	1080.0	1250.0	1045.0	998.0	1110.0	1380.0	1667.0	1956.4
	位次	10	3	1	1	2	1	2	1	1	1
原油	产量（百万吨）	0.12	106.0	138.3	161	160	163	165	166.9	169.6	174.5
	位次		6	5	5	5	5	5	5	5	6
天然气	产量（亿立方米）	0.07	142.7	153.0	232.8	252	272	303.4	326.6	350.2	408
	位次		12	20	18	17	19	19	17	17	16
电力	产量（亿千瓦时）	4.3	300.6	621.2	1167.0	1239.3	1355.6	1478.0	1654.0	1905.2	2187.0
	位次	25	6	4	2	2	2	2	2	2	2

资料来源：国家统计局．2004．中国统计年鉴 2004．北京：中国统计出版社．国家统计局．2005．中国统计年鉴．北京：中国统计出版社，2005．BP．2005．BP Statistical Review of World Energy 2005. http：//www. bp. com/multipleimagesection. do? categoryId = 6840&contentId = 7021557. LBNL，(2004)．China Energy Databook v6. 0，Lawrence Berkeley National Laboratory，CD.

能源供给结构的调整可以考虑两个方面：一是提高优质能源所占比重。不同的能源品种具有不同的利用效率，据有关专家分析（陈权宝等 2005），石油产出效益比煤炭高 23％，天然气产出效益比煤炭高 30％，此外，单位热值燃烧，煤炭产生的 CO_2 大于石油，石油大于天然气。二是提高能源品种多元化程度。一般来说，多元化程度越高，能源系统的安全性越高。一次能源供给结构多元化程度可以用香农 - 威纳指数（Shannon-Weiner index）指数或其他多样性指数（如第 10 章介绍的熵统计量）来度量。香农 - 威纳指数也称为 Shannon 多样性指数（H'），计算公式如下（李连德等 2008）：

$$H' = -\sum_{i=1}^{n} S_i \ln S_i$$

式中，n 为一次能源供给系统中能源品种数目，S_i 为一次能源品种 i 的供给量占总的一次能源供给量的比例，H'反映一次能源供给系统的多样性程度，$H' \geqslant 0$。当只有一种能源品种时，$S_i = 1$，$H'=0$；种类增加时，H'也相应增大。当一次能源供给中的各种能源所占比例趋于均等时，能源供给的种类越多（即 n 越大），一次能源供给多样性指数也越高。种类数 n 一定时，H'值变大，说明各种一次能源供给在所有一次能源供给中所占比例趋于均等、差距缩小；H'值变小，说明在所有一次能源供给品种中，能源供给相对集中在少数几个品种中，各种一次能源供给在所有一次能源供给比例的差距扩大。

比如，1949 年新中国成立之初，中国一次能源供给结构多样化指数为 0.176，其中煤炭占 96.3%、水电占 3%、石油占 0.7%，煤炭占有绝对主导地位，多样化指数偏低，一旦煤炭生产遭受重创，将严重危及我国能源供给。2005 年时，煤炭比重下降了 20 个百分点，为 76.3%，石油上升为 12.6%，水电上升为 6.9%，天然气从无到有，比重占到 3.2%，此时一次能源供给结构多样化指数增加为 0.808，表明 2005 年我国一次能源供给结构较 1949 年有了较大改进，但与 4 种一次能源所占比例均等时的多元化指数值 1.386 还有较大差距，原因在于煤炭的比例仍然远高于其他能源品种的比例。

与能源供给总量和能源供给结构相对应，在电力的供给中，也存在电力供给总量和电源结构这一对概念。电源结构是指总发电量（或装机容量）中，不同燃料发电量（或装机容量）所占比例。除水电和核电外，其余的电力都是由一次能源转化而来的二次能源，因此，一国的电源结构与其一次能源供给结构密切相关，或基本上由一次能源供给结构决定。2006 年世界电力的装机结构，其比例为：煤电 39%、水电 19%、核电 16%、天然气发电 15%、油电 16%、其他 1%。而中国煤电比例从新中国成立以来一直高居 70% 以上，2007 年达到了 78%，超过世界平均水平一倍。与能源供给结构一样，电源结构中来自优质能源发电量所占比例越大，电力系统效率越高，同时对环境产生的污染也越小。

另外，能源需求结构在很大程度上受制于能源供给结构，因此，要优化调整能源需求结构，还得从源头，从改善和优化能源供给结构做起。

从全球范围来看，世界能源供给正朝着多样、清洁、高效、全球和市场化的方向发展。

多样化可持续发展，环境保护，能源供给成本和可供给能源的结构变化决定了全球能源多样化发展的格局。未来，在发展常规能源的同时，新能源和可再生能源将受到重视。水能、核能、风能、太阳能也正得到更广泛的利用。

清洁化随着世界能源新技术的进步及环保标准的日益严格，未来世界能源将进一步向清洁化的方向发展，不仅能源的生产过程要实现清洁化，而且能源工业要不断生产出更多、更好的清洁能源，进而引导清洁能源在能源总需求中的比例逐步增大。洁净煤技术（如煤液化技术、煤气化技术、煤脱硫脱尘技术）、沼气技术、生物柴油技术等将取得突破，并得到广泛应用。

高效化世界各国能源加工转换效率差别很大，尤其是发展中国家能源技术效率提高的空间较大，世界各国都在积极采取措施、减少浪费、提高能源利用效率。

全球化随着经济的发展，世界上相当一部分国家越来越难以依靠本国资源满足其国内需求，越来越需要依靠世界其他国家或地区的资源供应，国际能源贸易量将越来越大，贸易额呈逐渐增加的趋势，世界主要能源生产国和能源消费国将积极加入到能源供需市场的全球化进程中。

市场化由于市场化是实现国际能源资源优化配置和利用的最佳手段，故随着世界经济的发展，特别是世界各国市场化改革进程的加快，世界能源利用的市场化程度越来越高，世界各国政府直接干涉能源利用的行为将越来越少，而政府为能源市场服务的作用则相应增大，特别是在完善各国、各地区的能源法律法规并提供良好的能源市场环境方面，政府将更好地发挥作用（唐炼　2005）。

3.1.3　能源供给价格弹性

1. 能源供给价格弹性

能源供给价格弹性是指，在其他条件不变时，能源价格的相对变动所引起的能源供给量的相对变动，即能源供给量的变化率与能源价格变化率之比。根据定义知其计算公式为

$$E_{sp}=\frac{\Delta Q_s/Q_s}{\Delta P/P}=\frac{\Delta Q_s}{\Delta P}\cdot\frac{P}{Q_s}$$

其中，Q_s 为能源供给绝对量；

ΔQ_s 为能源供给变动量；

P 为能源价格绝对量；

ΔP 为能源价格变动量。

当 $\Delta P\rightarrow 0$ 时，$E_{sp}=\lim\limits_{\Delta P\rightarrow 0}\frac{\Delta Q_s}{\Delta P}\cdot\frac{P}{Q_s}=\frac{dQ_s}{dP}\cdot\frac{P}{Q_s}$。

按照供给法则，供给量与市场价格正向变动，dQ_s/dP 一般为正值，因此，E_{sp} 为正值，即能源供给价格弹性与一般产品供给价格弹性一样，一般为正值。

在技术一定的前提下，由于能源产业属于资本密集型产业，投资大，周期长，能源供给无法随市场价格的变化同步变化，短期能源供给总量和结构也难以随价格的变化做出大的调整，能源供给价格弹性一般较小，但在长期，如果能源价格持续偏高，能源生产企业利润增加，就会刺激能源企业增加投资，增加供给，能源消费企业则会增加研发投资，促进技术进步，提高能源使用效率和用相对便宜的能源品种替代较昂贵的能源品种，因此长期能源供给总量和结构随价格调整的幅度会增加，即长期能源供给价格弹性相对较大。可以用图 3-1 简单地描述能源供给的即时 MS、短期 SS 和长期供给曲线 LS。

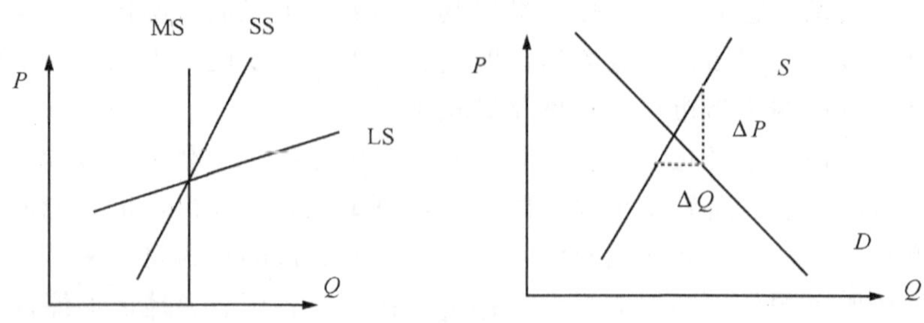

图 3-1　能源供给的瞬时、短期、长期价格弹性　　图 3-2　弹性对均衡的影响

因此，能源供给价格弹性由于调整产量的难度较大，加上化石能源产品还受到储量的限制，决定了能源供给价格弹性一般较小，且通常情况下，供给价格弹性小于需求价格弹性。较小的需求和供给价格弹性，以及供给价格弹性小于需求价格弹性的特点，导致了当供求关系出现小幅度的失衡就会导致价格较大的波动幅度，即图 3-2 中，$\Delta Q<\Delta P$。

2. 能源生产弹性系数

能源生产弹性系数是指能源产量增长速度相对于国民经济增长速度的比值。根据定义知其计算公式为

$$\text{能源生产弹性系数}=\frac{\text{能源生产总量年平均增长速度}}{\text{国民经济年平均增长速度}}$$

能源生产弹性系数小于 1，表明能源生产增速落后于经济增长的速度；反之，能源生产增速快于经济增长的速度，等于 1，表明能源生产增速与经济增速同步。类似地，电力生产弹性系数是指电力生产总量年平均增长速度与国民经济年平均增长速度之比。

表 3-4 反映了我国 1990～2008 年能源生产和电力生产的弹性系数，19 年来，我国仅在 2003～2004 年两年出现了能源生产增长快于经济增长的现象，而在 1997～1998 年亚洲金融风暴期间，能源产量甚至出现了负增长，其他年份均低于经济增长的速度，且多数年份小于或略高于 0.5。因为能源生产周期长，资金需求量大，所以，能源生产应该有所超前。但是，从能源生产弹性系数看，我国能源生产不仅没有超前，反而落后于经济生产增长速度，这在长期将严重影响能源供给的保障能力。相比能源总量的生产，电力生产增速多数年份高于国民经济增长速度，只在 1997～1998 年和 2008 年金融风暴期间，电力生产增速显著低于国民经济增长速度，其他年份则稍低于经济增速。

表 3-4　能源生产与电力生产弹性系数

年份	能源生产比上年增长（%）	电力生产比上年增长（%）	国内生产总值比上年增长（%）	能源生产弹性系数	电力生产弹性系数
1990	2.2	6.2	3.8	0.58	1.63
1991	0.9	9.1	9.2	0.10	0.99
1992	2.3	11.3	14.2	0.16	0.80
1993	3.6	15.3	14.0	0.26	1.09
1994	6.9	10.7	13.1	0.53	0.82
1995	8.7	8.6	10.9	0.80	0.79
1996	2.8	7.2	10.0	0.28	0.72
1997	−0.2	5.0	9.3		0.54
1998	−6.2	2.9	7.8		0.37
1999	1.4	6.2	7.6	0.18	0.82
2000	2.4	9.4	8.4	0.29	1.12
2001	6.6	9.2	8.3	0.80	1.11
2002	4.6	11.7	9.1	0.51	1.29
2003	13.9	15.5	10.0	1.39	1.55
2004	14.3	15.3	10.1	1.42	1.51
2005	9.9	13.5	10.4	0.95	1.30
2006	7.4	14.6	11.6	0.64	1.26
2007	6.5	14.5	13.0	0.50	1.12
2008	5.2	5.6	9.0	0.58	0.62

资料来源：国家统计局．2004．中国统计年鉴 2004．北京：中国统计出版社

3.2　能源供给的主要影响因素

3.2.1　资源禀赋

资源禀赋，指的是一国或一地区各种资源的储量。能源禀赋的含义，即一个国家或地区的各种能源资源的储备量。显然一个国家的能源禀赋在很大程度上决定了这个国家能源供给总量和供给结构，能源禀赋是影响能源供给最主要的因素。虽然地球上的能源资源禀赋是一定的，但由于受技术、资金、人力、地质等因素的制约，地球上的能源储量是一个逐步发现的过程，另外有些储量虽然已被发现，但受一定因素制约，这些储量暂不具备开采的条件或开采的价值，因此，储量又分已探明储量和已探明可开采储量，通常已探明可开采储量具有更实际的

意义，能在比较明确的时间条件下，形成实际的供给。

3.2.1.1 世界石油资源探明可采储量及分布

石油是经济和社会发展不可缺少的重要能源，随着经济的发展和城市化水平不断提高，各国对石油资源的需求将继续保持强劲的增长。BP（2005）的数据表明，在过去的20年间，世界石油资源探明可采储量呈上升趋势。如图3-3所示，1984年世界石油资源探明可采储量约为7616亿桶，1994年增加到10 175亿桶，2004年年底达到11 886亿桶，20年间增加了4270亿桶，增长了56.1%。其中，1984～1994年可采储量增长速度较大，增长了33.6%，主要集中在中东地区。1994～2004年期间，世界石油资源可采储量增长速度相对缓慢，增长了16.8%，主要集中在俄罗斯、非洲和中南美地区。

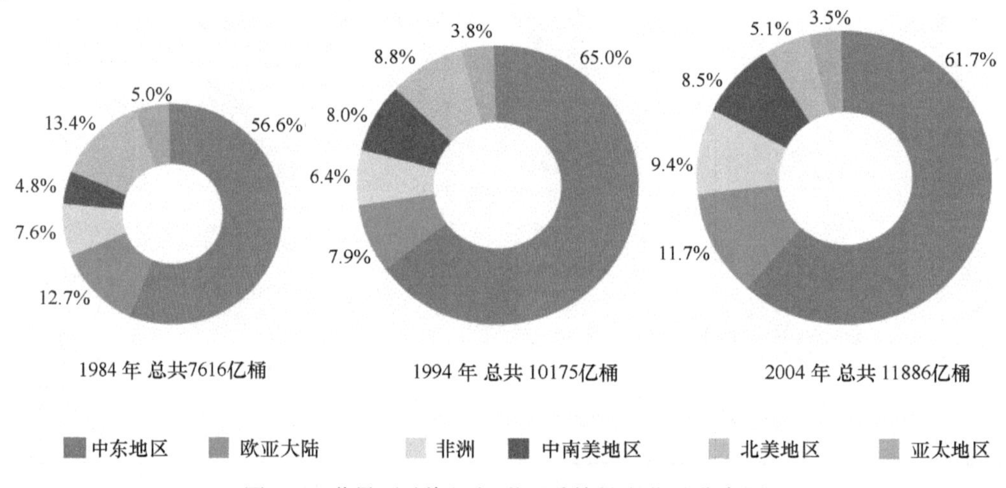

图3-3 世界石油资源探明可采储量变化及分布图

资料来源：BP. 2005. BP Statistical Review of World Energy 2005. http://www.bp.com/multipleimagesection.do?categoryId=6840&contentId=7021557.

2004年年底，中东地区的探明可采储量约为7339亿桶，约占世界的61.7%，是名副其实的“世界油库”。世界第二大“油库”是欧洲（主要是俄罗斯），探明可采储量约为1392亿桶，占世界的11.7%；第三大“油库”是非洲，约为1122亿桶，占9.4%；中南美地区石油资源也很丰富，约为1012亿桶，占8.5%；北美地区约为610亿桶，占5.1%；亚太地区石油资源最少，约为411亿桶，仅占3.5%。由此可见，世界石油资源分布极具地域性和不均衡的特点。其中，以沙特、阿联酋、伊朗、伊拉克等国组成的石油输出国组织（OPEC）拥有约3/4的石油储量，其行为及政策变化会对国际石油市场供给产生一定影响。

3.2.1.2 世界天然气资源探明可采储量及分布

天然气作为一种清洁高效的能源，具有转换效率高、环境代价低、投资省和建设周期短等优势，积极开发利用天然气资源已成为世界能源工业发展的一个重要潮流。图 3-4（BP 2005）的数据显示，20 世纪 80 年代以来，世界天然气资源探明可采储量增长迅速，从 1984 年的 96.39 万亿立方米，增加到 1994 年的 142.89 万亿立方米。截至 2004 年年底，世界已探明的天然气可采储量约为 179.53 万亿立方米，过去的 20 年间天然气储量增加了 83.14 万亿立方米，增长了 86.25%。

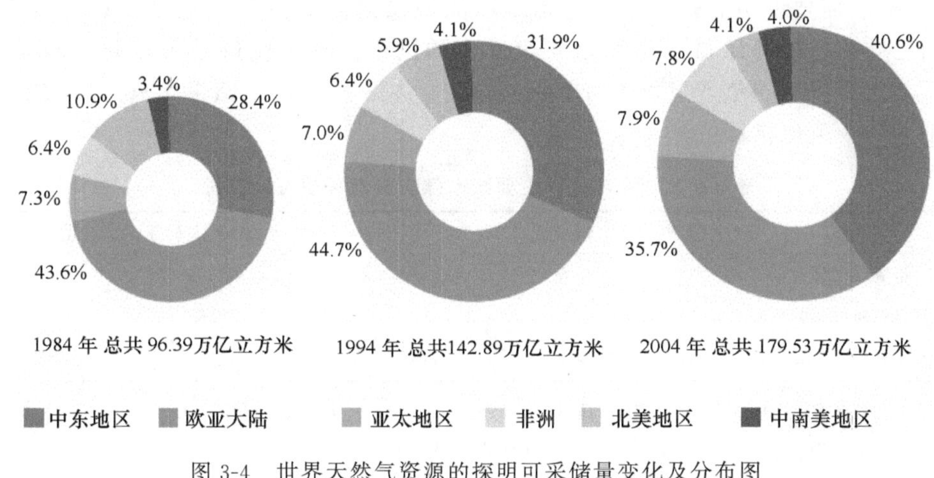

图 3-4 世界天然气资源的探明可采储量变化及分布图

资料来源：BP. 2005. BP Statistical Review of World Energy 2005. http://www.bp.com/multipleimagesection.do?categoryId=6840&contentId=7021557.

虽然近十年世界天然气资源探明可采储量的增长速度有所下降，但是中东地区的可采储量增长速度依然很快。如图 3-4 所示，中东地区天然气探明可采储量由 1984 年的 27.37 万亿立方米，增加到 1994 年的 45.58 万亿立方米，在 2004 年底储量高达 72.83 万亿立方米，占世界总储量的 40.6%。虽然世界天然气资源不像石油那样过度集中在中东地区，但是仍具有分布很不均衡的特点。除了中东和欧洲（主要是俄罗斯）之外，其他地区的天然气探明可采储量相当有限，仅为 42.69 万亿立方米，占世界储量的 23.7%。

3.2.1.3 世界煤炭资源探明可采储量及分布

煤炭是地球上蕴藏量最丰富，分布地域最广的化石能源，被誉为“工业的粮食”，至今煤炭资源仍然是钢铁、电力等工业部门的重要原料和燃料。煤炭资源分布于世界近 80 个国家和地区，其中有 60 多个国家进行了有规模的开采。根据

BP（2005）的统计数据，2004年底世界煤炭资源探明可采储量为9091亿吨。世界煤炭资源分布也不均衡，主要集中在亚太、欧洲和北美地区。如表3-5所示，美国、俄罗斯、中国和印度的煤炭资源储量较大，四个国家的储量之和占世界总储量的67%。中国的煤炭资源储量相当丰富，而且煤质较好，但是人均储量仍然低于世界平均水平。

储采比，又称回采率或回采比，是反映化石能源供给的一个重要的相对指标。国际通行的计算公式为：R/P，其中R为上年末能源资源储量，P为上年产量。其含义为：如果产量维持在目前水平，这些储量还可开采多少年。例如，2004年，世界煤炭资源的平均储采比为164年，美国为245年，中国只有59年（表3-5）。需要说明的是，储采比是表示能源供给能力的一个近似指标，首先，前面已介绍，能源储量的探明是一个逐步的过程，真实储量是未知的，不确定的；其次，以后的年产量也不可能保持恒定。基于这两点，储采比只是反映能源供给的一个近似指标。

表3-5　2004年世界主要国家煤炭资源探明可采储量

国家	美国	俄罗斯	中国	印度	澳大利亚	世界
探明储量（亿吨）	2 466	1 570	1 145	924	785	9 091
占世界份额（%）	27.1	17.3	12.6	10.2	8.6	100
储采比	245	>500	59	229	215	164

资料来源：BP. 2005. BP Statistical Review of World Energy 2005. http：//www.bp.com/multipleimagesection.do? categoryId=6840&contentId=7021557.

3.2.1.4　世界可再生能源储量

由于煤炭、石油和天然气等化石能源的可耗竭性，以及化石能源燃烧所带来的环境污染和温室气体等负面效应，世界各国都在致力于发展清洁、可持续的可再生能源。世界可再生能源资源储量丰富，其中太阳能储量（到达场面的功率密度）为1千瓦时/平方米，可开发生物质能65亿吨标准煤，技术可开发水能资源6.96万亿千瓦时，技术可开发风能资源96亿千瓦时，技术可开发地热资源500亿吨标准煤。除了水能以外，近年来风能和太阳能的开发和利用发展迅猛，其中以德国和丹麦最为突出（魏一鸣等　2006）。

3.2.2　能源价格

与其他产品一样，能源价格也是影响能源资源供给的主要因素之一。一般来说，在其他条件一定的情况下，能源价格走高，意味着企业利润增加，追逐利润最大化企业会增加供给；反之，利润减少，企业就会减少能源的供给。

与一般产品不同的是，首先，能源生产或供给在短期几乎不受价格的影响，因为能源生产前期的要素投入比重非常大，而生产过程中要素投入所占的比重较小。产量对生产过程中的要素投入是不敏感的，且要素投入对产出有一个明显的较长的时滞。其次，能源供给受到已探明可开采储量的限制，在技术不变的情况下，一定时期可开采的数量是一定的，同时，能源投资期长，短期内调整产量的能力很有限，因此能源价格对能源资源供给的影响较一般产品小。短期内，能源供给对价格的反应主要通过剩余产能来实现。例如，在国际石油市场上，石油供需一直比较紧张，非 OPEC 国家基本上已开足马力，按最大生产能力进行生产，这意味着其短期能源供给曲线为一条垂直线，供给价格弹性为 0，只有沙特这样的 OPEC 成员大国才留有一定的剩余产能，当市场供不应求时，增加产出、平衡供需。如图 3-5 显示，2008 年 9 月国际原油价格达到约 104 美元/桶的高位，此时 OPEC 剩余产能很低，只有 1.31 百万桶/天，随着剩余产能增加，国际原油价格逐渐回落，2009 年 1 月剩余产能增加到 3.79 百万桶/天，国际原油价格降到了 41.92 美元/桶，此后剩余产能变化较小，油价波动幅度也减小。

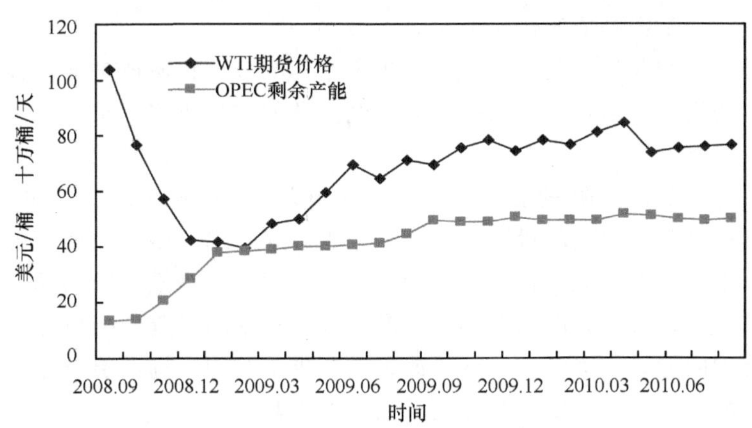

图 3-5　OPEC 剩余产能与原油价格

资料来源：EIA. 2010. OPEC 原油产量及产能. http：//stat.24k99.com/opec-oil.aspx. 2010-11-13.

当今世界以不可再生的化石能源为主要能源。能源价格应当充分反映资源稀缺程度，反映市场供需状况，反映生态保护和环境治理成本，这样才能向各类市场主体传递正确信号，从根本上促进能源供给朝着多元化、高效化、清洁化的方向发展，促进能源节约和合理利用。因此，维护能源市场稳定，完善能源定价机制，使能源价格更趋合理，以达到更充分、有效地配置能源资源的目的。

3.2.3　能源投资

能源投资对能源供给的影响主要体现在两个方面：

(1) 能源投资是能源供给物质体系形成的基础，是能源能否稳定、经济、清洁供给的根本保障。能源投资供给主要是指能源产业交付使用的固定资产，既包括生产性固定资产，也包括非生产性固定资产。生产性固定资产的交付使用，直接为能源产业的再生产过程注入新的生产要素，增加生产资料供给，为扩大再生产提供物质条件，促进能源部门产值的增长。非生产性固定资产则主要通过为能源产业部门劳动者提供各种服务和福利设施，间接地促进能源产业的增长。因此，能源投资的增加促进了能源产品供给的增加。

（2）能源研发投资是推动能源技术进步的主要因素。罗伯特·索洛（1956年）的经济增长模型表明：技术和传统投入的比较中，技术创新导致了80%的经济增长。生产技术水平的提高，即效率的提高，隐含着生产一定产量所需成本的下降，或者在给定成本时产量会有所增加。例如，1979～1985年的高油价诱发非欧佩克国家加大油田勘探和技术革新，一方面探明储量大幅增加；另一方面油田开采成本也大幅下降，使得非OPEC国家大大增加了石油产量。能源产业的发展，能源供给的增加在很大程度上得益于能源技术创新。因此，能源研发投资引发的技术进步是影响能源供给的主要因素之一。

不管是能源产业生产要素的投入，生产结构的合理转换还是能源技术的进步都需要资本的投入。稀缺资源的配置既是经济学的主要研究对象，也是经济学面临的挑战。针对能源投资，企业和政府面临的决策，其一是究竟该给能源产业多大的投资；其二是有限的投资多少该用于基础设施建设，多少该用于研发，……其三是用于研发的投资，多少该用于节煤技术，多少该用于可再生能源技术，……也就是说，能源投资决策中，首先要解决的是投资额的问题，在投资额一定的情况下，投资方向和在不同能源品种、技术间投资分配也是一个重要决策，由于合理的能源投资结构有助于改善能源供给结构，进而引导能源需求结构优化。结构的改善往往伴随着资源配置效率的提高。

一定的投资额是保证能源供给首要的、基本的要求。通常能源投资额须在全社会固定资产投资中占有适当的比例。因为在固定资产投资中，只有能源投资增加能源供给，非能源投资则增加能源需求，此消彼长，对能源供求平衡关系极大。国外能源工业投资在国民收入或国民生产总值中的比重一般在2%～8%左右，并且随着时间的推移逐步提高。

通过增加能源产业投资，提高能源产出是保障能源供给最重要的手段，尤其从长期来看，更要保证足够的能源投资，并通过能源投资方向引导能源产业合理发展，进而通过改善能源供给结构，达到优化能源需求结构的目的，保证经济持续健康稳定发展。要达到这一目的，我国在能源投资决策中应注意以下四点：

（1）能源建设必须适度超前。国家能源规划要充分考虑到经济增长周期、产业结构变动、人民生活水平提高对能源需求总量的影响。能源生产和供给能力规划要以能够满足经济繁荣时期、产业结构引致的能源需求增长对能源的需求。

（2）要从根本上解决可能出现的能源供给能力不足问题，在保证国家在能源领域主导地位的同时，适当放开能源产业的市场准入，允许外资、民营资本进入能源投资领域。我国经济发展和世界各国的经验表明，只有竞争的市场才能够解决“短缺”问题。同时注意到，能源产业投资额巨大，特别是某些能源品种，如电力，具有一定的自然垄断特征，过度的竞争会造成重复建设，或规模偏小，不经济，导致效率低下和对资源的浪费。因此，国家应重点控制和管理能源行业的进入准则，对能源投资进行适当的引导。

（3）通过引导能源投资的方向，促进能源供给结构的调整。通过研发资金支持、税收优惠等方面的措施，鼓励各种所有制类型的企业在风能、太阳能、地热能等可再生能源领域及传统能源清洁利用领域的投资热情，尽快提高我国在新能源、可再生能源和能源清洁利用领域的技术和装备水平，缩小与世界先进水平的差距。

（4）将能源投资与节能减排结合起来。严格限制技术水平低、规模小、能耗高、排放大的投资，鼓励技术先进的能源设施上马，并以此促进低水平能源设施的关闭淘汰。引导投资进入能源装备领域，缩小我国在能源装备领域的技术差距，提高能源技术效率水平，为我国能源行业的节能减排奠定坚实的物质基础（李晓华 2008）。

综上所述，能源投资是保证能源稳定、高效、清洁供给的根本保障。能源投资不足必将导致能源供给短缺，从而阻碍经济发展。必须树立“经济发展，能源先行”的指导思想，大力推进能源投资和能源建设。由于能源投资资金量大，投资回收期长，因此，能源投资必须做好长期规划，同时，能源投资还必须注意投资的方向和结构。

除上述主要因素外，生产者未来的预期也会影响能源供给，预期将来的价格上涨，则生产者宁愿现在少开采，而让它埋在地下增值；反之，则会增加当期开采。能源供给还受到国际政治、经济、军事，以及自然灾害、气候变化等事件的重大影响，如世界已发生的三次大的石油危机，以及与能源资源相关产品价格变动等因素的变动都会对能源供给产生影响。

3.3 能源供给预测

与能源需求预测一样，能源供给预测是进行能源发展规划的一个重要组成部分。可用于能源需求预测的趋势外推方法基本上都可以用于能源供给预测，同样，这些方法仅利用历史数据信息，假设将来沿着历史趋势发展，外推能力有限，适合短期能源供给预测。不同于能源需求预测之处在于，能源供给很大程度上要受到资源禀赋的限制，不同能源品种，资源禀赋，市场结构等因素也会有所不同，因此，分能源品种进行供给预测是必要的。能源供给预测方法主要有三大类，它们分别是基于历史数据的趋势外推法，基于能源系统的预测法和基于能源储量的预测法，下面分别对三类预测方法进行介绍。

3.3.1 能源供给的趋势预测法

根据各历史时期实际能源供给量的数据，进行数据处理和统计分析，再结合能源储量的可能性和能源贸易等因素进行调整，推测未来的能源供给量。趋势预测法中，灰色预测模型由于所需历史数据相对较少，使用灵活方便而得到广泛应用，下面重点加以介绍。

灰色系统理论建模的主要任务是根据社会、经济、技术等系统的行为特征数据，找出因素本身或因素之间的数学关系，从而了解系统的动态行为和发展趋势。灰色系统理论认为：①任何随机过程都可看做是在一定时空区域变化的灰色过程，随机量可看作是灰色量；②无规的离散时空数列是潜在的有规序列的一种表现。因而，通过生成变换可将无规序列变成有规序列。能源系统是一个复杂系统，其影响因素有些是已知的，有些是未知的，因此，可以把能源系统作为灰色系统进行处理，灰色预测模型在能源预测中得到了广泛的应用。

灰色系统理论运用微分模型对系统的发展变化进行分析预测，GM（1，1）是最基本的，也是最主要的灰色预测模型。GM（1，1）将观测数据序列看成随时间变化的灰色过程，此预测模型需要的数据量少，通过累加生成挖掘出系统潜藏的有序指数规律，模型通过多种检验判断其合理性和有效性，只有通过检验才能建立相应的预测模型（张丽峰　2006）。

灰色系统的具体计算步骤：首先，对所考察的原始时间序列 $\{x^{(0)}(k)\}$，作一次累加生成，得 $\{x^{(1)}(k)\}$，其中

$$x^{(1)}(k)=\sum_{i=1}^{k}x^{(0)}(i),k=1,2,\cdots,n \tag{3-1}$$

其次，构造一阶常微分方程 $\frac{dx^{(1)}}{dk}+ax^{(1)}=b$，解该微分方程，得预测模型如下：

$$x^{(1)}(k+1)=\left[x^{(1)}(1)-\frac{b}{a}\right]e^{-ak}+\frac{b}{a} \tag{3-2}$$

其中，a 为发展灰数，它反映由模型计算得到的数列值的发展态势；b 为内生控制灰数，其大小反映数据的变化关系。

再次，利用最小二乘法估计参数 a，b，得他们的向量形式为：

$$\alpha=\begin{bmatrix}a\\b\end{bmatrix}=(B^{T}B)^{-1}B^{T}y_{n} \tag{3-3}$$

其中：

$$B=\begin{pmatrix} -1/2[x^{(1)}(1)+x^{(1)}(2)] & 1 \\ -1/2[x^{(1)}(2)+x^{(1)}(3)] & 1 \\ \vdots & \vdots \\ -1/2[x^{(1)}(n-1)+x^{(1)}(n)] & 1 \end{pmatrix} \tag{3-4}$$

$$y_n=[x^{(0)}(2),x^{(0)}(3),\cdots,x^{(0)}(n)]^T \tag{3-5}$$

最后，当 $k=1$，2，…，$n-1$ 时，由（3-2）式算得的数据为拟合值；当 $k>n$时，根据（3-2）式计算出预测值。然后用累减运算还原，即

$$x^{(0)}(k+1)=x^{(1)}(k+1)-x^{(1)}(k)=(1-e^{a})[x^{(1)}(1)-\frac{b}{a}]^{-ak},k=1,2,\cdots,n-1 \tag{3-6}$$

如以中国 1991～2008 年能源产量数据（国家统计局 2009）为原始序列，建立 GM（1，1）模型，对未来产量进行预测。

原始数据序列：

$x^{(0)}(k)$ =（1048，1073，1111，1187，1290，1326，1324，1243，1259，1290，1374，1438，1638，1873，2059，2211，2354，2600）

一次累加生成序列：

$x^{(1)}(k)$ =（1048，2121，3232，4419，5709，7035，8359，9602，10 861，12 151，13 525，14 963，16 601，18 474，20 533，22 744，25 098，27 698）

根据（3-4）式求得 $(B^TB)^{-1}=\begin{pmatrix} -1.896\,99E-11 & -4.531\,83E-06 \\ -4.531\,83E-06 & -0.082\,634\,988 \end{pmatrix}$

$y_n=[x^{(0)}(2),x^{(0)}(3),\cdots,x^{(0)}(n)]^T=$ [1073，1111，1187，1290，1326，1324，1243，1259，1290，1374，1438，1638，1873，2059，2211，2354，2600]^T

由（3-3）式求得 $\hat{\alpha}=\begin{pmatrix} -0.0588 \\ 841.5729 \end{pmatrix}$，即 $a=-0.0588, b=841.5729$。

根据（3-6）式即可得到预测序列。

$$\hat{x}^{(0)}(k)=15\,352.325e^{0.0588k}-14\,304.325 \tag{3-7}$$

根据（3-7）式对 1992～2008 年中国能源产量的拟合结果见表 3-6。

表 3-6 GM（1，1）模型拟合结果

年份	观测变量	拟合值	绝对误差	相对误差（%）
1992	1 073	930.329 3	−142.670 683	−13.296 4
1993	1 111	986.706	−124.294 033	−11.187 6
1994	1 187	1 046.499	−140.501 039	−11.836 7

续表

年份	观测变量	拟合值	绝对误差	相对误差（%）
1995	1 290	1 109.915	−180.084 673	−13.960 1
1996	1 326	1 177.175	−148.825 364	−11.223 6
1997	1 324	1 248.51	−75.490 235	−5.701 68
1998	1 243	1 324.168	81.167 701	6.529 984
1999	1 259	1 404.41	145.410 403	11.549 68
2000	1 290	1 489.516	199.515 7	15.466 33
2001	1 374	1 579.778	205.778 257	14.976 58
2002	1 438	1 675.511	237.510 599	16.516 73
2003	1 638	1 777.044	139.044 187	8.488 656
2004	1 873	1 884.731	11.730 567	0.626 298
2005	2 059	1 998.943	−60.057 41	−2.916 82
2006	2 211	2 120.076	−90.924 299	−4.112 36
2007	2 354	2 248.549	−105.450 691	−4.479 64
2008	2 600	2 384.808	−215.191 763	−8.276 61

进行模型精度检验。从残差的相对误差的绝对值来看，平均相对误差为9.4791%，预测精度达到90%以上。后验差 $C=S_2/S_1=0.3736$，其中 S_2 为预测残差的标准差，S_1 为实际数据的标准差。根据灰色系统理论评定预测精度的要求，指标 C 小于0.5表明所建立的预测模型是合格的，能客观地反映我国能源产量的动态变化趋势，可以用该模型对我国能源产量进行预测。2011～2020年能源产量预测结果见表3-7。

表 3-7　GM（1，1）预测结果　　单位：万吨标准煤

年份	预测值	年份	预测值
2011	2 845.159	2016	3 818.228
2012	3 017.572	2017	4 049.607
2013	3 200.433	2018	4 295.007
2014	3 394.374	2019	4 555.279
2015	3 600.069	2020	4 831.322

3.3.2　能源供给的系统动力学预测法

3.3.2.1　系统动力学模型

基于能源系统的预测法是在综合考虑能源资源、能源需求、能源运输、能源投资、生态环境等因素的条件下，提出若干个可行方案，然后按照给定的评价准则，通过系统分析，优选出在技术上可行、经济上合理和社会上可接受的能源供给方案。该方法主要运用系统动力学理论。系统动力学是一门分析研究信息反馈系统的学科，也是一门认识系统问题和解决系统问题的交叉综合学科。从系统方法论来说：系统动力学是结构的方法、功能的方法和历史的方法的统一。它基于系统论，吸收了控制论、信息论的精髓，是一门综合自然科学和社会科学的横向学科。

系统动力学（system dynamics，SD）是由美国麻省理工学院教授福瑞斯特（Jay w. Foerrster）于1956年创立的。早期主要应用在工业企业管理，之后几乎遍及各类系统。系统动力学着重于描述系统的结构，是一个结构仿真模型，强调系统发展过程中的行为和发展趋势，因此更适合于中长期系统发展研究。

系统动力学建模步骤：①确定系统分析目的；②确定系统边界，即系统分析涉及的对象和范围；③建立因果关系图和流图；④写出系统动力学方程；⑤进行仿真试验和计算等（王其藩　1988）。

3.3.2.2　案例分析：中国煤炭供应能力的系统动力学预测模型

根据对煤炭工业系统运行主要影响因素：国内煤炭保有储量、煤炭采选业投资、新建矿井投产及国有煤炭生产能力情况等的分析，绘制国家煤炭生产供给系统流图（图3-6）。煤炭生产系统是一个动态系统，国有煤矿生产能力随着新建矿井的投产而增大，又因矿井报废而减少。煤炭系统受煤炭需求量和国家宏观经济政策等外生变量的影响。

根据以上流程图，建立以下煤炭生产-供给系统方程：

（1）国有煤矿生产能力方程：

$$\text{GYSCNL}[i]=\text{GYSCNL}[i-1]+\frac{\text{TCL}[i]-\text{GBL}[i]}{10\,000} \tag{3-8}$$

（2）近期可利用建井储量方程：

$$\text{klycl}[i]=\text{klycl}[i-1]+\text{xzklycl}[i]-\frac{\text{dycl}[i]}{10\,000} \tag{3-9}$$

（3）续建中矿井生产能力方程：

$$\text{xjl}[i]=\text{xjl}[i-1]+\text{njl}[i]-\text{TCL}[i] \tag{3-10}$$

（4）新增可利用建井储量方程：

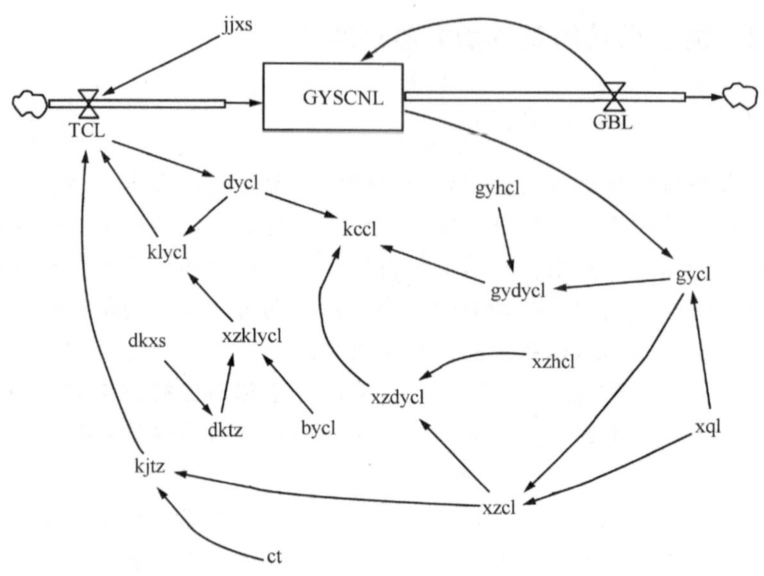

图 3-6　煤炭供应系统流图

$$xzklycl\ [i] = \frac{\frac{dktz\ [i] - 4315.7}{261.8}}{10\ 000} \tag{3-11}$$

（5）国有煤矿矿井建设投资计算方程：

$$kjtz\ [i] = 18\ 274\ 855.73 \times ct + 11.17\ 838\ 198 \times xjl\ [i] - 369\ 583.0352 \tag{3-12}$$

（6）新开工矿井方程：

$$njl\ [i] = \min\left(\frac{kjtz\ [i] - 29.18 \times xjl\ [i]}{43.44}, \frac{klycl\ [i] \times 10\ 000}{jjxs}\right) \tag{3-13}$$

（7）投产方程：

$$\begin{aligned} TCL\ [i] = {} & 0.4 \times njl\ [i-10] + 0.3 \times njl\ [i-9] \\ & + 0.2 \times njl\ [i-8] + 0.1 \times njl\ [i-7] \end{aligned} \tag{3-14}$$

（8）已利用建井储量的剩余可开采储量方程：

$$kccl\ [i] = kccl\ [i-1] + \frac{TCL\ [i] \times jjxs}{10\ 000} - \frac{gydycl\ [i] + xzdycl\ [i]}{10\ 000} \tag{3-15}$$

（9）资源消耗方程：

$$gydycl\ [i] = \frac{gycl\ [i]}{gyhcl} \tag{3-16}$$

$$xzdycl[i] = \frac{xzcl[i]}{xzhcl} \tag{3-17}$$

在应用所建的系统动力学模型进行模拟分析之前需要对模型的真实性和有效性进行检验，只有检验合格后的模型才具有应用价值。系统动力学模型检验一般分两步：①再次确定模型所包含的变量与反馈回路是否足以描述所面向的问题，以及是否符合预定的研究目的，各变量的量纲是否正确等；②对系统参数进行赋值，然后选取系统中最有代表性的变量作为模型的检验变量。例如，上述模型中可选择国有煤矿产量和矿井建设投资两个变量作为检验变量。将这两个变量的系统模拟值与历史实际值进行比较，计算二者的绝对误差和相对误差，误差较小，说明系统是有效的。系统变量说明如表 3-8 所示。

表 3-8　系统变量说明

序号	变量	变量含义	变量单位
1	GYSCNL	国有煤矿生产能力	亿吨
2	TCL	当年国有煤矿投产量	万吨
3	GBL	国有煤矿当年报废生产能力	万吨
4	bycl	保有储量	万吨
5	klycl	近期可利用储量	亿吨
6	dkxs	地质勘探投资系数	无量纲
7	dktz	地质勘探投资	万元
8	xzklycl	新增可利用储量	亿吨
9	jjxs	建井系数	无量纲
10	ct	煤炭采选业投资因子	无量纲
11	kjtz	矿井建设投资	万吨
12	njl	新开工矿井生产能力	万吨
13	dycl	新建矿井动用储量	万吨
14	kccl	可开采储量	亿吨
15	xjl	续建中矿井生产能力	万吨
16	xql	煤炭需求量	万吨
17	gycl	国有煤矿煤炭产量	万吨
18	gyhcl	国有煤矿回采率	无量纲
19	gydycl	国有煤矿动用储量	万吨
20	xzcl	乡镇煤矿煤炭产量	万吨
21	xzhcl	乡镇煤矿回采率	无量纲
22	xzdycl	乡镇煤矿动用储量	万吨

模型通过了检验后，即可根据研究目的，设计不同的方案，运用模型进行模拟运算，比较方案的优劣，并做出选择。例如，在上述煤炭生产供应系统动力学模型中择煤炭采选业投资因子（ct）和地质勘探投资系数（dkxs）作为调控参量，设计若干种不同的投资方案，并根据模型模拟结果，对不同情景下的投资方案进行选择（杨瑞广等　2005）。

3.3.3 基于能源储量的供给预测法

基于能源储量的供给预测方法指，根据已经查明和未来可能发现的可供开发的能源储量，并考虑到能源生产的寿命周期特点等进行预测的方法。基于能源储量的供给预测方法对石油供给探讨的比较多，但该方法也可用于对其他化石能源的预测。

1. 考虑市场结构

(1) 在完全竞争市场上，厂商 t 期利润函数如下：

$$\pi_t = p_t Q_t - C(Q_t)$$

则该可耗竭能源最优开采策略应满足如下模型：

$$\max V = \sum_{t=0}^{n-1} \rho^t [p_t Q_t - C(Q_t)]$$

$$R_{t+1} - R_t = -Q_t \text{ , } R_0 = Q \text{ , } t = 0,1,\cdots,n-1$$

其中，π_t 为厂商第 t 年利润，Q_t 为第 t 年开采量（供给量），Q 为初始储量，R_t 为第 t 年资源储量，p_t 为 t 年能源资源价格，$C(Q_t)$ 为第 t 年开采成本，n 为能源资源生命周期，ρ 为折现率，V 为厂商在整个开采期内利润现值（张艺，郁义鸿　2009）。

(2) 市场非完全竞争，并假定 OPEC 作为卡特尔组织，在观察到其他竞争性厂商产量后，生产的产量与非 OPEC 国家竞争性产量一起，恰好满足世界石油市场需求，在此市场结构下，OPEC 最优的产出路径满足如下模型：

$$TD_t = f_1(P_t, Y_t, TD_{t-1})$$

$$S_t = f_2(P_t, S_{t-1})$$

$$D_t = TD_t - S_t$$

$$R_t = R_{t-1} - D_t$$

$$\max W = \sum_{t=1}^{N} ((1+\delta)^t)^{-1} [P_t - 250/R_t] D_t$$

其中：TD_t ＝世界总的石油需求量；D_t ＝世界对 OPEC 石油的需求量；S_t ＝竞争性供给量；R_t ＝ OPEC 石油储量；P_t ＝（剔除通货膨胀后的）世界实际石油价格；Y_t ＝世界经济活动水平变量；$250/R_t$ ＝石油生产成本，同储量成反比；N 为能源资源生命周期；δ 为无风险利率；W 为 OPEC 在整个开采期内利润现值（Pindyck　1978）。

除上述两种模型外，还可以考虑其他市场类型，或假设市场供给主体的不同生产行为建立模型，对市场能源供给进行分析预测，这种方法有一个共同点，即都是通过对在整个资源储量开采期内现值最大化方式获得最优供给路径。

2. 石油峰值理论

“石油峰值”源于 1949 年美国著名石油地质学家哈伯特（Hubbert）发现的

矿物资源“钟形曲线”规律。哈伯特认为，石油作为不可再生资源，任何地区的石油产量都会在某个时刻达到最高点（峰值）；达到峰值后该地区的石油产量将不可避免地开始下降。这是石油峰值理论的核心。爱尔兰地质学家坎贝尔（Campbell）发展了石油峰值研究。他继承了哈伯特的理论，继续研究石油峰值，并成立了石油峰值研究会（ASPO）。1998年，他推出了《廉价石油时代的终结》，在油价还十分低迷的时候得出廉价石油时代必将终结的结论。

石油峰值理论是研究石油产量的长期估计和折耗的理论，既适用于一个单独油田，也适用于一个地区。冯连勇等（2006）综合对比了国内外10多种关于石油峰值理论定量研究模型，并对它们作了系统阐述。

1949年美国著名石油地质学家Hubbert提出矿物资源“钟形曲线”问题，1953年，Hubbert根据峰值理论预测美国本土48州的石油产量在1970年前后达到峰值。后来，美国本土石油产量果然在1970年左右到达峰值。从此以后，石油峰值问题逐渐受到关注。1962年，他利用实际资料拟合logistic曲线，得到可以用于预测累积产量和最终可采储量的Hubbert模型。美国学者AI-Jarri于1997年基于年产量与累积产量之间的一元二次方程完成了该模型的推导。其主要关系式为

$$N_p = \frac{N_R}{1+ae^{-bt}}$$

$$Q = \frac{abN_R e^{-bt}}{(1+ae^{-bt})^2}$$

$$Q_{\max} = 0.25bN_R$$

$$N_{pm} = 0.5N_R$$

$$t_m = \frac{1}{b}\ln a$$

其中，Q为油田油产量或天然气产量，$Q_{\max}$为油田最高产油量或产气量，t为相对开发时间，t_m为最高年产量发生的时间，N_p为累积年产油量或产气量，N_R为可采油量或可采气量，a、b为预测模型常数。

AI-Jarri和Startzman在1999年将单循环Hubbert模型发展成多循环Hubbert模型，并在2000年利用多循环Hubbert模型对世界天然气供应进行了预测。该模型主要关系式为

$$Q(t) = \sum_{i=1}^{n} Q(t,i) = \sum_{i=1}^{n} \frac{4Q_{\max,i}e^{bt}}{(1+e^{-bt})^2}$$

$$G_{pa} = \sum_{i=1}^{n} \frac{4Q_{\max,i}}{b_i}$$

$$G_p = \sum_{i=1}^{n} \frac{4(Q_{\max}/b)_i}{(1+e^{-bt})_i}$$

其中，G_{pa} 为天然气最终可采量，G_p 为累积产量。

我国著名地球物理学家翁文波基于“任何事情都有‘兴起－成长－鼎盛－衰亡’的自然过程，油气的发现也有类似规律”的思想，提出了泊松旋回(Poisson Cycle) 模型。该模型是我国建立的第一个关于油气田储量和中长期产量的预测模型，称之为翁氏模型。以陈元千为代表的一批学者继承并发展了翁文波的预测理论，1996 年，陈元千完成了翁氏模型的理论推导，并提出了求解非线性模型的线性试差法。由于翁氏模型是在模型常数 b 为正整数时理论推导结果的特例，故将此结果称之为广义翁氏模型。该预测模型的基本关系式为

$$Q = at^b e^{-(t/c)}$$

$$Q_{\max} = a(bc/2.718)^b$$

$$t_m = bc$$

$$N_R = ac^{b+1}\Gamma(b+1)$$

其中，$\Gamma(b+1)$ 为伽马函数，当 b 为正整数时，$\Gamma(b+1)=b!$，c 为常数。

根据 BP，2005，利用广义翁氏模型，对世界石油峰值的预测结果为：世界石油产量的峰值为 40.3×10^8 吨，峰值出现时间大约在 2020 年，见图 3-7。

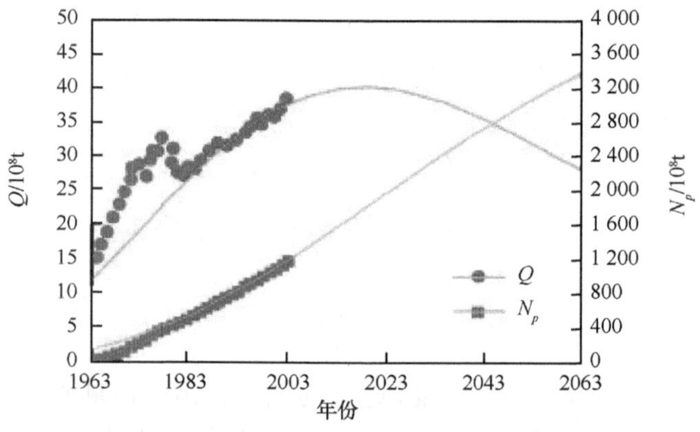

图 3-7　世界石油产量峰值预测

目前，不同机构和学者对何时达到石油峰值说法不一。以坎贝尔为代表的“悲观派”认为，石油峰值已经到来或即将到来。坎贝尔认为，石油峰值已在 2007 年到来，我们现在已经站在石油峰值年份上。另一派是以剑桥能源研究会(CERA) 为代表的“乐观派”，认为科技进步会显著地增加石油产量，将使石油峰值的到来推迟到 2030 年以后。“中间派”如世界著名油气研究专家、ASPO 成员、道达尔石油公司前副总裁 Pierre-Rene 认为世界石油峰值将于 2020 年左右出现；国际能源署（IEA）的预测也大约是 2020 年。针对“石油峰值论”，一些石油业内人士进行了反驳。埃克森-美孚石油公司的高级主管马克－诺兰援引美国地质勘探局（USGS）的数据，全球常规可开采原油超过 3 万亿桶，对重油等非常

规石油的开采可使全球可开采原油量增至 4 万亿桶，而全球目前仅开采了 1 万亿桶原油，因此“石油末日”还很遥远（中国经济网　2010）。另有观点认为，石油产量峰值预测的数学模型方法是对处于一个没有明显储产量补充的封闭条件下的简单对象，以趋势外推法预测其产量变化。该方法不能正确预测复杂多变、不断发展，而又受社会因素影响巨大的大油区（如中东）、大产油国（如中国）和全球的石油储产量变化（张抗　2010）。

3.4　本章小结

能源供给受能源资源储量限制，具有绝对稀缺性，同时能源资源分布的地缘性，使得能源供给与旺盛的能源需求相比，始终处于短边，成为提高能源资源配置的一大障碍。

能源供给不仅存在总量上的困扰，从长期来看，以化石能源为主的能源供给结构更是亟待需要优化调整，当前世界范围内掀起的大力发展可再生能源既是从总量上保证能源供给，满足能源需求，更是从能源供给结构优化角度保证未来长期的能源需求。

由于能源供给方调整生产的灵活性受能源系统设施、资源储量、环保标准的约束，和其他不确定因素的影响，以及能源供给项目投资大、建设周期长，因此，能源供给的价格弹性较小，价格对能源供给的市场调节能力有限，且存在明显的滞后期，或者反过来说，能源产业的投资发展必须具有前瞻性。

能源供给预测主要方法有基于历史数据的趋势外推，如灰色预测模型、时间序列建模方法、神经网络方法，以及考虑能源供应系统内部相互关系的系统动力学模型等；除了这些可用于各类能源需求供给的通用方法外，对当今世界处于能源供给主流地位的石油（天然气）预测相对较多，其中石油峰值论是石油供给中一个讨论的热点，其次，由于国际石油市场上一个独特力量——OPEC 的存在，有关石油供给的预测，有相当一部分是基于 OPEC 的生产行为及其对国际石油市场的影响进行的。

思考题

1. 化石能源与一般产品供给的主要区别是什么？
2. 如何反映能源供给的多样性？为什么要提高能源供给多样性？
3. 你认为能源供给的主要影响因素有哪些？它们如何影响能源供给？
4. 你是如何看待“石油峰值论”的？

第4章 能源市场

根据前两章分析已知，能源作为一种重要的生产要素，能源需求受社会经济发展、人口增长等因素推动，具有刚性增长的特点，而能源供给则受制于资源的有限性、分布的高度地缘性，以及能源投资等因素影响。因此，能源资源的配置问题较一般产品更加困难，更需要从市场角度对有关问题进行深入分析。同时，由于能源短缺和能源利用产生的外部性等问题，使得能源市场成为一个典型的非均衡市场，政府的宏观调控成为提高能源市场运行效率，引导资源实现有效配置的重要手段。本章共分四节，依次分析能源市场均衡、非均衡有关问题，以及财税政策与能源配置和能源市场的规制。

4.1 能源市场均衡分析

4.1.1 能源市场均衡的含义

能源资源的配置是通过能源市场来实现的。能源市场可以简单地理解为通过能源的供给与需求运动，实现能源资源配置的机制和形式。

经济学上的市场均衡指的是某一经济系统所受外力既定且相互平衡时的状态，即均衡状态。其包括两方面含义：

第一，对立的力量（供求）在量上处于均等状态，即变量均等；

第二，决定供求的任何一种力量不具有改变现状的动机和能力。

因此，能源市场均衡就是能源市场上供给与需求在量上处于均等，且供给与需求任何一方不具有改变现状的动机和能力时的状态。能源市场的均衡分析，是通过揭示能源市场中有关经济变量之间的关系，说明实现能源市场均衡的条件以及调整手段等。

能源市场均衡按照均衡市场覆盖的范围，分为单一能源品种市场均衡，多能源品种市场均衡和能源-经济-环境系统分析。

4.1.2 单一品种能源市场均衡

局部均衡是用来分析单个市场、单个商品价格与供求关系变化的一种方法。它假定其他条件不变时，一种商品（或一个市场）的价格只取决于它本身的供求状况，而不受其他商品（市场）的价格与供求的影响。例如，在考察石油市场时，假定石油市场价格由石油市场供需决定，而不考虑煤炭、天然气等其他能源品种市场供求、价格变化的影响。

当某种能源品种（或某个局部能源市场）的供给与需求在量上相等时，该能源品种市场（或该局部能源市场）便达到了均衡状态。因为能源市场是由多种能源品种构成，且各能源品种之间存在着相互替代性，所以，单一能源品种市场的均衡是短暂的、不稳定的，一旦与其相关的市场发生变化，均衡就有可能被破坏。

下面以国际原油市场为例，分析国际原油市场均衡的形成（范英，焦建玲2008）。

传统经济学商品价格的形成是当该商品的供给等于需求时，市场达到均衡，由此供给（或需求）量所决定的价格就是该商品的均衡价格。在封闭的市场，且不存在库存的条件下，商品的供给量为产量，需求量为消费量。但是，因为石油市场受战争、意外事件的影响较大，战争和意外事件可能造成石油供应中断，由此对全世界经济生产产生较大的影响；所以现在很多国家都建立了相应的石油储备。因为存货的存在，当年的消费量不等于当年的石油需求量。当以往的一部分储备转化为供给时，当年的石油产量也不等于当年的供给量；所以考虑原油市场均衡，不能直接利用产量等于消费量关系式进行分析。如果将国际原油市场看作一个虚拟的商品市场，该市场的流入就是国际原油出口国的总出口，流出就是国际原油进口国的总进口，因为是虚拟市场，市场一定会出清，所以每年国际原油市场的总进口等于总出口。从这个角度来说，可将从国际市场的流出（进口）视为需求（包括当年的消费和储备），将流进（出口）视为供给，国际原油市场出清，意味着进口等于出口，此时国际原油市场达到均衡，由此确定了均衡的国际原油价格。在供给与需求函数变量的选择上，需求（进口）设定为国际原油价格、世界经济活动水平（实际 GDP）和 OECD 国家石油储备量的函数。供给（出口）方程的因变量为国际原油价格，设国际原油价格为原油出口量、OPEC 上期原油产量的函数。

根据上述分析，构建下述原油需求和供给的计量经济模型。

（1）原油需求函数：

$$\ln\mathrm{IM} = a\ln\mathrm{PC} + b\ln G + c\ln\mathrm{SO} + d \tag{4-1}$$

其中，IM 为国际原油进口量，PC 为国际原油价格，G 为世界实际的 GDP，SO 为 OECD 国家石油储备量。a、b、c 分别为国际原油需求关于原油价格，世界 GDP 和 OECD 石油储备的弹性，d 为常数项。

根据市场价格机制和第 2 章分析可知，原油价格上升、需求减少，即进口量与原油价格成反向关系；当世界经济处于上升时期，各部门扩大生产，从而增加对原油的需求，各进口国增大原油进口，即进口量与世界经济活动水平（实际 GDP）存在正向变动关系；同样 OECD 国家增加石油储备需增加原油进口，而减少石油储备，意味着动用一定量的石油储备满足国内需求，这会导致原油进口量的减少，因此 OECD 石油储备量与国际原油进口量之间也存在着正向变动的关系，即根据理论分析和弹性意义，初步判断 $a<0$，$b>0$，$c>0$。

（2）原油供给函数：

$$\ln PC = \alpha \ln EX + \beta \ln QO(-1) + \gamma \quad (4\text{-}2)$$

其中，EX 为国际原油出口量，QO（−1）为 OPEC 上期原油产量。α、β 分别为国际原油价格关于原油供给和 OPEC 原油产量的弹性系数，γ 为常数项。

对供给方程而言，国际原油出口量越多，表明国际原油市场的原油供给量越多，供给增多，油价走低；反之，国际原油出口量减少，表明供给减少，油价走高。因此，国际原油价格与国际原油出口量成反向变动关系。由于 OPEC 在国际石油市场上的地位，OPEC 的产量政策通常作为油价变化的一个指标，增加产量会使油价下跌，减少产量会使油价上升，另外假设市场信息不完全，市场对 OPEC 产量变化有一个滞后期，从而 OPEC 上期原油产量与国际原油当期价格之间存在反向变动关系，即从理论上分析，初步判断 α，$\beta<0$。

（3）市场均衡：

$$IM = EX \quad (4\text{-}3)$$

市场均衡，即国际原油市场总出口量等于总进口量，国际原油市场出清，供需达到了平衡，由此确定的价格即为原油市场均衡时的价格，还可以进一步利用模型分析各因素（自变量）变化对均衡价格和均衡数量的影响。

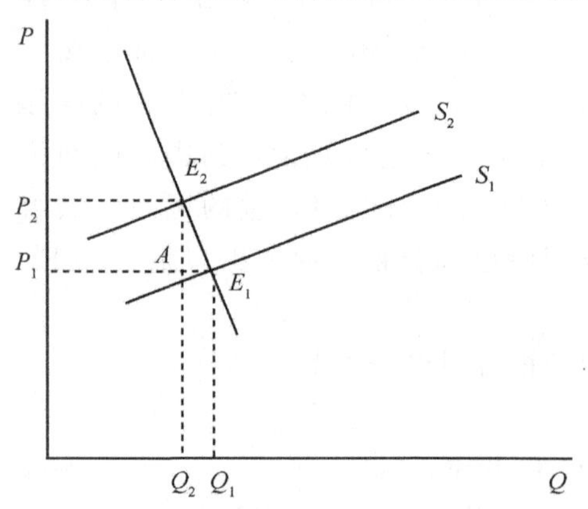

图 4-1　OPEC 限产政策对均衡的影响

上述分析只是对问题的一种简单化处理，实际问题要复杂得多，诸如国际石油市场的结构，OPEC 的生产行为，OECD 石油储备的使用机制等可能都会对实际的均衡产生一定影响。如 OPEC 通过对成员国产量实行配额方式管理，进而对 OPEC 总产量加以限制的产量政策，会对国际石油市场的均衡产生一定影响，简单分析如下（图 4-1）。

首先，供求定理表示，在其他条件不变的情况下，需求变动分别引起均衡价格和均衡数量的同方向的变动；供给变动分别引起均衡价格的反方向的变动和均衡数量的同方向的变动。

其次，石油输出国组织采用配额制方式，在成员国之间分配产量，限制国际石油市场的总产量，因为他们很清楚，在石油需求既定的情况下，控制产量就可以达到控制均衡价格的目的，如果他们认为均衡价格偏低，就会减产，削减各成员国配额，使均衡价格回升，反之，如果他们觉得市场均衡价格偏高，这样不利于 OPEC 成员国长期利益，他们就会要求成员国增产，促使石油价格上涨。如图 4-1 所示，限制石油产量的政策使供给曲线由 S_1 向左平移至 S_2，均衡点由 E_1 移动到 E_2，价格从 P_1 上升到 P_2。

最后，由于石油为各国的重要能源，其需求价格弹性较小，需求量的下降幅度会小于价格的上涨幅度，使得价格上升所造成的销售收入的增加量必定大于需求量减少所带来的销售收入的减少量，石油输出国组织的总收益将增加。如图 4-1所示，价格上升后，需求量由 Q_1 减少为 Q_2，但 Q_2、A、E_1、Q_1 小于 P_1、A、E_2、P_2，即总收益增加。

因此，石油输出国组织通过限制石油产量，影响和控制石油市场均衡价格和均衡数量，达到保证各成员国石油输出收入的目的。

4.1.3　多品种能源市场均衡

关于市场均衡分析比较经典与常用的方法是瓦尔拉斯的一般均衡分析方法。瓦尔拉斯在 1874 年出版的《政治经济学概论》一书中，提出了一般均衡理论模型，该理论模型涵盖了整个经济体系中所有的商品及要素市场，并以各个市场同时达到均衡为目标，故称为一般均衡理论。瓦尔拉斯一般均衡模型只是理论模型，无法利用该模型对实际问题做具体明确的定量分析，后人在瓦尔拉斯一般均衡模型基础上发展起来的可计算一般均衡（CGE）模型是当前进行各种宏观均衡分析的常用数学模型。第 5 章将给大家简单介绍 CGE 模型，本节对能源市场的分析主要从供需平衡的角度进行。

多能源品种市场的均衡分析是就所有能源品种市场的供求和价格之间的关系，以及同时均衡问题进行的一种分析。均衡假设各种商品的供求和价格是相互影响的，一种能源市场的均衡只有在其他所有能源品种市场都达到均衡的情况下才可能实现。例如，国际石油市场达到均衡时，如果煤炭市场未达到均衡，假设供不应求，煤炭价格上涨，此时石油相对于煤炭来说变得比较便宜，由于煤炭和石油的互补性，必然有一部分煤炭需求转向石油，打破石油供需平衡，由于石油需求增加，从而导致石油价格上涨，均衡数量和价格将发生变化，只有当所有能源品种都达到均衡，且没有其他因素变化时，各能源品种数量和价格达到一种稳定状态。

多能源品种的一般均衡分析，是指各单一能源品种市场同时达到均衡，满足一般均衡的前提条件，其中主要包括：①能源经济系统中只存在唯一的一种信号，即能源价格。经济行为人都唯一地根据能源价格信号做出自己的行为选择。②每个经济行为人都能及时准确地获得完全信息。③从非均衡状态到均衡状态的调整在瞬间完成，即分析过程不涉及均衡状态的变化过程和达到均衡状态所需要的时间，这种分析方法称为静态均衡分析。

假设某一能源市场由煤炭、石油、天然气和电力（水电+核电）四种一次能源构成，各能源品种的供给量既受自身价格的影响，同时还受其余三种能源价格的影响，以及受到价格以外其他变量的影响，如下所示：

$$S_i = f(P_i, P_j, X_i) \tag{4-4}$$

其中，S_i 表示第 i 种能源的市场供给，P_i 为第 i 种能源的价格，P_j 为第 j 种能源的价格，$j \neq i$，i，j=煤炭，石油、天然气和电力（水电+核电），X_i 为除价格外的其他变量或一组变量构成的向量，如对煤炭来说，可以考虑：煤炭生产要素的价格，煤炭生产技术，政府对煤炭供给的相关政策等。同样的，设各能源品种的市场需求量函数为

$$D_i = g(P_i, P_j, Y_i) \tag{4-5}$$

其中，Y_i 为除价格外影响第 i 种能源需求的其他变量或一组变量构成的向量，比如对煤炭来说，可以考虑：煤炭利用技术，煤炭互补品（燃煤锅炉等）的价格，政府对煤炭利用的相关政策等。

只有当市场供需平衡，即满足 $S_i = D_i$ ，i=煤炭，石油、天然气和电力时，由石油、天然气和电力（水电+核电）这四种能源品种构成的多能源品种市场才达到了均衡，由此决定的各能源品种价格为均衡价格，各能源品种供需量为均衡数量。只要影响这四种能源市场供需的任一因素发生变化，整个市场的均衡就会被破坏，市场参与主体根据各能源品种变化了的价格信号，对自己的行为做出调整，使所有能源品种重新达到供需平衡，市场迅速从原均衡状态进入一种新的均衡状态。

还可以在上述的理论分析中引入时间因素，进而考虑市场的动态均衡分析。

4.1.4 能源-经济-环境系统均衡

对于能源市场而言，由于能源的资源属性、能源利用产生的外部性及能源对经济生产的重要基础性，能源-经济-环境相互影响构成一个复杂的巨系统，全球能源-经济-环境系统的一般均衡分析是一项庞大的系统工程，其相互作用机制太复杂，影响因素太多，基本上无法达到各市场的全面均衡，即对全球能源-经济-环境系统进行一般均衡分析，从理论上来说几乎无法实现，从现实来说，这样的分析意义也不大，因此，关于能源-经济-环境系统分析，主要是在能源-经济-环境系统框架内，实现部分子系统均衡的分析。国际上一些大型的研究机构，组织和知名研究专家开发了大量的相关模型，这些分析大多数利用可计算一般均衡（computable general equilibrium，CGE）模型方法。

4.1.4.1 可计算一般均衡（CGE）模型概述

顾名思义，可计算一般均衡（CGE）模型包括三层含义。首先它是“一般的(general)”，即对经济主体行为作了外在设定。在这个模型中，代表性家庭的特征是追求效用最大化，厂商遵循成本最小化的决策原则，此外还包括政府、贸易组织、进出口商等经济主体，这些主体对价格变动做出反应。因此，价格在CGE模型中扮演着极为重要的角色。其次它是“均衡的（equilibrium)”，意指它包括需求和供给两个方面，模型中的许多价格都是由供求双方所决定的，价格变动最终使市场实现均衡。最后它是“可计算的（computable)”，这是相对于瓦尔拉斯最初提出的理论均衡模型而言，说明模型分析的可量化性。

可计算一般均衡模型理论始于 Walras，Walras 用一组方程式表示该模型思想，但他没有给出均衡解存在性的证明。一般均衡理论模型解的存在性、唯一性和稳定性等问题直到 20 世纪 50 年代由阿罗和德布鲁（Arrow and Debru 1954）给予证明。1967 年 Scarf（1967）给出了一种整体收敛的算法计算不动点，从技术上使均衡价格的计算成为可能。正是 Scarf 的这种开创性工作使一般均衡模型从纯理论结构逐步转化为实际应用模型，并大大促进了大型实际 CGE 模型的开发和应用。特别是 20 世纪计算机的迅速发展，为建立大型 CGE 模型对相关问题的模拟分析提供了求解工具。如今一些建模软件，如 GAMS（general algebraic modeling system)、GEMPACK 等使 CGE 模型的开发者不需要掌握计算机编程知识和相关的模型求解的数学知识等就可利用这些软件的建模语言来实现自己的 CGE 模型。这不仅大大节省了开发者的时间和精力，也使 CGE 模型的开发者、应用者的范围大大地扩大了。

一般均衡理论的基本思想是：生产者根据利润最大化或成本最小化原则，在资源约束条件下进行最优投入决策，确定最优供给量；消费者根据效用最大化原则，在预算约束条件下进行最优支出决策，确定最优需求量；均衡价格使最优供给量与最优需求量相等，资源得到最合理的使用，消费需求得到最大的满足，经济达到稳定的均衡状态。

从数学分析方法的相互承继关系来看，CGE 模型以投入 - 产出模型的内核为基础，因而它可以看做是对投入 - 产出模型的拓展。但投入 - 产出模型不属于 CGE 模型，因为投入产出模型并没有反映真实的经济运行关系，也没有体现经济主体的行为。

早期的一般均衡模型主要有 Johansen（1960）和 Harberger（1962）的两部门一般均衡模型，其中挪威经济学家 Johansen 建立了第一个多部门内生价格的经验模型，用于分析挪威的资源配置。这是一个规模宏大、涵盖了 20 个成本最小化的产业和一个效用最大化的家庭部门的经济增长模型，其中包括投入 - 产出关系、生产中的要素替代、收入形成、依赖于价格的消费需求关系等方面。他在理论上的创新，在于他在模型中将内生价格和替代效应包含在其中，因而他被认为是最早从动态方面对一般均衡进行了经验总结并在付诸应用方面做出努力的经济学家；他在数学分析上的创新，在于他首先把CGE模型中的所有方程线性化，然后再通过简单的矩阵转换来对这些线性的近似方程求解。Harberger构建了一个一般均衡模型，用以计算一般均衡体系中扭曲所造成的成本和收益，以便分析税收对整个经济带来的影响；他还以应用福利经济学的传统理论为基础，发展了一个严密的可用于对社会计划进行计算的评价体系。随后Shoven和Whalley建立了发达国家的税收改革模型（1973）和世界贸易模型（1974，1992），目前全世界几乎所有国家都建立了相应的CGE模型用于各种政策问题研究，如McFarland et al.（2004）；Willenbockel（2004）；Das et al.（2005）；Babiber（2005）等。

CGE模型的优点是它具有清晰的微观经济结构，刻画了宏观与微观变量之间的连接关系，对因果关系和行为机制进行描述；它以非线性函数替代传统的许多线性函数，将生产、需求、国际贸易和价格有机地结合在一起；CGE模型包含了通过价格激励发挥作用的市场机制和政策工具，可以刻画生产、需求和国际贸易的相互依赖性。这样当经济受到突发冲击时，就可以全面考察该冲击对经济总量、结构、相对价格等方面的影响，而不局限于局部。此外，CGE模型中主体具有优化决策的设定使得模型具有反馈调整和自发性决策两个本质特征（武亚军，宣晓伟　2002）.

CGE模型自从问世以来，已被广泛应用于各种问题的分析，其中包括分析税收、公共消费和社会保障支付，关税和其他国际贸易干预，环境政策，技术，国际商品价格和利率，工资设定和工会行为，以及资源探明储量和可开采量（“荷兰病”）等变动对于宏观变量（包括对国内和世界范围内福利的衡量）、产业变量、区域变量、劳动力市场、收入分配以及环境等的影响，成为一种比一般均衡分析方法应用更广泛的实证分析工具。

近年来有关我国CGE模型的开发研究比较多，他们开发了一些反映中国特色的CGE模型，如国务院发展研究中心的DRCCGE模型（翟凡，李善同　1999；李善同等　2000），社科院的PRCGEM（郑玉歆等　1999；汪同三，沈利生　2001）、Glomsrd和Wei（2005）建立的CNAGE模型，武亚军、宣晓伟（2002）建立的中国硫税CGE模型等，以及张中祥利用CGE模型分析我国二氧化碳减排所做的一系列工作（Zhang　1998，2000a，2000b）。这些模型主要被应用于贸易、税收、环境（硫税与碳税）等政策的模拟分析。

4.1.4.2　基于CGE模型的能源-经济-环境分析框架

CGE模型继承了一般均衡模型分析的基本思想，因此用于不同分析目的的

投资模块
总投资
库存
固定资产投资总额
部门固定资产投资额
投资品需求
收入模块
居民收入
劳动力收入
资本收入
转移收入
企业收入
资本收入
转移收入
政府收入
间接税
关税
直接税费
转移收入
外贸模块
出口品
CET
国内销售的国产品
CES
进口品
Armington商品
总产出
生产模块
中间产品
Leontief
资本能源劳动组合品
劳动
CES
资本能源组合品
资本
CES
能源组合品
电力
CES
化石能源组合品
煤
原油
成品油
CD
天然气
居民消费
居民直接税费
居民储蓄
政府消费
出口退税
政府储蓄
转移支付
企业直接税费
企业储蓄
企业对居民的利润分配
居民支出
支出模块
政府支出
企业支出

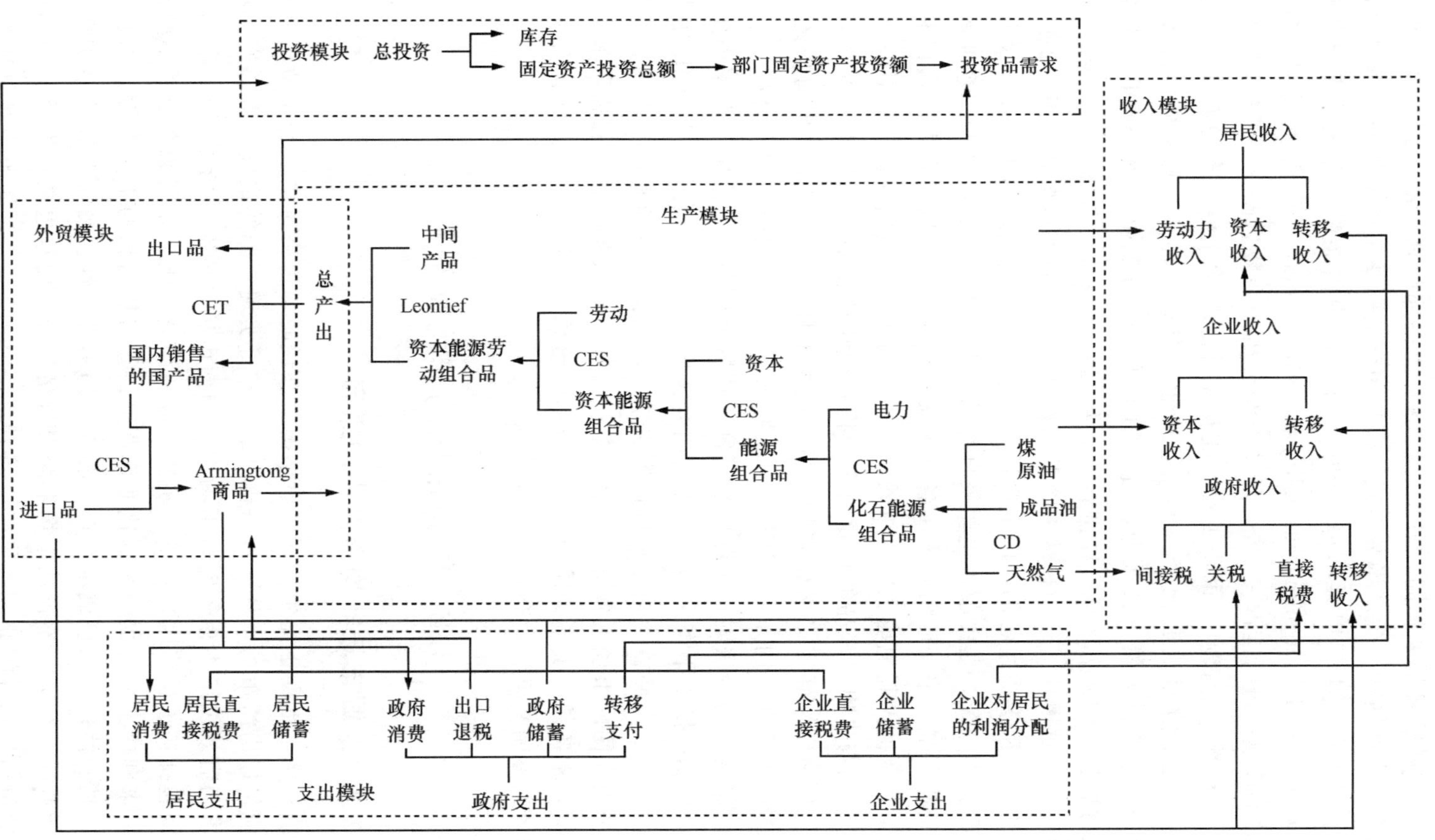

图4-2　模型基本架构

CGE 模型主体框架基本相同，只是对经济系统中部门划分的细致程度，建模假设，如产品生产结构、生产函数形式、模型闭合法则及市场出清的范围等具体细节方面有所不同。本节以梁巧梅（2007）建立的中国能源与环境政策分析模型（China energy and environmental policy analysis model，CEEPA）为例，简单介绍利用 CGE 模型进行能源 - 经济 - 环境系统分析的一般思路。CEEPA 模型考虑了 16 个生产部门（农业、钢铁工业、建材工业、化学工业、有色金属工业、其他重工业、造纸工业、其他轻工业、建筑业、交通运输业、服务业、煤炭采选业、石油开采业、天然气开采业、石油加工业、电力工业），2 类居民（城镇居民和农村居民），以及政府的经济行为，包括生产模块、收入模块、支出模块、投资模块、外贸模块、环境模块 6 个基本模块。模型的基本构架如图 4-2 所示。

生产模块用于描述各部门的生产行为，收入和支出模块用于描述国民收入的初次分配和再分配，居民收入主要来自劳动收入和企业的利润分配，企业收入主要来自企业资本回报，政府收入由各项税费（关税、生产间接税费、居民和企业直接税费）及世界其他地区向各级政府的转移构成。外贸模块用于描述本国生产（消费）产品与进出口产品的优化组合，投资模块确定对作为资本品的各种商品的需求，环境模块确定二氧化碳排放量。模型的闭合法则与市场出清描述 CGE 模型中的均衡条件。例如，CEEPA 中政府预算平衡采用政府消费外生，而政府储蓄内生给定的闭合法则，国际贸易平衡采取国外储蓄外生给定，汇率内生的闭合法则，储蓄 - 投资平衡采用“新古典闭合法则”，假设所有储蓄将转化为投资、总投资内生等于总储蓄。模型在均衡模块中只出清商品市场和资本市场。商品市场出清是指在国内市场上各部门商品的总供给等于对该部门商品的总需求，资本市场出清要求各部门资本需求总和等于资本供给总量。具体模型及实证分析有兴趣的读者请参阅文献（梁巧梅　2007）。

4.2　能源市场的非均衡分析

4.2.1　能源市场非均衡产生的原因

传统经济学借助于瓦尔拉斯一般均衡模型说明，价格对供求变化做出灵敏及时的反应足以出清市场，从而价格机制的运作可实现资源的最优配置。当市场的有效需求与有效供给不相等时，市场为非均衡市场（或非出清市场）。市场非出清的原因包括：①价格刚性：价格刚性使以利润最大化为原则的企业并不必然要求随着需求和成本的每次微小变化而作调整；②市场信息的不完全性，以及价格信号的非唯一性；③信息成本存在；④未来的不确定性。由于存在价格刚性，当市场非均衡时，行为人不仅从市场上获得价格信号，而且也获得有关资源和销售方面的数量信号，并据此调整供求（黄钟苏　1997）。　　能源市场是典型的非均衡市场，其非均衡的主要原因可以从以下三方面进行分析。

1. 能源市场结构

市场结构是指一定产业的厂商间以及厂商与消费者之间关系的特征和形式，其中心内容是“竞争与垄断的关系”（金碚 1999）。市场结构直接影响企业的市场行为，企业行为又直接影响市场运行效率。垄断力量的存在，无论是自然垄断还是市场力量形成的垄断，如果不受限制，企业都有提高价格、降低供给的倾向，损害消费者的利益，并带来无谓的社会损失，影响资源配置的效率。

国际能源市场经过多年发展，逐渐形成了一些具有垄断性质的国际能源合作组织，其中，最重要的两个组织是石油输出国组织（organization of the petroleum exporting countries，OPEC，中文翻译为欧佩克）和国际能源机构（international energy agency，IEA），分别处于能源市场上供给方与需求方的位置上。

1）OPEC

为反击国际大石油公司、维护石油收入，统一和协调石油输出国的石油政策，1960 年 9 月在伊拉克政府的邀请下，沙特阿拉伯、委内瑞拉、科威特、伊朗和伊拉克与会代表在巴格达聚会，会议决定成立一个永久性的组织，即石油输出国组织。最初成立时只有上述 5 个成员国，后来又加入了 6 个，OPEC 现有 11 个成员国：阿尔及利亚（1969）、印度尼西亚（1962）、伊朗、伊拉克、科威特、利比亚（1962）、尼日利亚（1971）、卡塔尔（1961）、沙特、阿联酋（1967）和委内瑞拉。

OPEC 占有全球石油市场大约 40%的份额，控制着全球剩余石油产能的绝大部分，并通过统一政策行动影响国际石油市场的总供给，OPEC 的主要政策是限产保价和降价保产。进一步的了解参见第五章。

2）IEA

IEA 是一个政府间的能源机构，是在 1973～1974 年的石油危机后，于 1974 年 11 月成立的，它是隶属于经济合作和发展组织（OECD）的一个自治机构。IEA 总部设在巴黎，拥有来自其成员国的 190 位能源专家和统计学家。1974 年的创始成员国有 16 个：爱尔兰、奥地利、比利时、丹麦、德国、荷兰、加拿大、卢森堡、美国、日本、瑞典、瑞士、土耳其、西班牙、意大利、英国；之后加入的 12 个成员国（加入年份）分别为：挪威（1974）、希腊（1977）、新西兰（1977）、澳大利亚（1979）、葡萄牙（1981）、法国（1992）、芬兰（1992）、匈牙利（1997）、捷克（2001）、韩国（2002）、斯洛伐克（2007）、波兰（2008）。IEA 成立的目的是促进全球制定合理的能源政策，建立一个稳定的国际石油市场信息系统，改进全球的能源供需结构和协调成员国的环境和能源政策。

IEA 要求其 26 个成员国必须建立至少 90 天的石油储备，并在国际石油市场出现明显的供不应求时通过统一行动，释放石油储备，对国际石油市场施加影响。

OPEC和IEA均具备一定的，在短时期内改变市场供求格局的能力，从而改变人们对能源价格走势的预期。

从国际能源市场整体看，不同能源品种市场化程度不同，市场结构差别较大。煤炭由于市场区域性较强，各区域市场中市场化程度相对较高，竞争比较充分，其市场结构可以近似看作完全竞争市场。

国际石油市场发展只有100多年历史，市场结构演变大致经历了四个阶段。第二次世界大战以后到1960年，欧美石油公司利用国家殖民力量与石油资源国签订对石油资源的长期租用契约。这些代表西方国家利益的石油公司在国际石油市场上处于寡头垄断地位。1960～1973年，产油国纷纷建立国家石油公司，市场中生产者数量增加，同时，产油国石油公司在与西方大石油公司的谈判中逐步获得主动，最终OPEC获得石油标价控制权，这个阶段的国际石油市场结构为垄断性的竞争市场；1974～1986年，中东禁运后，OPEC进一步控制了国际石油市场和国际石油定价权，随着OPEC限产提价政策的实施，OPEC在国际政治经济中的影响显著增强，该阶段呈现OPEC寡头垄断的市场格局；1986年后，由于前一阶段OPEC限产提价，刺激了非OPEC国家石油工业的长足发展，OPEC市场份额下降，市场影响力降低，加上1986年后石油期货市场兴起，以及现货与期货挂钩的定价方式，进一步削弱了OPEC的定价权控制，国际石油市场再一次呈现垄断性竞争的市场格局。关于国际石油市场结构演变历史基本上与OPEC在国际石油市场中的地位作用相一致，持OPEC具有控制和影响国际石油市场和石油价格观点的，倾向于认为国际石油市场为寡头垄断市场，持OPEC不具备控制和影响国际石油市场观点的，倾向于认为国际石油市场为垄断性竞争市场（严琦 2009）。

电力和天然气由于产品及生产中的一些自然属性，形成了电力和天然气市场以区域性市场为主的格局，且垄断性相对更高，受政府管制较多，这部分内容将在4.4节专门介绍。

能源市场走向开放和竞争是世界性潮流，标志着能源商品的相对垄断性特征趋于弱化和消失。世界各国能源市场各有特点，在世界经济一体化的大环境下，能源市场的开放程度不同，但能源市场总的发展趋势是市场更开放，竞争更激烈。市场竞争将打破能源部门原先形成的自然垄断，有助于市场机制对资源配置作用的发挥。

2. 能源市场信息

要求市场参与者具备市场完全信息是瓦尔拉斯一般均衡分析的重要假设，供求双方中任何一方的变化信息都会以价格信号的方式传达给另一方，从而引起另一方的变化，后者的变化信息又会借助同样的价格机制反过来影响前者，经过充分的调整，最终达到均衡状态。显然，瓦尔拉斯均衡的这个条件过于苛刻，很难在实际的市场中达到。在能源市场，一些市场主体为了保护自己的利益，人为地隐瞒一些市场信息，如OPEC对自己的产量，剩余产能，包括中国对自己的能源需求信息都不完全公开，甚至刻意隐瞒。除市场交易信息不完全外，私人企业在提供节能信息以及能源安全等具有公共品性质的信息方面明显不足，无法使市场参与者利用这些信息迅速对自己的行为进行调整，阻碍均衡的达成。

3. 能源市场的外部性

在能源供需活动中，对公共资源品——环境产生了非常大的影响，引起环境资源上的市场失灵问题。在没有政府和社会约束的条件下，私人企业没有动力和压力将外部成本内部化，从而提供超过社会最优化的产品，如能源消费所带来的污染问题；从理论上说，这种市场失灵，可以通过明晰产权关系加以校正。当产权明确界定后，就可以将外部成本内部化，进而利用市场机制，达到资源优化配置，实现均衡的目的。但是，在大气等公共资源产权界定上存在不同观点，有观点认为大气等资源具有不可分割性，是全体人类共有的资源，其产权的界定是相当困难的，甚至是不可能的。这种市场机制失灵只能运用市场外的机制加以校正，如通过征收碳税方式实现资源最优配置。

能源市场竞争的不充分性、信息不完全性及能源市场的外部性问题是导致能源市场难以达到均衡状态的长期的，也是基本的原因。导致能源市场非均衡短期主要因素，通常是由战争、自然灾害等突发事件，对脆弱的能源市场产生剧烈冲击，引起能源市场大幅波动。

由于存在能源供给和需求两个方面的数量限制，以及能源价格作为价格信号的局限性，能源市场几乎不可能出现瓦尔拉斯所描述的一般均衡。非均衡状态是能源市场的正常状态。促使能源市场趋向非均衡状态的机制是由许多方面的因素共同决定的，这些因素有经济的、政治的、宗教的、军事的因素等。能源市场的非均衡分析有助于我们更深入地理解能源市场的运行规律。

4.2.2 能源短缺危机

随着工业的迅速发展、人口的增长和人民生活水平的提高，能源，尤其是作为主流消费能源的化石燃料短缺已成为世界性问题。能源短缺是由能源的稀缺性决定的。能源资源的稀缺性不同于经济稀缺性，经济稀缺性的假定是供给能力不足，但是在可预见的未来，它的绝对数量是不受限制的。能源的物质资源性决定着未来的绝对短缺和整个社会必须寻找新的能源替代品，但是目前却没有看到突破。这样，人们的预期里将会存在一段能源短缺时期，并且这一预期很有可能在未来某个时刻发生（夏明高　2007）。

由于能源资源的绝对短缺，加上能源市场运行机制不完善，或者一些意外事件影响，极易将预期的能源短缺演变成实际的能源短缺。

能源短缺危机是指因为能源供应短缺或是价格过度上涨而影响经济增长的现象。在能源市场上，一旦出现能源供应短缺，常致使能源价格飞涨，最终影响经济增长。这通常涉及石油、电力或其他自然资源的短缺。如图 4-3 所示，历史上由于主要石油生产国发生战争，罢工甚至飓风，导致石油供应锐减，同时期石油需求并未出现同步减少，导致石油价格飞涨，并在其后多数年份出现经济衰退现象。

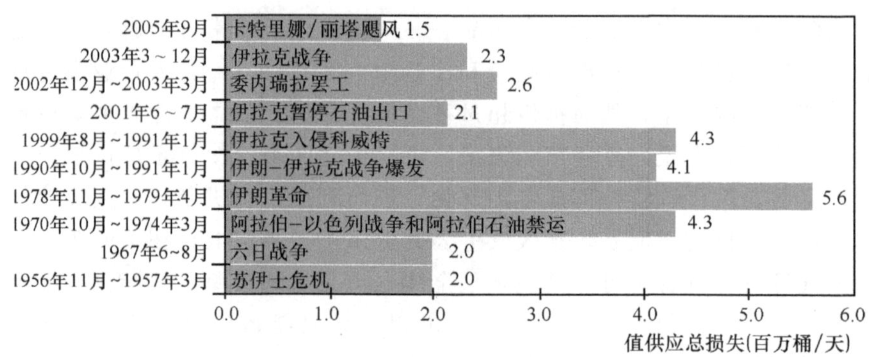

图 4-3 重大世界石油供应中断事件

资料来源：IEA. 国际能源署应对石油供应紧急状况体系 . http：//www.iea.org/textbase/nppdf/free/2010/fs _ response _ system _ chinese.pdf. 2010-11-23.

能源短缺危机除了由于一次能源中的煤炭、石油等化石燃料供给受资源储量限制外，4.2.1 节中所述能源市场的结构也是其产生的一个重要原因。

历史上出现过三次大的石油危机和一次电力危机，简述如下（何虹等 2005）：

（1）第一次危机（1973～1974 年）。

1973 年 10 月，埃及和叙利亚等国反对以色列的第四次中东战争爆发，阿拉伯产油国按照战前的约定，在外交领域发动了震动全球的石油斗争。战争爆发当天，叙利亚首先关闭了自己境内的一条输油管道。次日，伊拉克宣布将两大美国石油巨头在伊拉克石油公司中拥有的股份收归国有。不久，阿拉伯石油输出国组织（the organization of Arab petroleum exporting countries，OAPEC）部长级会议决定，每月递减石油产量 5%，日产原油也由原来的 2080 万桶减少到 1580 万桶，石油价格则从每桶 2.59 美元上涨到每桶 11.65 美元，并按对阿以问题的态度将石油消费国分为“友好”（friendly）、“中立”（neutral）和“不友好”（hostile）三类国家，确定不同的石油供应量。其中，对友好国家的石油供应与原来一样，而对不友好国家则实行石油禁运（杨泽伟 2006）。

（2）第二次危机（1979～1980 年）。

1978 年年底，世界第二大石油出口国伊朗的政局发生剧烈变化，伊朗亲美的温和派国王巴列维下台，引发了第二次石油危机。此时又爆发了两伊战争，石油产量受到严重影响，从每天 580 万桶骤降到 100 万桶以下，打破了当时全球原油市场上脆弱的供求平衡。随着产量剧减，全球市场每天都有 560 万桶的缺口。油价在 1979 年开始暴涨，从每桶 13 美元猛增至 1980 年的 34 美元（图 4-4）。

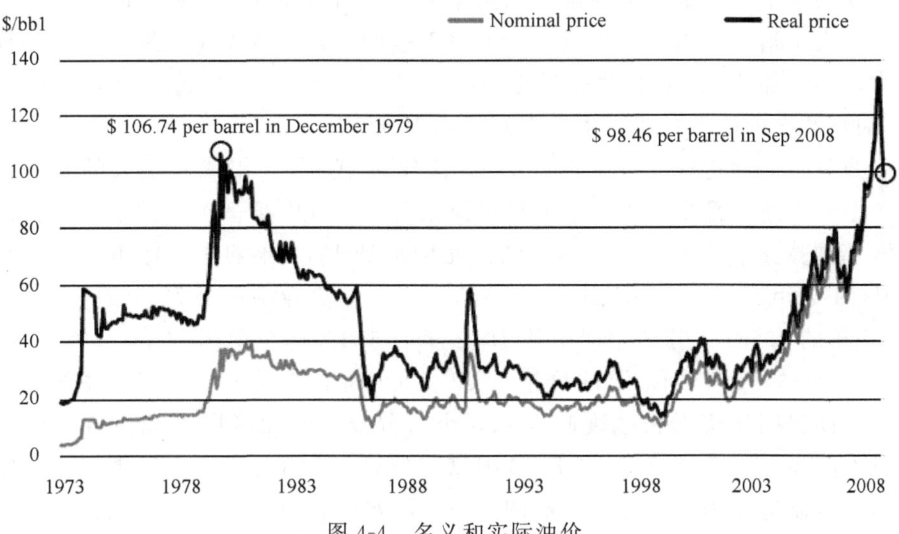

图 4-4　名义和实际油价

资料来源：BP. 2008. BP Statistical Review of World Energy 2008. http：//www. bp. com/multipleimagesection. do？categoryId＝6840&contentId＝7021557.

（3）第三次危机（1990 年）。

1990 年 8 月初伊拉克攻占科威特后，伊拉克遭受国际经济制裁，使得伊拉克的原油供应中断，国际油价因而急升至 42 美元/桶的高点（何虹等，2005）。国际能源机构启动了紧急计划，每天将 250 万桶的储备原油投放市场，以沙特阿拉伯为首的欧佩克也迅速增加产量，很快稳定了世界石油价格。

（4）美国加州电力危机（2001 年）。

2001 年 1 月 17 日，美国加利福尼亚州遭遇前所未有的供电危机。为防输电网络瘫痪，加州北部的成百上千座住宅和商业设施 17 日实行轮流停电管制，范围包括旧金山、加州首府萨克拉门托、圣何塞以及硅谷的许多地区，受影响的人口达 100 多万。这也是加州自二战以来首次实行电力管制。

停电使电视台、自动取款机和交通指挥系统无法工作，致使交通十分拥堵，警察不得不上街指挥交通。教师在阴暗的教室上课，商店的收银员用便携式计算器计算收款。这场电力危机已酝酿数月有余，其导火索是 1996 年开始试行的解除能源管制政策取消了电力批发价格的上限，导致电价失控，并于当年飞速上涨。但电力公司向用户收取的电费却被限制在原来的价格。其结果是，南加州爱迪生公司和太平洋天然气电力公司付出数十亿美元填补高价买进、低价卖出造成的缺口，在财力方面不堪重负。为了摆脱电力危机，州长戴维斯签署紧急命令，要求加州最大的电力批发采购商——水利部动用州预算基金购买额外的电力。他还呼吁加州议会18日同意拨款购买7～10天的电力。他还说服4家主要电力批发商不要落井下石去追讨上述南加州两家电力公司的债务，以免他们破产。

分析人士指出，由于加州近几年人口迅速增长，经济飞速发展，电力消耗随之增大，而且加州10年来没有新建一座发电厂，因此，“冰冻三尺，非一日之寒”，加州此次的能源危机不可能在短期内得到解决。

能源危机通常造成经济衰退。20世纪70年代和80年代两次大的石油危机后，各主要工业国都出现了严重的经济萧条现象。其中第一次石油危机使美国经济的联邦预算赤字从1974年的47亿美元增加到1975年的452亿美元；通货膨胀率从1972年的3.4%上升到1974年的12.2%；失业率从1973年的4.9%上升到1975年的8.5%；劳动生产率从1972年的6.6%降至1974年的1.9%。根据IEA 2004年的估计，如果石油价格从25美元/桶增加到35美元/桶并保持一年不变，会使美国经济增长速度减少0.3个百分点，欧元区国家减少0.5个百分点，日本减少0.4个百分点，OECD国家减少0.4个百分点。由于发展中国家产业结构仍以制造业为主，工业生产的能源消耗水平相对较高，因此油价上涨对发展中国家的冲击更大，亚洲国家经济增长率将平均减少0.8个百分点（IEA 2004）。

4.2.3 可持续性问题

能源市场非均衡的另一个重要表现，是能源需求的可持续问题。所谓的可持续是指能源资源能否持续地满足人类社会生存和发展需要。能源资源发展的可持续包括两方面内容：一是指能源的供应从长期来看能否满足人类对能源的需求；二是指人类在过去开发利用能源的活动中，已经对环境造成了极其严重的破坏，如何保证人类在将来开发利用能源的同时，不对人类赖以生存的地球继续产生毁灭性的影响，既能源-经济-环境的协调、可持续发展问题。

在新古典范式下运行的能源市场必然表现为“短视”行为。参与市场交易的主体追求的是各自行为的收益最大化，而未来参与市场交易的行为主体无法为自己争取合理的利益。所以，这样的市场机制不会考虑未来后代的持续发展问题（夏明高　2007）。

可耗竭的化石能源总有消耗完的那一天，以后该怎么办？能源的耗竭性时刻在考验着人们的神经，一有风吹草动，脆弱的能源市场平衡就会被打破，在短期供给和需求均无法进行有效调整下，能源市场机制运行结果只能是能源价格的剧烈大幅度波动。

能源消费给当代人的生活带来了极大的舒适和便利，与此同时，全球能源需求量持续增加的趋势不仅对世界能源供应是严峻的挑战，而且给全球减少温室气体排放带来巨大压力。据政府间气候变化委员会的报告，如不尽快采取实质行动，未来100年全球平均气温将上升3～6摄氏度，海平面上升15～35米，导致接近一半的生物物种灭绝，并造成巨大经济社会损失。当人类生存环境遭到严重破坏后，很难逆转。为确保能源发展的可持续性，21世纪以来全世界正努力转变以石油为主的能源经济，积极开发可再生能源。

必须说明的是，能源市场中的能源短缺危机和不可持续性两种非均衡现象，主要是针对当今以化石能源为主要能源而言的，正是意识到这点，世界各国都在积极调整优化能源结构，解决能源短缺和不可持续性问题。

可再生能源的重大特点是资源量极大且永不枯竭（前提是人类生存的环境未遭到毁灭性的破坏），世界各国都拥有足够子孙万代持续利用的能源。可再生能源的开发和利用，只对环境有极小的影响，只有极小的污染排放量。可再生能源的发展不仅可以解决全球性的能源短缺问题，同时也可以有效解决未来面临的污染物减排问题。当前大力发展可再生能源还存在一些技术、经济等方面的问题，但是德国、丹麦等国成功的经验表明，大力发展可再生能源作为解决当今能源市场非均衡的两个主要问题，前途是光明的。

4.3 税收与能源配置

能源的供给与需求既有长期的，也有短期的。长期与短期能源供求分别受到不同因素的影响和制约。一般来说，市场因素对短期能源供给和需求起着重要的基础作用，但市场并非唯一手段，仅仅依靠市场机制是难以真正实现能源供需平衡的。首先，对于影响长期能源供给与需求的因素，市场机制的作用力很小，特别对有关能源安全和能源环境的外部性等因素，市场机制几乎无调节能力；其次，市场机制对于能源供求结构的调整与调节，往往存在滞后性，这种滞后性在下一个能源平衡调整周期中往往又表现为盲目性和新的失调现象；第三，对于一些重大的，严重的能源供求矛盾，市场机制的调节是缓慢而无力的；第四，市场机制的调节只涉及能源市场的供求数量和结构，对能源市场供求活动中的行为规范问题则难以奏效。因此，调节能源市场供求，实现能源市场供需平衡，保证经济社会稳定健康发展，必须综合运用经济的，法律的和行政手段共同调节（财政部财政科学研究所“可持续能源财税政策研究”课题组 2006）。

能源在经济发展中的重要地位及能源行业特点决定了政府在能源市场中应发

挥重要的调节作用。财税政策作为政府宏观经济政策的重要组成部分，必将对能源资源的配置产生重大影响。

财税政策有利于提高对资源的合理配置与环境保护，目前很多国家都采取了相应的税制办法，鼓励增加能源供给，约束人们浪费资源和对环境的破坏行为。

能源财税政策从参与能源市场的主体分，可分为针对能源生产与供应的财税政策和针对能源需求与消费的财税政策，如欧洲普遍使用的能源调节税，主要征税对象是居民及小规模能源用户，实行累进税制；对于能耗大户，则实行低税率政策，主要通过鼓励企业与政府签订自愿协议，减少其能源消费量。从财税政策实施的目的分，可分为以下五种：

（1）支持节能、促进能效提高的财税政策。例如，针对不同的节能项目和能源耗费行为，可以采取不同的、行之有效的财税政策，其中财政补贴是国际上使用较为普遍的一种支持节能以及与能源有关的技术研发和示范推广的政策手段。

（2）确保国家能源安全的财税政策。能源安全不是一个简单的产业安全问题，也不仅仅是经济安全问题，它实际上已经成为整个国家安全的重要组成部分。政府可以通过必要的财税政策措施，提高国内能源生产与供应效率，促进国外能源市场的开拓，建立国家战略能源储备体系等。

（3）推动环境保护的财税政策。充分体现“污染者付费原则（PPP）”和“使用者付费原则（UPP）”，通过经济手段来加强环境保护的责任和限制环境污染行为。

（4）从需求侧调节能源结构的财税政策。例如，对消费者购买新能源汽车，节能产品给予的补贴或税收优惠减免等。

（5）支持能源研发及技术推广的财税政策。例如，对一些关键设备和技术进口给予进口关税和进口环节增值税优惠和融资支持以及节能技术研究开发和示范的拨款等（财政部财政科学研究所“可持续能源财税政策研究”课题组 2006）。

4.3.1 财税政策与能源供给

能源结构调整是保障能源供给和可持续发展的关键。正如前文所述，市场机制对能源结构的调整是缓慢而无力的，必须借助政府的宏观调控才会有比较明显的效果。为优化能源结构，促进可再生能源发展，各国都制定和采取了相应的一些政策措施，其中对可再生能源发电实施保护性电价就是重要的一种能源财税政策。

保护性电价政策是一种财政补贴政策，是对可再生能源发电进行的补贴，保护性电价政策在各国具体的实施中还有许多不同的变化。首先，上网电价的形式，可以是一个固定的价格，也可以是市场基准价格加上一个溢价（Premium）。例如，德国采用的是固定的上网电价，而在西班牙，允许投资商从两种形式中任意选择一种电价形式（Rowlands　2005）。其次，保证上网电价的期限也有所不同。德国的保证期是 20 年，而西班牙为 5 年。再次，上网电价还会根据上网电力所承担的负荷类型（如基本负荷、高峰负荷或季节负荷等）而采用给予不同的电价水平，同时，基于技术（如风能、太阳能等）的不同采用不同的电价。关于欧洲各国具体的不同政策设置，请参阅（Cerveny and Resch　1998）。

表 4-1　不同政策措施下风电装机量与价格对比

政策类型	国家	2000 年底累计装机量（MW）	2000 年装机量（MW）	1998 年风电价格（€/kWh）
保护性电价政策	德国	6113	1668	0.086
	西班牙	2402	872	0.068
	丹麦	2297	555	0.079
	合计	10812	3095	
竞价系统	英国	409	53	0.041
	爱尔兰	118	45	N. A.
	法国	79	56	0.048
	合计	606	154	

资料来源：Menanteau P，Finon D，Lamy M L．2003. Prices versus quantities：choosing policies for promoting the development of renewable energy [J]．Energy Policy，(31)：799～812.

保护性电价政策在欧洲实施的经验表明它是促进可再生电力发展的一项非常有效的政策（IEA　2003a），这一简单的政策设置能够使一项技术得到迅速的发展，因为项目的收益是受到保证的，因而风险降低，能够吸引较多的资本投入可再生电力的发展。在实施保护性电价政策的德国、丹麦和西班牙，他们的风电发展目标甚至都提前几年实现了（Lauber　2004）。2001 年底，这三个国家的风电装机总容量占到了欧盟总装机容量的 84%（Meyer　2003）。然而，采用其他政策的国家（包括欧洲风能潜力最大的英国），风电装机容量都明显较低，如表 4-1 所示，显示了不同政策措施下欧洲各国风电装机容量。Lauber（2004）指出，实施保护性电价政策的国家的可再生电力发展水平都得到了较大的发展，而摒弃这一政策的国家（如意大利）则遭遇了可再生电力发展迟滞的困局。

实施保护性电价政策的德国、丹麦和西班牙，不仅他们的风电装机容量居世界前列，而且他们的风机制造工业也处于世界领先水平，这得益于风力发电技术在其国内的迅速扩散（Ackermann，et al.　2001）。

Menanteau et al.（2003）指出，在保证上网电价不变的情况下，设备制造商占有了技术进步引致的剩余，使得设备制造商能够更多的投资于研发活动，从而提升设备制造业的水平。如图 4-5 所示，当技术进步使得发电的边际成本由

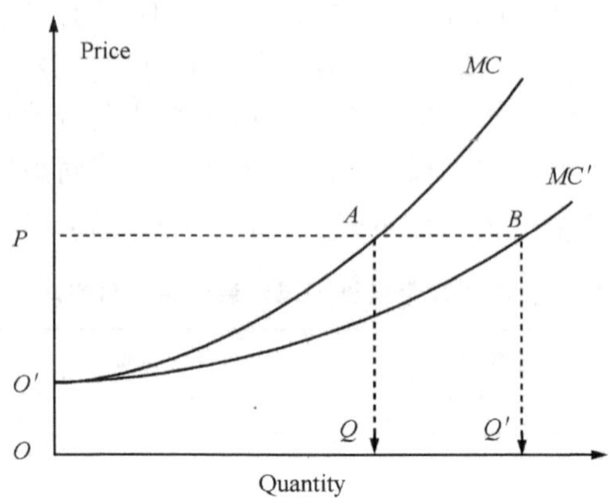

图 4-5　固定的上网电价对技术进步的影响

MC 向下移动到 MC' 时，由于电价水平并没有发生变化，装机容量将由 Q 增加到 Q'，面积 $O'AB$ 所示的生产者剩余则被生产者和设备制造商所占有，从而使他们有更好的能力去进行技术创新。

然而，现实中的情况是：虽然生产者剩余促进了可再生电力技术的进步，但是消费者所支付的电价，并没有随着技术进步的步伐而降低，相反却由于固定的上网电价而一直居高不下，这正是保护性电价政策受到批评最多的方面。Meier et al.（2002）比较了 1995～2002 年美国、英国、德国和西班牙的风电电价，发现竞争性市场（如英国、美国）的电价水平要比实施保护性电价的国家要低得多。表 4-1 中所示的风电价格对比也说明了同样的事实。

保护性电价政策在欧美的实施，说明该项财政政策：①能够迅速促进可再生电力的发展；②生产者剩余能够促进技术进步；③较强的技术扩散能够促进和强化可再生电力制造工业，并对其他相关产业产生拉动作用。同时，这一政策也受到较大的批评，主要集中于：①不能够有效地降低消费者电价；②巨大的财政补贴负担。因此，单纯的财政政策对市场早期的培育效果良好，到一定程度后还应该借助更具市场化的手段进行调节（张九天　2006）。

4.3.2　财税政策与能源需求

由于能源资源的高度稀缺性，能源供给增加难度会越来越大，为保证能源安全，进而保证经济安全和人民群众生活需要，各国都实施了一系列财税政策，鼓励，限制各个能源需求主体尽可能减少能源浪费，降低能源需求。

实证研究发现，居民的消费行为，消费习惯，偏好等对能源需求有较大影响。因此，各国政府专门出台了一些相关的财税政策，意在改变居民的某些行为习惯。如消费者选购终端耗能设备和器具时通常不将能源效率作为重要因素加以考虑，通过补贴消费者，刺激消费者对节能产品的消费，引导消费者的消费偏向和消费习惯，达到控制能源需求的目的。同时这种补贴政策，还会通过引导消费者的消费行为达到间接引导生产者的生产和投资行为的目的。最终达到节能环保，优化能源结构的目的。

概括起来当今世界通过需求侧管理，达到促进节能的财税政策主要有以下几种。

4.3.2.1　财政拨款和补贴

财政拨款和补贴主要包括对低收入家庭节能投资和支付能源费用的补贴，能效标志制定和实施的财政支出、能源审计支出、节能宣传支出等。

能源审计是企业或项目能源核算、合理用能评价和用能状况审核机制。已有 40 个国家实行节能项目补贴审计。美、日等国政府为中小企业提供无偿能源审计。美国能源部出资，由能源分析与诊断中心为制造业中小企业提供能源审计服务，迄今已完成 8000 多个项目。

4.3.2.2　各种基金

(1) 公益基金：公益基金是在不能完全依靠市场竞争的领域提供公共服务、维护公共利益的一种基金，是一种新的节能激励机制。公益基金用来资助节能和可再生能源技术研究开发，节能项目；此外，低收入家庭无力进行节能投资，政府可以利益公益基金对他们进行必要的帮助。2002 年，美国联邦政府向 450 万户低收入家庭发放了 17 亿美元补贴，用于节能投资和支付能源费用。

(2) 节能基金：节能基金通常是政府建立的一种循环基金，是一个长期、稳定的节能资金渠道。泰国政府 1992 年创立的节能基金，目前已达 50 亿美元，是世界最大的节能基金之一，主要用于泰国政府推行的需求侧管理计划。

(3) 创新基金：节能创新基金通过参股能源服务公司进行节能投资，使用担保基金、周转基金和风险基金提供节能贷款和贷款担保。目前已有 29 个国家设立节能创新基金。

4.3.2.3　消费者补贴

消费者补贴是指对于消费者购买节能产品给予一定数额的补贴。例如，在美国加州，每台节能电冰箱补贴 75～125 美元，空调器每台 50 美元，紧凑型荧光灯每只 3.5～5.5 美元。

4.3.2.4　加速折旧

例如，在日本，企业购置政府指定的节能设备，可在普通折旧的基础上，按购置费的30%提取特别折旧。在加拿大，购置节能和可再生能源设备，可按购置费的30%加速折旧。

4.3.2.5 贷款优惠

这个优惠是指购买符合规定的节能环保设备可以从政府指定的银行取得优惠贷款，这种贷款由于政府贴息以及通过专项基金提供担保，所以利率比商业银行低。

4.3.2.6 相关税收

从总体上看，发达国家一般都对能源课税，如日本的汽油税和石油液化气税政策，德国的能源消费税收政策，法国的能源生态税，还有诸如汽车税、道路使用税等（杨晓钰 2009；王庆一 2006）。

此外，低碳财税政策也是当前各国政府调节能源需求，促进节能减排，所采取的主要措施之一。低碳财税政策体系包括两大组成部分：一是对市场主体的节能减排行为起激励作用的财政支出政策体系，如国债投入、财政补助、贷款贴息，以及政府采购等政策措施；二是对市场主体的耗能排放行为起约束作用的税收政策体系，主要指与能源消费有关的各种税、费征收措施，如碳税、能源税、电税等。其中碳税已在欧洲国家普遍得到实施，另有大量国家正在酝酿实施。碳税最早由芬兰在1990年开始征收，此后，瑞典、挪威、荷兰和丹麦也相继开征。Cansier和Krumm（1997）对这些国家的碳税制度作了综述性的介绍。在征税环节上，芬兰和荷兰没有对生产部门实行任何税收优惠政策，而瑞典、挪威和丹麦都考虑了对生产部门尤其是能源密集型部门的税收宽免。例如，挪威对造纸行业实行税率减半，而对空运和海运的重要环节完全免税；瑞典对生产部门实行的税率只相当于对居民所实行税率的约1/4；丹麦的能源密集型部门在承诺采取节能减排措施的情况下将能享受到明显低于其他部门以及居民的税率。在碳税利用方式上，瑞典、挪威、芬兰和荷兰没有对碳税收入规定特别的用途，而是将其全部归入政府的一般性预算收入；丹麦则将各非免税部门所缴纳的碳税全部用于补贴该部门的劳动投入或节能投资。

4.3.3 财税政策对均衡的影响

在市场经济条件下，市场是资源配置的基本方式，但在市场不完善或有市场但运作效率低下，产生市场失灵的时候，就需要政府的干预和调节。尤其在能源结构调整和转换的过程中，政府宏观调控的作用更加重要。能源结构调整具有一定的社会性，市场无法确定其长远发展方向，加之不完全竞争、外部性等因素的存在，能源结构调整过程就不能不考虑政府的参与。政府一般需要根据国家社会、经济发展的战略性目标，对一些需要支持的重点产业和重点方向进行必要的引导和支持，包括政策支持和财力支持，以加速能源结构转换进程。实践经验表明，没有一个国家政府没有参与到当前世界性的能源结构调整进程中来。

针对能源市场资源配置效率提高而言，一方面要进一步规范市场竞争，完善能源价格形成机制，充分发挥价格对市场调节和资源配置的作用，这部分内容将在第 5 章做进一步的阐述；另一方面，充分发挥政府在市场机制失灵的两个领域：①由于能源利用对环境产生的外部性；②由于化石能源可耗竭性引起的能源短缺中的作用，利用财税政策以及货币政策，引导用户节约能源，加大对可再生能源的开发利用，促进能源结构优化，保证能源 - 经济 - 环境协调发展，保证社会发展的可持续性。

4.4　能源市场规制

西方经济学认为在自由竞争的市场中，每一个消费者和生产者都以追求最大化利益为目的来选择商品和服务，同时也实现了社会福利的最大化，并认为市场有利于降低生产成本，有利于技术进步和发明。在市场可以正常运行的情况下，市场是有效配置资源的手段；但是在市场不能正常运行的情况下，可能出现市场配置资源的失灵。市场失灵为政府干预提供了机会和理由，市场失灵是政府进行市场规制的必要条件（丹尼尔·F. 史普博　1999）。

规制通常被描述为对企业的控制，而企业既可以是商品的提供者，又可以是劳动和资源的雇佣者。然而，对市场某一方—买者或卖者的控制，必将会对另一方产生相应的影响。对能够被出售的物品的限制，立即便转化为对可能被购买的物品的限制。政府对市场配置机制的规制可能会改变商品和服务的生产、消费和分配行为，并影响到市场的特征和买卖双方的契约关系。

4.4.1　电力市场规制

电力产业投资巨大，投资回收期长。电力的生产需要大量的固定设备，固定成本非常大，而可变成本相对较小，平均成本在很高的产量水平上仍是下降的，因此一直以来，电力产业被视为自然垄断产业。

在电力行业管制的理论研究方面，乔治·施蒂格勒在“监管中能监管什么”一文中通过对英国电力产业的实证研究得出结论：受管制企业并不比无管制企业具有更高的效率和更低的价格（乔治·施蒂格勒　1989）。这一研究反响巨大，学者们纷纷把管制研究的重点转移到如何以最少的管制来最大限度地鼓励竞争。直接针对电力行业放松管制的研究在 20 世纪 80 年代末开始逐渐增多。Joskow et al. (1996) 研究了管制放松后的产业绩效，认为放松管制之后由于竞争的引入，电力公用事业公司采用新型技术的速度发生了重要的变化，这使得整个发电设备的成本显著降低。

电力行业管制问题的研究成果表明，电力市场应当放松政府管制，然而放松管制并不是取消管制，电力产业管制体制改革的目标是确定一种新的合理的管制方式来构建一个适度竞争的电力市场。

传统的电力工业分为发、售、输、配电四个环节。由于电能不能大量储存，要求发电、输电、配电、用电各个环节实时保持平衡；同时对电网的稳定安全具有较高的要求。最初各国电力行业都采用垂直一体化垄断经营模式，整个电力工业被认为是完全垄断行业。垄断经营模式在一段时期内对电力工业的资金积聚，避免重复建设等起了非常重要的作用。随着电力需求的增大，像任何垄断市场一样，电力市场逐渐呈现出经济效率低、运营效益低、投资回报低的弊端；另一方面，随着人们对电力工业和垄断认识加深，技术改革特别是光缆的出现，四个环节的四个功能所具有的市场结构特点逐渐显示出来，将竞争环节同自然垄断环节分离开来，推动了 20 世纪 80 年代以来世界范围内的电力行业改革的浪潮。

发电环节中根据其本身的技术特点，每个发电企业可以作为单独的竞争个体，不存在重复投资。因此，从理论上说，发电环节成为竞争环节是可行的，而且要提高发电效率也是必需的。但是，发电企业的进入壁垒很高，还要受输电环节的约束，所以发电市场不可能形成完全竞争的市场格局。目前许多国家打破电力工业的垂直一体化垄断，重组市场化结构（如中国形成五大发电集团公司、英国形成三大发电集团公司），形成寡头垄断或垄断竞争的发电市场。售电环节由于直接面对用户，从社会福利的角度来看最需要引入竞争，同时其不存在着很强的规模经济，因此也属于竞争环节。输、配电环节的自然垄断性短期内不会动摇，因为它属于网络性企业，一个新企业的进入就意味着大量的重复投资和资源浪费。在巨大的规模效应和沉淀成本下，其自然垄断的天然属性不能改变。

因此，在进行市场化改革后，电力工业中发、售电环节属于竞争环节，输、配电环节属于垄断环节。

1. 自然垄断的环节

规模经济和沉淀成本等经济特征的存在，导致了某一行业或部门的自然垄断(natural monopoly)。在自然垄断条件下，如果允许竞争，那么破产和兼并将成为必然现象，其结果是只有一家企业能够生存，因此自然垄断行业中的竞争必然是破坏性的竞争。部门能源市场具有自然垄断性质（如电力、天然气等），对这类市场不能引入竞争机制，而必须由政府对其价格、服务质量和进入进行管制，这是当今世界的普遍现象和大多数经济学家的共识。

图 4-6 显示了一个自然垄断企业所面临的需求和其长期成本，由于存在规模经济，该行业如果由多家企业构成，将是没有效率的。因为每一企业的产量会更小，单位生产成本显著提高。这种情况下，为获得最低成本，只能由一家企业来生产。

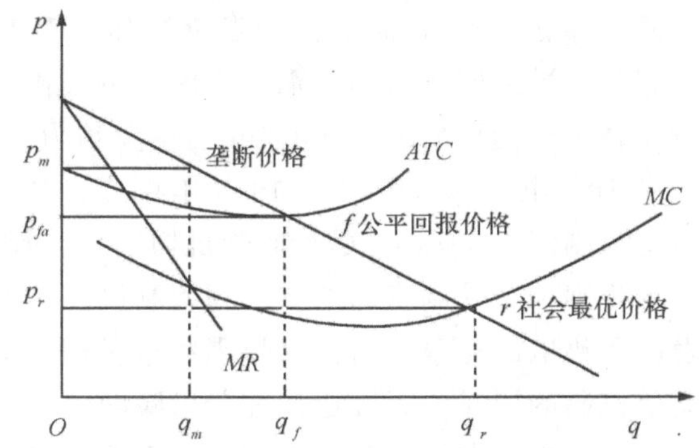

图 4-6　自然垄断与价格限制

资料来源：徐梅林．2006．基于电力行业改革下的我国电价管制模式研究．http：//www. cnki. net/.

通过利润最大化 $MR=MC$ 规则，我们知道在不受规制的前提下，垄断企业所选择的利润最大化产量和价格分别是 q_m 和 p_m。由于在 q_m 产量下，价格高于平均总成本，垄断企业获得了高额的经济利润。不仅如此，价格超过边际成本表明分配在该产品或服务上的资源过低。从公共利益出发，政府管制机构必须对自然垄断行业进行监管。监管可能是对自然垄断行业的最佳选择。D 和 MC 曲线相交点所决定的价格 p_r 是社会最优价格，资源达到最优配置 q_r，但是可能使自然垄断企业遭受亏损。自然垄断企业往往是公用事业，关系到国计民生，不能使它们长期亏损和破产。但又不能对它们进行公共补贴，来弥补边际成本定价过低招致的损失。在实践中，多数管制机构（如美国）对社会最优价格原则作了适当调整，选择了公平回报价格 $p_f=ATC$，使垄断企业实现盈亏平衡，其代价是牺牲部分分配效率。从图中可以看出，公平回报价格使产量从 q_m 增加到 q_f。尽管处于两难选择，但是从社会的角度看，规制可以改善垄断的不良影响，纠正部分市场失灵。

2. 引入竞争的环节

直观地认为，引入竞争的环节可以取消监管。但是，问题并非如此简单。

首先，尽管在发电和售电环节引入了竞争机制，但是只能构造出垄断竞争或寡头垄断的市场结构。其较高的垄断程度会造成一定程度的市场配置资源失灵。要提高市场效率，必须对这些环节进行一定程度的监管。

其次，由于发电和售电环节的企业数量不可能很多，有些企业占有很大的市场份额，拥有很大的市场支配力，可能操纵市场价格。电力系统的输电阻塞更加剧了这种市场力。电力监管机构需要防止这种市场力的滥用。

英国的电力市场一直被作为全世界的样板，但是1999年7月由英国天然气和电力市场办公室（Ofgem）正式提出的《新电力交易制度》详细文件指出：电力库的价格被3家主要的发电商操纵，自1990年以来，发电成本（燃料费、资本费和运行费用）降低了近50%，而电力批发价格却一直很少变化。竞争环节运行效率不能令人满意，导致监管机构取消电力库，引入新交易制度。

其实竞争环节花费了英国监管机构Ofgem的主要精力。1990年英国电力管制办公室（Offer）设计了电力库（Pool），1999年在总结电力库经验教训的基础上又设计了新电力交易制度（Neta）。尽管监管机构不直接管制竞争环节的价格，但是有关竞争环节的规则和交易制度却严格受到管制机构的修改和审批。总监的法定职责是推进发电和售电的竞争，对交易规则和市场运行负责。

再者，引入竞争机制的同时，无疑也伴随着风险的引入。历史的经验教训表明，电力市场的风险主要集中在发电和售电环节，而不在输配电环节。电力市场的竞价机制造成电价的波动，严重时造成市场主体的倒闭和破产。对竞争环节的监管，如设立价格上限等，某种意义上是对风险的监管。目前各国对发电市场的监管是松散和不力的，美国加州电力危机就是一个很好的例子。

总之，在竞争的环节需要监管。当然，这种监管没有达到对自然垄断环节监管的强度和深度。对竞争环节的监管，主要是披露市场信息，促进市场竞争，防止市场力量过度集中，规避市场风险。

环境问题是全球性问题之一。以矿物燃料为主的电力工业，已经成为主要的污染源，造成严重的环境污染和生态破坏。电力市场机制本身并不能消除其外部不经济性，反而使清洁能源和可再生能源在市场竞争中处于更不利地位。因此，各国对电力市场监管的一项重要任务就是减少环境污染，鼓励清洁能源的发展，保护生态环境。

电力行业是主要的污染源之一。根据IEA2010年出版的 CO_2 *Emissions from Fuel Combustion* 2010，中国2008年电力和热力生产排放 CO_2 31.08亿吨，约占总体 CO_2 排放的47.8%。此外，电力行业还排放 SO_2、NO_2、烟尘和工业废水等环境污染物。

客观上讲，电力行业成为污染大户，责任不完全在电力部门。长期以来，牺牲环境质量发展经济的指导思想，为电力部门治污不力提供了宽松的政策环境。公众对低电价的偏好，刺激了常规煤电的过度发展，抑制了清洁能源和可再生能源等高价电力的开发利用。污染物环境成本意识的淡薄，使消费者得不偿失，实际上付出更沉重的环境损害代价。因此，电力监管必须加强对电力行业外部效应的监管。

电力市场规制的基本形式主要有价格规制、供给配额规制、质量规制、安全规制、环保规制等。

以下简介中国电力行业体制改革历程。

自1997年1月国家电力公司正式成立以来，我国电力体制改革大致经历了以下几个阶段：

(1) 政企相对分开。1998年3月，电力工业部撤销，电力行政管理职能移交国家经贸委，由国家经贸委及各省经贸委负责政府管电职能，国家电力公司成为国务院直属企业，总资产达到7582亿元，拥有全国50%左右的发电资产和全国90%以上的电网资产。

(2) 实行厂网分开试点。1999年4月，国家经贸委发出了《关于进行厂网分开、竞价上网试点有关问题的通知》，正式开始在浙江、山东、上海、辽宁、吉林、黑龙江等6省（直辖市）进行试点。由于相关配套改革未能及时跟进，试点改革并未取得令人满意的效果。

(3) 省为实体阶段。1998年，建立省级电力公司的工作即“省为实体”全面铺开。许多省份实行电力供需内部平衡，层层实行实体，形成了严重的地方保护主义。这说明，“省为实体”的发展方针，已经走向了“省为壁垒”。电力资源优化配置出现很大障碍。

(4) 电力市场化改革。2002年4月，国家计委宣布国务院批准实施《电力体制改革方案》。2002年12月29日，2家电网公司，5家发电集团公司和4家辅业集团公司同时挂牌。至此，我国电力工业基本完成了厂网分开的产业重组，搭建了符合有限竞争需要的市场平台。

(5) 电价制度改革。国家通过国办发（2003）62号文提出了电价改革方案，提出改革的近期目标是在“厂网分开”的基础上，建立与发电环节适度竞争相适应的上网电价机制。改革的远期目标是将电价分为上网电价、输电电价、配电电价和销售电价，其中上网电价、销售电价由市场竞争形成，输电电价、配电电价由政府制定。

(6) 相关法规的出台。2005年2月15日国务院第432号令颁布了《电力监管条例》，并于2005年5月1日正式实施。《电力监管条例》第一次以行政法规的形式确定了我国电力监管的基本模式，规定了电力监管的任务和原则，详细列出了监管机构、监管职责、监管措施和法律责任等内容，为进一步推进电力工业市场化改革提供了法制保障。

4.4.2 天然气市场规制

4.4.2.1 市场结构

对于天然气行业的技术经济特点，存在着两种说法：竞争性和垄断性。当然这不是绝对的，随着行业的发展，垄断可能会演化为竞争性的。总的来说，现阶段天然气行业是竞争性行业，部分环节具有自然垄断性。

1. 垄断性

认为天然气产业具有自然垄断性主要基于以下几点考虑：

（1）天然气资源是不可再生资源，随着勘探开发的不断深入，总有一天会从地球上消失。另外，天然气的地理分布极不均衡；

（2）天然气的运输和配送依赖管道网络。随着需求和规模的不断扩大，单位成本不断下降，具有网络规模经济效应；

（3）天然气产业具有明显的范围经济性，上下游一体化联合生产比各环节进行单独生产的成本低；

（4）油气资源的勘探开发成本投入大、风险大、回收期长，且资产专用性较强，沉没成本较大，形成了较高的进入壁垒。

2. 竞争性

认为天然气产业是竞争性产业主要基于以下几点考虑：

（1）天然气资源虽然稀缺，但资源潜力大，潜在市场大，有能力支撑多个企业进行竞争；

（2）天然气产业价值链包括勘探、开发、储运、配送、消费等环节，这些环节多数具有竞争特点；

（3）天然气产业面临着潜在进入者、替代能源、消费者、国外资本的竞争，天然气产业具有竞争性特点，应放松管制。

3. 整体竞争，局部垄断

综合分析整个天然气产业，可以得出结论：天然气产业整体具有竞争性，部分环节（如运输和配送环节）具有自然垄断性。并且，随着社会经济的发展和行业规模的不断扩大，自然垄断的范围将逐渐缩小。这为放松政府规制提供了现实依据。

4.4.2.2 规制的原则

天然气不同于石油等其他的能源，其本身具有特殊性，主要表现在以下三个方面：

（1）天然气属能源产业，是稀缺的不可再生的自然资源。当一般商品的边际生产理论应用于天然气生产时，必须附加上一个气田产量自然递减规律。对于一个滚动开发的气田，则表现为综合递减率。因此，当我们应用边际理论时，如边际产量、边际成本、边际效益等，都必须用合理的自然递减率和综合递减率来修正，否则就可能出现误导结论。

（2）管输是天然气陆上运输的唯一选择，具有强自然垄断特征；LNG是跨洋运输的唯一方式，离岸前、到岸后仍然需要依托管网；天然气存货由井口能力、输气管存和储气库容三个容量空间构成、表现出与原油的很大差异。

(3) 可支配收入与天然气消费水平相关程度很高；天然气短期供给与需求都缺乏弹性，长期弹性较大。

国外经验表明，政府在天然气行业的发展过程中扮演重要角色，政府对该行业的规制对促进行业的顺利健康发展起着重要作用。由以上天然气产业的三个特性，可以概括出天然气产业政府规制改革的基本原则：

第一，政府规制要有利于保护资源，减少浪费。天然气是一种可耗竭的稀缺资源。由于天然气价格与石油等替代能源相比较低，以气代油、以气代煤的天然气利用方式开始盛行，造成了一定程度的天然气浪费。因此，政府规制的一个主要原则就是要保护资源，避免出现资源浪费现象。

第二，政府规制要注重天然气产业链的上下游协调发展。天然气产业是一个上下游各环节紧密联系的统一系统，脱离了哪个环节都不能实现天然气的社会价值。天然气的生产、运输、销售和消费几个环节紧紧相连，生产、运输和销售要相互协调，才能达到产业的规模经济和降低经营风险。

第三，政府规制要照顾大多数，保证社会公平。当今社会，能源已是支撑社会经济发展的重要物资，是各国都在尽力争夺的主要战略资源。随着我国逐渐走向市场化，天然气消费将会成为真正意义上的“贵族商品”，天然气消费也是有钱人的事情。但是，我国中等偏下消费水平的人群占多数，因此，政府规制要考虑社会公平，以照顾大多数人群为原则。

4.4.2.3 规制的模式

从国外经验来看，政府对天然气市场的规制模式主要有以下几种：

1. 市场结构与进入规制

1) 市场结构规制

天然气产业的市场结构规制，应本着有利于企业实现规模经济和范围经济，又有利于加强市场竞争的原则，对现有市场结构进行重组或调整。从天然气的行业特点和发展所处阶段看，市场结构的重组和调整有以下三个层面的含义：一是从企业层面看，对纵向一体化企业进行适当拆分；二是从地区层面看，在同一区域允许新企业的有条件进入；三是从行业层面看，引导鼓励企业跨行业和区域重组与合作。

整个天然气产业不仅包括天然气生产、净化、供应，还包括天然气运输和分销，以及天然气的消费。从规模经济和范围经济角度来看，实行纵向一体化经营具有一定的合理性。但是，从自然垄断的实质来看，整个天然气产业链中只有输送和分销具有自然垄断性。威廉·鲍莫尔的可竞争市场理论认为，在自然垄断行业，如果企业可以自由进入和退出，且不发生成本，就可以进行竞争。随着勘探开发技术的不断进步，天然气的供应具有可竞争性，在这一环节实行竞争无疑有利于提高效率和实现资源高效配置。

从理论上讲，将天然气的生产和供应与运输和配送分拆对整个产业链的有效运行是有好处的。其主要表现在以下几个方面：一是降低垄断利润和政府补贴。非自然垄断业务的分离，使得垄断范围缩小，竞争领域相应扩大。这样，可以避免非垄断业务“搭便车”获取垄断利润和政府补贴而造成利益分配不均。二是可以促进竞争，降低成本。天然气的终端价格是由上游生产价格加一定的利润以及运输成本加上适当利润形成的，上游价格的降低直接影响终端价格的变化。上游形成竞争局面，有利于成本降低，进而促使价格降低，提高生产效率。三是有利于规制者和消费者掌握更多的信息，实现信息共享。天然气的生产供应实现竞争后，通过市场配置资源，有利于政府有关部门和消费者获取信息，进而做出决策。

2）市场准入规制

在市场准入方面，政府主要是为了保证天然气行业的资源高效利用以及为了环境保护和社会大众稳定的生产生活，采用批准和许可的手段，对天然气生产企业的市场进入进行限制。天然气行业具有投资大、回收期长，资产专用性较强、具有沉没成本效应。如有众多企业进行激烈竞争，势必造成某些竞争力较弱的企业被迫退出市场，从而造成资源浪费和损害公众利益。因此，对天然气行业进行必要的进入规制是必需的。

但是，随着市场经济的不断成熟，市场规模扩大，由一家或几家企业提供产品或服务已不能满足市场需求。天然气产业发展到新阶段，最突出的表现就是消费量明显增加。现有的生产企业已不能满足目前市场的需求，并且，随着时间的推移，缺口越来越大。这就要求政府在准入方面适当放松，尤其是在天然气勘探开发和储运上。由于这两个环节需要巨大投资，具有技术密集和资金密集的特点。降低上游进入门槛有利于资金的筹集和竞争局面的形成，进而提高效率，降低成本。

2. 价格规制

价格规制是政府对天然气行业进行规制的核心内容，是实现其他规制目标的最基本手段。天然气价格规制主要有四个方面的目标：优化资源配置，提高社会分配效率，激励天然气生产企业进行生产，保障天然气企业利益。但是，与电信、铁路等自然垄断行业相比，天然气行业属于依赖于非再生自然资源的基础性能源行业，受资源短缺性约束更为显著，从而对实现优化资源配置目标的要求更为强烈。

1）政府价格规制应考虑的问题

对天然气行业进行价格规制改革的主要理由是：天然气行业具有区域性自然

垄断特点，目前定价机制使得价格不能及时反映供需关系。这就要求在价格规制过程中，定价要符合经济原理，遵循经济规律，克服定价的主观性和随意性。事实上，不遵循价值规律的定价现象在实践中很容易发生，因此对天然气行业的价格规制应充分考虑以下几个方面：

第一，注重市场机制在价格形成中的作用。天然气行业虽然属于区域性垄断行业，但并非理论上的完全垄断，市场竞争机制在一定程度上发挥作用是可能的。一方面，天然气具有众多的可替代产品，如石油、液化石油气、煤、电等，随着技术经济条件的变化，其替代性还会加强，它们的价格会影响到天然气的价格；更重要的是，政府可以采取激励机制，如特许投标竞争、直接竞争等手段，来强化竞争机制，从而影响天然气价格的形成；另一方面，竞争可以使天然气企业将其产品、质量等方面更加透明，公众可以获得更多的关于天然气产品的信息，以得到更多经济实惠的产品或服务，这对天然气生产企业也是一种鼓励。

第二，价格规制要考虑成本约束，使价格规制能够对降低成本起到激励作用。天然气行业作为公用事业，又具有自然垄断特点，政府往往对这种行业实行财政补贴，以促进其健康发展。但是，政府补贴会使得天然气生产企业失去降低成本的动力，而只是想方设法从政府补贴中获得利益。

第三，加强价格规制的法制化、科学化和程序化建设。法制化能够使政府或规制部门可以“依法”规制和“以法”规制，提高规制效率。天然气工业起步较早且发展较成熟的美国、法国等国家政府均制定了相关的法律法规，对价格规制的相关条款进行科学严谨的规定。另外，相关条款还对政府或规制部门和相关天然气生产企业进行了严格规定，避免价格规制的随意性、主观性，加强科学性。

第四，充分考虑天然气价格的波动对其他产业以及整个中国社会经济的影响程度。天然气作为一种高效、清洁的能源资源，其价格的变化会对其他行业及整个社会经济产生很大影响。如天然气价格上升，首先会影响到化肥生产企业，因为化肥生产企业所用原料几乎全部是天然气。进而，化肥的价格随之上升，化肥的使用大户一农民的负担就会加大。我国有八亿农民，这会带来很多社会经济问题。

第五，政府对天然气生产企业的财政补贴应合理适度。在中国，一直以来，天然气的定价较低，远远低于其价值。较低的天然气价格，较高的生产成本，使得政府财政补贴变得很重要。但是，随着天然气需求量的增加，按经济学原理，随着价格的不断提高，补贴应该越来越淡化。另外，补贴会使天然气生产企业对政府具有很强的依赖性，弱化了其降低生产成本的动力。因此，政府补贴应合理适度，力求保证社会利益分配公平。

第六，构建科学的天然气价格规制模型和价格体系。对天然气行业进行价格规制模型的设计，应充分考虑到成本和成本的下降、质量、利润、物价指数等因

素（许月潮　2006）。由此，天然气价格规制模型可设计为

$$P=\frac{C_0\times[1+(\mathrm{RPI}-X)]}{1-r}\times Q$$

式中：P 表示天然气规制价格；

C_0 表示基期平均成本；

RPI 表示零售价格指数；

X 表示生产效率和增长率；

Q 表示天然气质量指数；

r 表示销售利润率。

因为天然气属于不可再生自然资源，而且，天然气的勘探开采会对环境造成一定的危害，在天然气价格规制模型中可以加上资源税和资源补偿费项。

2）价格规制原则

在价格规制改革中除了要考虑以上几方面的问题外，还应遵循以下几点原则：

(1) 积极稳妥、有序有别、分步推进。天然气价格的变动几乎对所有行业和人民生活都会产生很大影响，因此，在天然气价格改革过程中，应循序渐进，充分考虑价格变动对社会经济的影响。

(2) 坚持油、气合理比价。天然气和原油等能源的替代性很强。我国天然气消费结构失衡、供需矛盾紧张的直接原因之一，是天然气与其他可替代能源比价过低引起的。未来天然气定价，应当按国际通行的热值来计算。目前我国天然气价格仅为原油价格的30％左右，而国际比例则为84％～121％。

(3) 差别定价。天然气定价应实行差别定价机制：一是以保护农民和城镇居民为原则实行分类定价；二是按照工业、商业、服务业等多种类型用户区别定价；三是按不同季节和不同用气高峰来定价。

(4) 按成分或燃烧值定价。从国外经验来看，天然气定价是采用热值定价的，如美元/英热单位（Btu）。不同油田所产的天然气所含成分不同，甚至同一口井在不同的生产时段所产天然气也可能会含有不同的组成成分。另一方面，天然气的利用有两种，一种是作为燃料用其热值，另一种是作为原料用其所含化学成分。因此，按热值或所含成分定价才能真正实现天然气的价值。

3．法律规制

法律是政府或监管机构及企业，甚至所有的市场参与者进行经济行为的依据，是约束市场行为和避免发生经济纠纷必不可少的前提条件。根据国外天然气工业历史悠久并且已经很发达的国家的发展历程，天然气类的法律法规在天然气工业发展过程中起到很重要的作用，是保证其健康发展的必要条件。

法律规制改革的基本原则包括以下几个方面的内容：

(1) 以市场为指导，引入竞争机制，在自然垄断环节用法律约束代替市场，以免市场力量被滥用。由于自然垄断行业的自身特点，为避免经营者滥用垄断权利，营造公平竞争的市场环境，法律应在一定程度上限制经营者，保护消费者的利益。

(2) 应确定现代化的监管机构，将政府的政策制定职能和监管职能分开，并在法律中做出明确规定。《天然气法》应保证其规定使监管机构的监管公平、公正、透明。

(3) 同时兼顾经营者和消费者的权利，力求保证社会分配公平，维护经营者和消费者的利益。

(4) 天然气相关法律法规应涵盖天然气产业链的各个环节，建立使上中下游协调发展的统一监管框架。

4. 质量规制

质量规制是对天然气生产企业市场行为规制的重点，包括产品质量和服务质量规制两个方面。

1) 产品质量规制

在天然气质量方面，存在严重的信息不对称问题。天然气的热值、杂质含量、压力等指标需要专业技术人员借助相关仪器设备进行检测，方可准确测知。天然气消费者大多为普通用户，在消费前对产品的质量无法得知，并且在消费中及消费后也对其质量知之甚少。另外，天然气的质量对其使用效果有很大影响，对燃气具的寿命和安全都有很大关系。因此，在存在进入规制和价格规制时，天然气质量规制必不可少。

对天然气产品的质量规制方面，应重点把握以下两方面的内容：

第一，天然气作为燃料，生产企业在出售天然气前应告知用户其热值范围，如有变动也应及时通知用户；

第二，天然气作为原料，在出售天然气前，生产企业应告知用户其成分，在发生变化时也应及时通知用户。

总而言之，产品质量规制应该使消费者时时获悉天然气的成分或热值，以及时调整价格。

2) 服务质量规制

天然气产业属公共事业行业，其服务在整个产业链中占据很重要的地位。天然气服务主要包括以下几个方面：保障天然气管道等设施的完好，及时检查、更换和维修；及时处理天然气泄漏等突发事件，处理结果要令用户满意；保证产品供应的稳定性，对由于非突发性事件引起的供应中断应提前通知用户；为用户提供经常性的安全检查，日常养护服务等。由于天然气服务对社会大众的日常生活息息相关，服务的及时与否以及顾客的满意程度直接关系到天然气行业的顺利健康发展。天然气服务质量规制在天然气市场将发挥越来越重要的作用，尤其是在逐步引入竞争后，服务的质量将是决定企业存在与否的关键。

总之，质量规制是和进入规制、价格规制同等重要的规制内容。进入规制、价格规制会慢慢使符合条件的公司或企业进入到这个行业中来，为了保证大量的竞争者的存在不对社会大众的利益造成损害，质量规制也应是政府规制改革的重要内容。

4.5 本章小结

能源市场是实现能源资源配置的场所。能源市场既包括单一品种能源市场，也包括多品种能源市场，还包括更广泛意义上的能源 - 经济 - 环境这样的复杂巨系统，这些市场和系统的运行，对能源资源配置效率均具有重要影响。

由于能源供给总量不足，能源供给结构以化石能源为主，不具可持续性，能源市场竞争不完全性，能源市场信息的不完全及能源利用引致的外部性等一系列问题，使能源市场成为一个典型意义上的非均衡市场，能源短缺危机时有发生，加上能源的可持续利用问题，严重干扰了能源市场的有效运行。为提高能源市场运作效率，政府的宏观调控成为必然，其中财税政策成为政府调控能源市场的有力工具，当前世界各国纷纷出台各种能源财税政策，既有从供给出发针对能源生产者的，也有从需求出发，针对能源消费者的，针对生产者的财税政策主要围绕大力发展可再生能源，改善能源结构，保障能源供给；针对消费者的财税政策主要围绕节约能源，提高能源的使用效率，这些财税政策从各个角度、各个方面，全方位参与能源市场的调节，试图使能源市场朝着更有效的方向发展。

不同能源品种，能源资源属性不同，决定了它们的市场结构和运行模式也存在较大差别。总体来说，煤炭市场竞争比较充分，石油市场国际化程度较高，主要为竞争性的垄断市场，相比较而言，电力和天然气市场，尤其是电力市场，由于自然形成的垄断性成分较高，目前主要在政府规制下运营，虽然世界范围内都在对电力和天然气市场进行改革，力争通过引入市场竞争机制，提高市场运营效率。但是，完全放松管制短期内难以实现，因此政府将继续发挥重要作用。

拓展阅读：一个简化的垄断框架分析

由于石油危机造成的短期供给缺口远远小于 OPEC 国家的石油生产能力，为分析简单起见，我们假设石油危机是外生冲击，并过滤掉 IEA 等影响因素，同时将石油出口国分为 OPEC 国家和非 OPEC 国家。从第 4 章的分析中我们可以看出 OPEC 国家在两次石油危机时期始终占有市场垄断力量，因此我们可以用垄断模型来进行分析（图 4-7）。

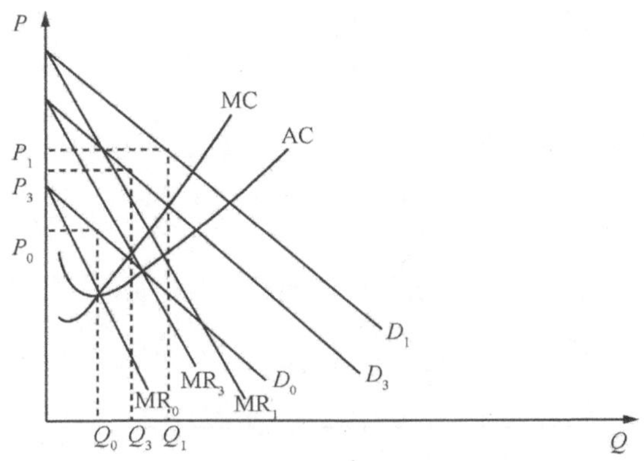

图 4-7　石油危机冲击下 OPEC 国家的生产选择

假设在石油危机发生之前 OPEC 国家面对的需求曲线是 D_0，此时 OPEC 国家在均衡边际成本 MC＝MR 处生产，价格为 P_0。如果此时发生第一次石油危机，那么 OPEC 国家面临需求增加，需求曲线从 D_0 移到 D_1。此时在边际成本等于边际收益处生产将导致石油价格涨至 P_1。

假设第三次石油危机与第一次石油危机造成同样的短期供应缺口，由于在第三次石油危机时期 OPEC 国家在石油市场的份额减少，则此时对 OPEC 国家来说需求曲线只移动到 D_3 处，价格只有上升到 P_3。这样面对同样程度的石油短缺冲击，在 1989 年由于 OPEC 国家市场力量的减弱导致议价能力下降，减小了 OPEC 国家单方面抬高石油价格的可能性。而此时 OPEC 国家在市场中仍保有“领导者”的优势，因此如果 OPEC 国家提价不高，其他分散的生产者——非 OPEC 成员石油输出国提价也不会过高。

从上面的分析可以看出，作为行业领导者的 OPEC 国家的市场份额的减小，可以导致整个行业在石油短缺时的提价能力下降，这在一定程度上减少了石油价格的涨幅，进而减小了对世界经济进程的影响。

假设的放宽——IEA 作用的分析

为了更好地分析这两次石油危机对经济的影响，我们开始对 IEA 这一关键因素进行分析。在地缘政治因素下，造成石油市场短期供给不足，此时由 IEA 每天将一定数量的石油投入国际市场，这在一定程度上改善了石油短期供不应求的局面，稳定了石油价格。但是 IEA 也通过另外一条途径减小了第三次石油危机的影响。

令 S 是国际石油市场的总供给曲线，D 是总需求曲线，假设本来国际石油市场处于均衡状态 E 点（图 4-8）。此外，同上文分析的那样假设石油危机为石油短缺的外生冲击。如果 IEA 不存在，则在石油危机的情况下，由于工业结构的刚性，石油输出国会预期对短期石油需求也呈刚性。于是趁势改变自己的提供曲

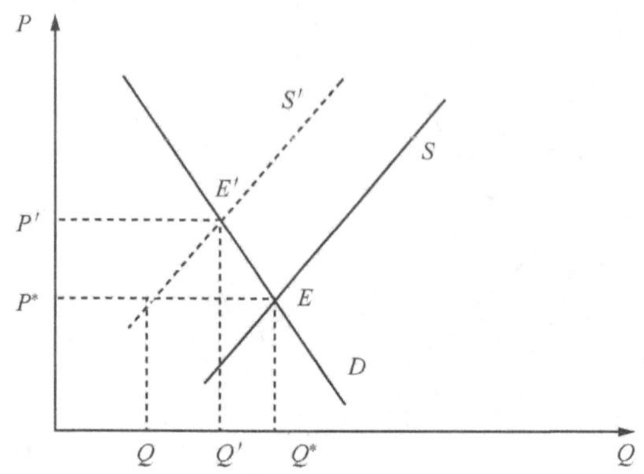

图 4-8　石油危机下世界石油供给分析

线，也就是从本来的提供曲线 S 移到 S'，从而价格从 P^* 飞涨至 P'。

而在 IEA 存在的情况下，假设石油出口国同样改变自己的提供曲线至 S'，在此前提下，IEA 会采取行动以均衡价格 P^* 来补给短期石油缺口，从而石油出口国出口量会减少：从 Q^* 减少到 Q，造成一定的损失。所以这时石油输出国会预期自己提高价格可能并不会获得利润反而会造成损失，而且会恶化与石油需求国的长期合作关系，于是并不会改变自己的提供曲线，并在原来的均衡价格上补足由于外部政治冲击导致的石油短缺以赚取利润。

因此，IEA 即使不采取任何措施，也会因为其存在而影响其他石油输出国在石油危机发生情况下的预期，从而在一定程度上熨平石油价格波动，减小了石油危机带来的影响（严琦　2009）。

思考题

1. 你认为能源市场非均衡产生的主要原因是什么？
2. 影响能源供给的主要财税政策有哪些？
3. 影响能源需求的主要财税政策有哪些？
4. 你如何看待能源财税政策对能源市场的调控作用和效果？
5. 电力行业的特点是什么？电力行业哪些环节具有自然垄断性？哪些环节适合引入竞争机制？
6. 政府对天然气市场规制的主要内容是什么？

第5章 能源价格

能源价格是调节能源资源配置的主要市场机制，但由于受能源资源的特殊性和能源市场结构，以及能源与金融一体化发展等问题影响，能源市场价格影响因素非常复杂，尤其短期，能源价格更是受到大量来自非市场因素的严重影响，由此形成的能源价格有时甚至完全脱离了能源市场供需基本面因素，这也使得能源价格对能源市场的调节作用大大减弱。能源价格除作为能源市场的调节机制发挥作用外，能源作为基本生产要素，其价格变动还可能通过产业链产生成本推动型通货膨胀，进而对宏观经济和群众生活产生影响。本章内容共分五节，5.1 阐述能源定价的基本理论，5.2 介绍 OPEC 的产量与定价机制，5.3 分析能源价格对能源资源配置的调节作用，5.4 介绍能源价格上涨对一般价格水平的影响，5.5 介绍可计算一般均衡（CGE）模型，分析能源价格波动对宏观经济、居民福利等影响。

5.1 能源定价理论

能源定价理论的早期研究，主要沿用经济学的资源稀缺论或边际学说理论，如马歇尔的竞争论、弗兰克尔的寡头控制理论等，由于理论的局限性，这些研究都未能很好地把握国际市场能源价格波动的内在规律。从理论上系统研究能源定价的开山之作当推 Hotelling（1931）著名的可耗竭资源模型，Hotelling 的这个模型是论述可耗竭资源的，但众多可耗竭资源中，自 20 世纪 70 年代后，以石油价格的波动最经常最剧烈，因此最引人注意。他把资源当做一种埋藏在地下的资产，目标是如何寻找一种最优的定价方法使得净现值最大。模型分析得出，当不考虑开采成本时，资源最优配置下的均衡价格将以市场利率的增长率连续上升。设 t 时期的资源价格为 P_t，r 为市场利率，则 $(P_{t+1}-P_t)/P_t=r$，此即为 Hotelling 法则。当考虑开采成本时，资源价格是指扣除边际开采成本后的净价格，也称为资源租金率，资源租金率也满足上述的 Hotelling 法则。Hotelling 的可耗竭资源模型对研究能源定价具有开创性的意义。

如果资源所有者开采资源资本所得的收益增长率低于利率，他就偏向于把资源埋藏在地下让它增值；如果高于利率，则偏向于开采，以期得到更高的净现值。在论述可耗竭资源价格波动时，考虑到不同的市场结构对价格的影响不一样，Hotelling 分别就自由竞争和垄断市场进行了研究。在自由竞争情况下，厂商在不同时期开采相同数量的资源所获收益的贴现值应该相等，否则他将选择贴现值最大的时期把资源都开采出来。如果能源开采不集中在一个时期，能源价格的上升必然等于利率，因为如果预期能源价格上涨幅度大于利率，厂商就会减少当期能源开采，而让它在地下增值，则由于当期能源供给减少推动现期价格上涨；如果预期能源价格上涨幅度小于利率，厂商会增加当期的能源开采，使收益加速变现，这样一来，本期供给增加促使价格下降，这又会增加未来能源价格上涨的幅度，如此反复。在垄断市场上，由于他们可以控制价格，因此厂商会选择一个最优产出路径使自己总收益的现值最大化，由最优产出路径确定最优价格路径。根据最优化一阶条件确定出最优开采量就是使不同时期能源开采量的边际收益上涨速度等于利率。

Hotelling 的资源定价理论隐含了这样的前提条件，即资源初始存量是已知的，且开采成本固定不变，但实际上，能源资源储量总是随着世界范围内的技术进步，投资勘探活动而不断变动的，对于特定时期的定价者来说，未来储量的变动是不确定的，同时，科技进步使得开采成本不断降低。因此，Hotelling 的资源定价理论是对储量确定情形的讨论。此后，人们又进行了一些关于储量不确定条件下，资源定价理论的研究，这部分内容比较复杂，本书不做介绍。

沿着 Hotelling 的研究思路，除一部分针对储量不确定条件下能源定价理论研究外，另一部分则通过设定能源市场的不同结构或参与能源市场的行为主体的不同行为，建立各类理论模型分析能源价格的形成，并通过对各类相关参数的模拟分析，力求把握能源价格波动的规律，如后来的 Pindyck（1978）、Gately（1983，1984）等。

5.2 石油输出国组织与国际石油价格

OPEC 是国际石油市场上一个不容忽视的力量，关于国际石油定价理论研究中，相当一部分都将 OPEC 视为一个卡特尔组织。例如，以垄断市场结构为基础解释国际石油价格形成的研究，都把国际石油市场看做是由 OPEC 这个卡特尔组织定价的垄断市场，石油价格的波动是由于 OPEC 国家的定价原则决定的。这些研究关于 OPEC 定价原则的假设主要有两种：财富最大化型和生产能力利用目标型。

财富最大化方法基本上是 Hotelling 模型中垄断部分的改进。生产能力利用目标型是从垄断者不可能拥有完全信息，进而也不可能知道最优价格路径的角度出发，假设 OPEC 通过产能利用目标来摸索隐含的最优价格路径。若实际的产能利用率高就说明生产供求紧张，从而抬高价格，反之则降低价格（Gately and Kyle 1977；Gately 1983）。

关于 OPEC 对国际石油价格影响的研究很多，结论不完全统一，甚至有时是完全相反的。本节不对 OPEC 生产行为进行假设，只介绍 OPEC 的产量，定价机制等基本事实，通过这些事实对其在国际石油价格形成中的地位、作用进行直观判断与分析。

5.2.1　OPEC 石油储量

根据 BP2006 年统计数据显示，截至 2005 年年底 OPEC 已探明储量占世界石油储量的 75.2%，其中 OPEC 成员国探明石油储量位居前三位的是：沙特 264.2 亿桶，占世界份额的 22%；伊朗 137.5 亿桶，占世界份额的 11.5%；伊拉克 115 亿桶，占世界份额的 9.6%；其次是科威特和阿联酋，分别为 101.5 亿桶和 97.8 亿桶，占世界份额的 8.5%和 8.1%，这 5 个国家的总份额接近世界总量的 60%。此外，OPEC 已探明石油储量每年还以一个较小的速度递增，而 OECD 国家石油储量相对贫乏，且每年小幅递减。由于 OPEC 拥有丰富的石油资源储量，它的产量政策和价格政策对国际石油价格具有重要影响力。因此，国际社会一直将 OPEC 视为石油市场的一个卡特尔组织（表 5-1）。

表 5-1　2000 年以来石油探明储量　　单位：亿桶

年份	OPEC 储量	非 OPEC 储量	苏联	OECD
2000	840.5	180.8	93.4	100.0
2001	847.9	180.9	111.7	98.3
2002	881.7	174.3	116.9	88.3
2003	890.7	176.5	120.9	84.2
2004	897.4	175.8	120.9	81.8
2005	902.4	175.4	122.9	80.6
储采比	73.1	13.6	28.4	11.2

注：非 OPEC 未包括苏联。

资料来源：BP. 2006. BP Statistical Review of World Energy 2006. http：//www.bp.com/multipleimagesection.do? categoryId=6840&contentId=7021557.

5.2.2　OPEC 产量政策及其市场份额

OPEC 目前的产量约占世界总产量的 40%左右，图 5-1 为 OPEC 在 1960～2002 年石油产量占世界石油产量的份额变化。OPEC 作为一个石油市场的卡特尔组织，主要是通过产量控制来达到影响国际石油价格的目的。OPEC 产量政策是实行内部成员产量配额制，每次 OPEC 会议都会根据市场需求和各国情况，确定各成员国今后一段时间内的石油产量。例如，OPEC 在 2003 年 1 月 23 日第 123 次会议上通过的产量协议规定，今后一段时间 OPEC 总产量为 2450 万桶/天，其中沙特日产量为 7.963 百万桶/天，伊朗日产量为 3.597 百万桶/天，其余详见 *OPEC production agreements*（OPEC 2003）。但由于 OPEC 组织各成员国本身石油资源富存条件不一样，富存条件好、人均石油储量较丰富的国家，如沙特、科威特、阿联酋等，他们主张温和的油价政策，不主张减产提价，而人均石油储量相对较少的国家，如委内瑞拉、尼日利亚等他们为了提高短期石油收入而极力主张减产提价（袁瑛 2007）。

OPEC 市场份额的高峰出现在 1973 年，占世界石油产量的 55%，此后由于石油危机引起的高油价导致世界经济萧条，石油消费量锐减，以及替代能源和节能技术的开发利用、能源使用效率的不断提高和墨西哥、英国北海油田、北阿拉斯加等许多大油田的相继发现，加上非 OPEC 国家受高油价诱使增加产量等原因的综合影响，OPEC 的市场份额不断下降，20 世纪 80 年代中期跌到最低时只有 30%左右，但 1986 年后的低油价刺激了世界石油消费的增长，抑制了对高成本油田的投资和石油勘探投资，加上 20 世纪 90 年代初前苏联解体，使得对 OPEC 的石油需求量增大，世界新增石油需求主要由 OPEC 来满足，OPEC 的石油市场份额开始缓慢上升，近年来由于非 OPEC，特别是俄罗斯等国不断增产，OPEC 的市场份额略有下降，但基本上稳定在 40%左右。虽然目前只有 40%左右的产量份额，但是由于 OPEC 还留有约 600 万桶/日（或 3 亿吨/年）的机动生产能力，这是其他石油生产国所无能为力的。世界上有 50 多个非 OPEC 产油国，他们以不足 1/4 的已探明储量，生产着占世界 60%的年产量。因此，这些非 OPEC 石油生产大国，如俄罗斯、挪威等，基本上都已开足马力在生产。凭借巨大的剩余生产能力，OPEC 可以在国际原油价格超过市场承受能力，对主要石油进口国的经济生产产生不利影响时增加产量，缓解供不应求的局面，以此阻止油价的上涨并进一步降低油价；反之当油价过低对石油出口国收入和经济生产产生不利影响时减少产量，缓解供过于求的局面，阻止油价的继续下滑，进一步促使油价回升。OPEC 根据市场状况通过剩余生产能力对世界石油市场的供给进行调节，力争将世界石油价格稳定在一个合理的范围内，所以从目前阶段看，虽然有很多不确定因素限制和制约了 OPEC 对国际石油价格的影响和控制能力，但它对国际石油市场的影响力仍然是不容忽视的，有时甚至能够操纵国际油价的涨落。尽管非 OPEC 国家的石油总产量占世界石油总产量的 60%，但各国均按自己的行为方式生产，没有统一的组织和行动，因此单一非 OPEC 国家的产量通常无法对国际原油价格产生实质性的影响。此外，由于 OPEC 有大量的已探明石油储量，许多长期预测都表明将来世界对 OPEC 资源的依赖性会越来越大，从长期来看 OPEC 的石油份额有增大的趋势。因此，OPEC 对国际石油价格的影响不仅不会降低，还可能会进一步增大。如果 OPEC 能够协调好各国的利益，做到行动一致，将油价控制在给定的范围内，应当是一件较有把握的事情（赵农，危结根 2001）。

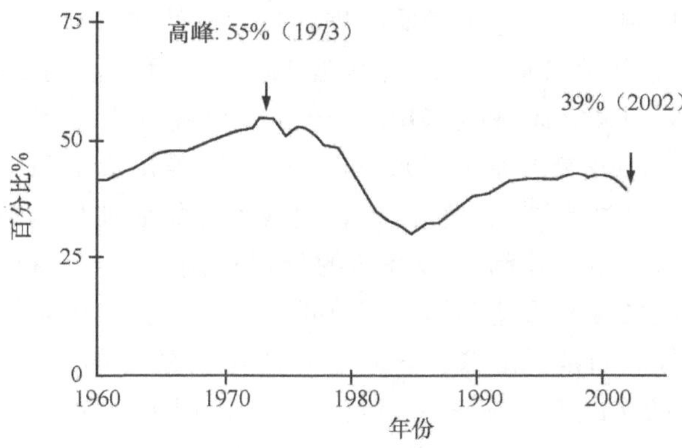

图 5-1　OPEC 石油产量份额

资料来源：EIA. Annual energy Review 2009. http：//www. eia. doe. gov/emeu/aer/pdf/pages/sec11 _ 10. pdf. 2010-12-05.

与 OPEC 相比，非 OPEC 的石油储量不足前者的三分之一，储采比仅为前者的五分之一，石油勘探、开发和生产的综合成本约为前者的 4～5 倍。新增石油储量大幅增长的可能性较小。一些非 OPEC 国家，例如美国和中国，虽然是石油生产大国但同时也是石油消费大国，总体上非 OPEC 的石油消费不能自给，还有 1/3 以上依赖 OPEC 的供应。非 OPEC 生产能力的升降，在很大程度上受制于国际油价的周期性波动，而其对国际油价的影响只是一种有限的市场效应。

5.2.3　OPEC 定价机制

OPEC 原油价格指的是沙特阿拉伯轻油（Arab Light）、阿尔及利亚撒哈拉混合油（Sahara Blend）、印度尼西亚米纳斯油（Minas）、尼日利亚邦尼轻油（Bonny Light）、阿联酋迪拜油（Dubai）、委内瑞拉蒂朱纳轻油（Tia Juana Light）、墨西哥依斯莫斯轻油（Isthmus）七种原油市场监督价格的平均价格，OPEC 利用这个价格监督国际石油市场的原油价格，OPEC 组织各成员国在这一价格的基础上按原油的质量和运费价进行调整。OPEC 从 1999 年 9 月以后开始研究价格带机制，并从 2000 年 3 月起开始正式实施这一机制。所谓价格带机制就是事先设定一个价格幅度，如果实际价格超过或低于这个幅度一定时间，就通过调整产量使价格回到设定的幅度内。OPEC 进行的尝试和各国货币当局为回避外汇大幅度变动而介入外汇市场的做法相似。

2000 年 10 月开始，OPEC 启用石油产量调整机制，使油价在 2001 年 9 月之前都维持在 OPEC 设定的价格机制带（22 美元/桶～28 美元/桶）中。2001 年 9 月美国发生“9·11”事件，油价一度大幅上涨，但随后因国际石油市场担心美国经济将受重挫，带来石油需求大幅减少，加上产油国为了维持国际稳定而暂停启用石油产量调整机制，未在需求降低时进行减产，使油价在2001年10月跌至每桶低于20美元，甚至到2001年11月接近16美元/桶。直到2001年12月底，因为冬季需求增加，且OPEC和非OPEC产油国也确定进行减产，油价才重新回到价格机制带中。2002年年底和2003年年初由于美伊战争和国际投机力量的双重影响国际油价一度冲高到33美元/桶，但战争开始后油价迅速回落，此后的半年左右时间里油价基本上控制在OPEC的价格机制带中。伊拉克战争结束后，伊拉克安全形势日趋紧张，重建问题又困难重重，人们担心中东地区动荡局势将进一步加剧，从而导致石油供应紧张，加上世界经济的复苏和OPEC在2003年9月和2004年4月两次减产，在这些因素的综合作用下，2003年油价不断振荡上行，2004年4月以后更是一路上涨，完全脱离了OPEC设定的价格机制带，OPEC价格机制带已名存实亡。实际上OPEC认为当前的石油价格受到越来越多供求以外因素的影响，他们已于2005年决定暂时终止价格带机制，并在认为市场条件比较稳定的情况下，才会重新考虑使用这一油价调控体系。图5-2为2001年1月～2004年11月OPEC一揽子油价走势。

图5-2　OPEC一揽子价格走势

资料来源：EIA/OPEC新闻中心（OPEC官方新闻中心）. 2005-02-10.

5.2.4　OPEC原油产量与国际原油价格

原油产量作为供给的一个主要因素对国际原油价格的形成具有重要的作用。世界原油产量由OPEC和非OPEC原油产量两大块构成，OPEC和非OPEC的产量波动引起世界原油总产量的波动，进而影响国际原油价格。图5-3和图5-4分别反映了1960～2002年期间OPEC、非OPEC和世界总的原油产量变化趋势和波动状况。

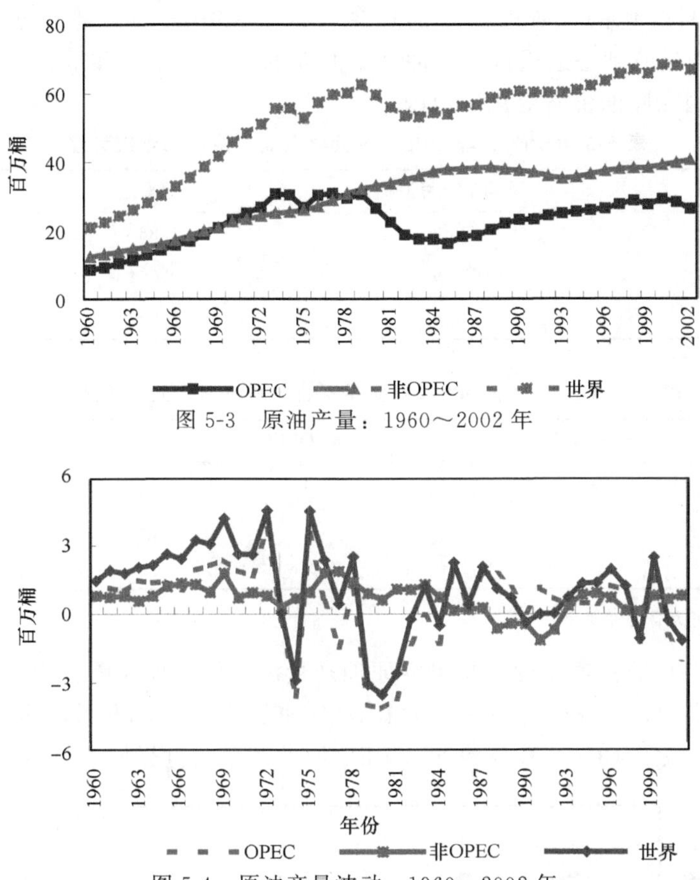

图 5-3 原油产量：1960～2002 年

图 5-4 原油产量波动：1960～2002 年

从图 5-3 和图 5-4 可以看出，自 1960 年以来的 30 多年里，除在 20 世纪 90 年代初由于苏联的解体，非 OPEC 国家原油产量出现微弱的下降外，其余时间里非 OPEC 原油产量基本上呈稳步上升的趋势。从表 5-2 标准差一栏可以看出世界原油产量的波动主要来自 OPEC 原油产量的波动，OPEC 组织在第一次石油危机前的原油产量稳步上升，波动较小，但随后的十多年时间里产量波动较大，其中 20 世纪 70 年代发生了两次大的石油危机，OPEC 原油产量处于较大的变动之中，80 年代初 OPEC 原油产量大幅下降，从而导致世界原油产量发生相似的波动。

从图 5-4 明显地看出，20 世纪 70 年代初至 80 年代中期和 90 年代末世界原油产量的剧烈波动与 OPEC 原油产量的波动几乎完全一致，表 5-3 的统计分析显示 OPEC 原油产量变化与世界原油产量变化之间的相关系数高达 0.941，在 1%的显著性水平上是显著的，而非 OPEC 产量变化与世界原油产量变化的相关系数只有 0.278，在 5%的显著性水平上不显著。由于 OPEC 和非 OPEC 共同提供世界所需的原油产量，所以二者之间具有此消彼长的关系，二者的相关系数为负

(－0.062) 也说明了这一点，但由于世界所需的原油产量是随着供需、经济发展等情况而不断变化的，所以二者的这种反向关系很微弱，是不显著的。因此OPEC原油产量波动是造成世界原油产量波动的一个最主要和最直接的原因，进而也是造成国际原油价格变化的原因。

表 5-2　OPEC、非 OPEC 和世界原油产量波动性统计量

地区	均值（百万桶）	标准差
OPEC	0.420 7	1.860 7
非 OPEC	0.672 9	0.654 0
世界	1.093 6	1.933 4

表 5-3　OPEC、非 OPEC 和世界原油产量波动之间的相关系数

地区	OPEC	非 OPEC	世界
OPEC	1		
非 OPEC	－0.062 (0.694)	1	
世界	0.941 (0.000)	0.278 (0.074)	1

注：括号里为显著性概率。

既然OPEC原油产量变动是世界原油产量波动的主要原因，因此从供给影响价格的角度推测，OPEC产量变动对国际原油价格的形成和波动起了一定的作用。图5-5反映了1970～1998年间OPEC原油产量与世界原油价格的变化趋势。

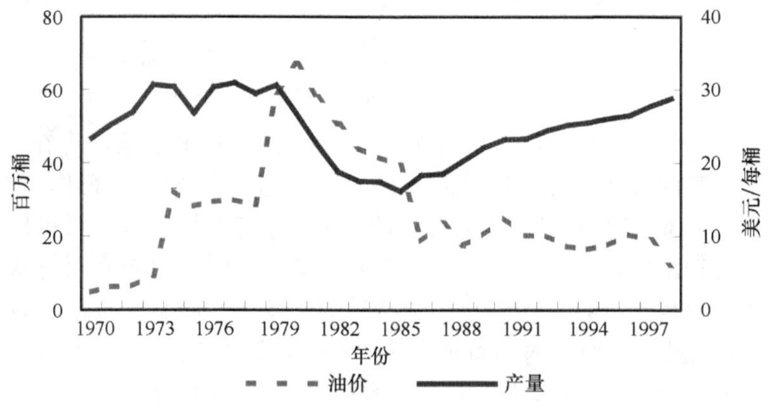

图 5-5　OPEC原油产量与国际原油价格

在OPEC原油产量波动的同时，国际原油价格从20世纪70年代初的每桶2～3美元上涨到每桶30多美元。第一次石油危机之前原油产量稳步上升，原油价格基本上保持稳定，中东石油禁运打乱了石油产量的稳定走势，造成恐慌，使得原油价格迅速上涨，但随后OPEC组织进一步减产，原油价格仍然下滑，显然这就不是供给方面的原因，而主要是由于前一阶段高昂的原油价格造成世界经济的萧条，导致需求减少所造成的。所以OPEC原油产量与国际原油价格的变动趋势并不呈完全反向变动关系，这一方面说明，国际原油价格比较复杂，并不是简单地、主要由供需决定，另一方面说明，OPEC组织虽然可以通过调整产量对国际原油价格的形成产生一定的影响，但并不能完全反映或左右国际原油价格。

5.2.5 OPEC对国际石油价格影响简评

关于OPEC在国际石油市场上的作用和影响力看法不完全一致。有观点认为过去的历史表明OPEC拥有左右国际石油市场的能力。OPEC未来的作用如何要看该组织如何发挥其实力。同时认为，OPEC应选择稳妥的方式寻求价格的稳定。价格能否稳定取决于OPEC能否更多地考虑、尊重和理解生产的其他要素，包括需求要素、非OPEC要素和石油期货市场金融投机的因素（单卫国 2000）。另有观点认为OPEC定价策略的可行性是存在的，但有效性对于仅依靠原油出口获取收益的成员未得到理论上的证明（赵农，危结根 2001）；还有观点认为OPEC在国际石油市场上的作用被夸大了，实际上它已成为石油市场的稳定者和价格的被动适应者（梅孝峰 2001）。

总体而言，OPEC对国际石油市场究竟能发挥多大作用，与其三方面因素密切相关：①产量政策；是限产保价；还是增产保份额；②剩余产能；剩余产能是OPEC短期调控市场最有力的武器；③内部协调机制。由于各国资源储量、生产成本和经济发展状况存在差异，出于维护本国利益，一些成员国违反配额限制，超额生产。文献（卡罗·A. 达哈尔 2008）整理了1984～2003年OPEC平均产量与配额历史数据，结果显示几乎在整个20世纪90年代，OPEC的实际产量均超出其配额，平均每天多生产100多万桶。

目前，欧佩克成员中主张较为温和的油价一派的储量约占欧佩克总储量的51%；而主张减产提价一派储量约占欧佩克总储量的30%；其余为中间派。这种成员国之间的利益矛盾极大地削弱了欧佩克的控制力。另外，沙特储量占欧佩克总储量的28%左右，具有举足轻重的地位，代表了OPEC的主流石油政策。OPEC内部协调机制的运行结果成为影响OPEC作用发挥的重要因素。

5.3 能源价格对市场配置的调节

由于能源的重要性和特殊性，以及能源金融化属性（见第8章）使得能源价格，尤其是石油、电力等能源产品价格与一般实物产品价格有很大不同，价格波动剧烈频繁，表现出金融时间序列的很多特点，如波动聚积、记忆性等特点，而较少表现为完全无记忆的随机游走序列。国际石油价格由于其特有的现货与期货相连的定价方式，使得石油价格同时具有金融和期货市场时间序列的特点。关于能源价格行为的研究对我们认识能源价格的形成机制和交易主体交易行为有重要作用。本节首先分析能源价格波动的复杂特征；然后阐述能源价格对能源资源配置的调节作用。

5.3.1 能源价格波动特征

在能源市场上，参与市场交易的各方主体，根据获取的市场信息，并结合对未来市场的预期、判断，指导他们的实际交易行为，这些实际交易行为将对最终价格的形成产生一定影响，并反映在最终形成的价格中。能源市场中参与市场交易的主体大致包括：生产方，需求方和由于能源金融化发展而加入进来的投机方。由于信息不完全和信息获取是有成本的，各方只能根据自己所获取的决定能源价格的各因素信息，通过对这些信息分析，决定自己的交易策略，各方交易策略的实施，最终决定市场价格。因此，通过能源价格波动特征分析，可以大致了解各方交易主体的交易行为特征，以及对价格形成的影响。

5.3.1.1 Zipf 技术简介

Zipf 分析技术最早由 Zipf（1949，1968）提出，主要运用于自然语言课程，用于计算某一篇给定的文章中每个单词出现的频率 f。根据每个单词出现的频率对单词进行分类，发现可以给每个单词赋一个秩 R，令出现频率最高的那个单词的秩 $R=1$。对自然语言可以观察到下面的幂律成立：

$$f \sim R^{-\xi}$$

对任意语言，指数 ξ 接近于 1。

Zipf 分析技术的一个简单扩展是考虑严格由 n 个字母构成的单词（不包括空格）。在这种情况下 Czirok et al.（1995）和 Troll and beim（1998）提出猜想 $\xi = |2H-1|$，其中 H 是用于度量存在于符号间的长程记忆性的 Hurst 指数。

目前 Zipf 分析除主要运用于自然语言研究外，还被广泛地运用于生物遗传、化学、地理等领域的研究，近年来 Zipf 分析开始被应用于金融时间序列的分析。例如，Vandewalle 和 Ausloos（1999）利用 Zipf 方法分析了股票价格指数，Ausloos（2000）还利用 Zipf 分析研究了外汇市场结构。因为一个随机波动的序列可以很容易地转换为用两个字母‘u’和‘d’表示的序列，其中‘u’表示向上或涨（即‘up’），‘d’表示向下或跌（即‘down’）。对真正的随机游走序列，ξ 等于 0，因为任意长度为 n 的单词出现的概率都相同；但对有偏的随机序列 ξ 不会等于 0（Vandewalle and Ausloos 1999）。

5.3.1.2 模型方法

实际市场交易是有成本的，因此只有当价格的涨跌超过某一个阈值时交易主体才会进行交易。将交易成本这一信息反映到 Zipf 技术里时可以设定一个阈值，当实际价格涨幅超过这个阈值时我们认为价格上涨（'u'），当实际价格跌幅超过我们设定的阈值时认为价格下跌（'d'）了，当实际价格变动幅度不超过阈值时，我们认为价格没有发生变化，交易主体不进行交易。为便于量化分析和处理，我们将'u'记为 1，'d'记为 −1，价格变化幅度不超过阈值时记为 0，则价格序列可以转换为取值 −1，0，1 的序列，该序列反映了价格涨跌的动力学信息。具体表述如下（Jose et al. 2002）：

设 $P_n = \{p_0, p_1, \cdots, p_n\}$ 是具有样本阶段为 T 的 n 维有偏价格序列；即 $p_i = p(iT)$，τ 为一给定的时间标度，假设 $\tau/T = k$ 是整数。如果数据每天采样，则 $T=1$ 天。一序列上下波动的 $(n-k)$ 维序列 $D_{n-k}(k,\varepsilon) = \{d_1(k,\varepsilon), d_2(k,\varepsilon), \cdots, d_n(k,\varepsilon)\}$ 可以用字母 $A = \{-1, 0, 1\}$ 按下面的形式与 P_n 建立联系：

$$d_j(k,\varepsilon) = \begin{cases} -1 & \text{if} \quad p_{j+k} - p_j \leqslant -\varepsilon, \\ 0 & \text{if} \quad -\varepsilon < p_{j+k} - p_j < +\varepsilon, \\ +1 & \text{if} \quad p_{j+k} - p_j \geqslant +\varepsilon, \end{cases} \tag{5-1}$$

这里 $\varepsilon \geqslant 0$ 是价格变化的阈值。注意到 $p_{j+k} - p_j = p(jT + \tau) - p(jT)$ 是在时间标度 τ 内的价格变化（收益）。按这种方式 $d_j(k,\varepsilon) = -1$（相应的 $d_j(k,\varepsilon) = +1$）表示从 $t=jT$ 到 $t=jT+\tau$ 价格至少下降（相应的上升）了 ε。$d_j(k,\varepsilon) = 0$ 表示价格的绝对变化量不大于 ε。如果 $d_j(k,\varepsilon) = 0$，我们就说相应于门槛 ε 价格未发生变化。

$D_{n-k}(k,\varepsilon)$ 序列包含了价格动力学最基本的涨跌信息。事实上 $D_{n-k}(k,\varepsilon)$ 只包含了关于时间标度 $\tau = kT$ 的方向性（向上与向下的）信息。参数 ε 表示考虑交易成本后交易主体可以交易所获得的最小收益。

设 $n_-(k,\varepsilon)$、$n_0(k,\varepsilon)$、$n_+(k,\varepsilon)$ 表示在给定的序列 $D_{n-k}(k,\varepsilon)$ 中向下（负的）、不变（0）和向上（正的）变化出现的次数。$n_-(k,\varepsilon) + n_0(k,\varepsilon) + n_+(k,\varepsilon) = n-k$，定义下面的绝对变化频率：

$$\begin{aligned} f_-(k,\varepsilon) &= n_-(k,\varepsilon)/(n-k), \\ f_0(k,\varepsilon) &= n_0(k,\varepsilon)/(n-k), \\ f_+(k,\varepsilon) &= n_+(k,\varepsilon)/(n-k) \end{aligned} \tag{5-2}$$

它们分别表示 −1，0，1 出现的频率，也就是价格下跌、不变和上涨的绝对变化频率。类似地，引进下面的相对变化频率：

$$\begin{aligned} \phi_-(k,\varepsilon) &= n_-(k,\varepsilon)/n_\pm(k,\varepsilon), \\ \phi_+(k,\varepsilon) &= n_+(k,\varepsilon)/n_\pm(k,\varepsilon) \end{aligned} \tag{5-3}$$

这里 $n_\pm(k,\varepsilon) = n_-(k,\varepsilon) + n_+(k,\varepsilon)$。所以 $\phi_-(k,\varepsilon)$ [$\phi_+(k,\varepsilon)$] 是价格向下（上）运动变化次数相对于价格变化总次数的频率。

如果价格上涨与下跌变化是随机的，则上涨与下跌的概率都约为 0.5，如果涨跌不均衡，则上涨（或下跌）的概率将明显大于（或小于）0.5。用 $\phi_{-}(k,\varepsilon)$ 和 $\phi_{+}(k,\varepsilon)$ 表示，即如果观察到 $\phi_{-}(k,\varepsilon)$ 和 $\phi_{+}(k,\varepsilon)$ 之间有一个明显大于（或小于）0.5，我们就称它相应的状态是不对称的，在这个意义上不对称状态是指对市场价格向上和向下变化的不同预期。

5.3.1.3 案例分析：利用 Zipf 技术分析国际汽油价格波动的动力学行为

图 5-6 为根据 1986 年 1 月 2 日至 2003 年 11 月 4 日纽约期货交易所汽油 1 个月期货日价格，利用式（5-3）计算的汽油价格涨跌的相对变化频率。

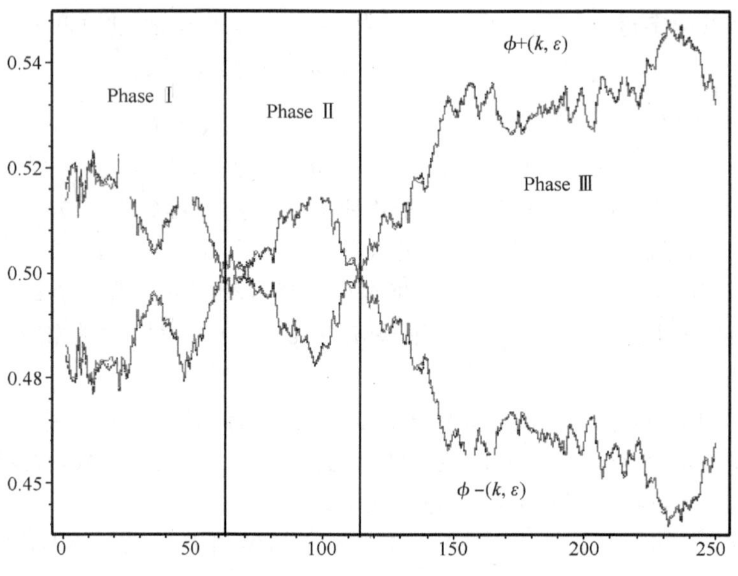

图 5-6 汽油价格涨跌的相对频率

从图 5-6 可以明显看出存在两个关键点 $k_{c,1}\approx 60$ 和 $k_{c,2}\approx 116$ 工作日，按一周 5 个工作日，一个月 22～23 个工作日、一年 250 个工作日算，$k_{c,1}$、$k_{c,2}$ 近似相应为一个季度和半年。这两个关键点决定了汽油价格行为转换大致经历了三个阶段：

（1）阶段 1（$1\leqslant k\leqslant k_{c,1}$）是投机者阶段。这个不对称阶段的关键特性是在短期获得正收益的可能比获得负收益大［在 $\phi_{-}(k)<\phi_{+}(k)$ 意义上］。我们认为阶段 1 的价格动力学行为模式是由汽油市场投机者的行为所造成的。他们利用价格期望的不对称性买入今天和卖出 $k\in[1,k_{c,1}]$ 个工作日后的期货合同。即投机者将汽油视为一种商品，可以独立于季节、政治事件等进行买卖。此外，汽油贸易与另一些（高频）商品和股票市场紧密相连，如石化、电（热力发电）等。这

样，汽油市场日价格波动有一个反馈作用，投机者在一个投资组合框架内交易汽油，导致高噪音且有偏的价格动力学行为。

(2) 阶段 2（$k_{c,1}<k\leqslant k_{c,2}$）是消费者阶段。阶段 2 与中等时间标度的价格动力学行为相联系，时间标度为 60～116 个工作日，这个阶段的市场行为有助于消费者，因为价格趋向于下降［在 $\phi_{-}(k)>\phi_{+}(k)$ 意义上］，汽油市场的这种不对称行为活动似乎是由消费者所导致的。消费者发出交割时间在$[k_{c,1},k_{c,2}]$的期货交易合同，在这个时间标度内价格下跌的可能性大。

(3) 阶段 3（$k>k_{c,2}$）是生产者阶段。阶段 3 与时间标度超过半年的长程价格动力行为相连，由于生产者从生产到销售需要一个过程，因此生产者行为应该产生比金融投机者行为更低频上的价格模式。这个阶段的市场行为有利于生产者，因为价格趋于上涨［在 $\phi_{-}(k)<\phi_{+}(k)$ 意义上］。这样，生产者发出交割时间超过 $k_{c,2}$ 的远期合同，价格上涨的可能性较大。

总的来说汽油市场价格波动短期行为主要由投机者的行为支配，而中期和长期价格行为由消费者和生产者行为控制。

根据上面的讨论，我们能够勾画出如下总的汽油价格形成机制图：政治和社会事件产生中等时间标度的价格动力学，它受消费者消费行为的强烈影响。生产者生产活动受几个主体（例如消费者和投机者）的行为和季节性的商业周期的影响，它产生长时间标度价格行为。与这种行为共存的是一个由投机者产生的（高频）动力学行为，投机者利用汽油市场的不对称结构，通过买入今天和卖出期限不长于 60 个工作日的期货赚钱。

5.3.2　能源价格波动对能源市场均衡的影响

5.3.2.1　影响能源价格形成的主要因素

能源价格波动表现出复杂性特征，其主要原因在于能源产品的价格并不是简单地由能源供需决定的。由于能源产品的特殊性，能源价格的影响因素很多，除供需基本面因素外，经济的、政治的、军事的、自然的、现实的与预期的，各种各样的因素错综复杂地交织在一起，综合地影响能源价格的形成。例如，大量实证研究发现，国际投资基金已对国际能源价格的形成产生实质性的影响。其中，Jose et al.（2002）用分形理论发现世界三大基准原油现货月价格表现为非高斯白噪声过程，作者认为主要由市场投机者的投机行为造成，以及价格波动的一些非对称特点似乎也与投机行为有某种程度的契合。2006 年年初，前高盛石油生产策略分析师麦克·罗斯曼估计，当时每桶 60 美元油价中，大约有 1/3 是由投机造成的，即每桶原油有 18～20 美元的溢价由投机因素造成。国际油价是按美元定价的，因此美元贬值，导致石油出口国石油收益大大缩水。一些欧佩克国家认为，美元贬值已经导致以美元计价的石油的实际价格下降。

地缘政治。恐怖活动频繁发生及对能源生产设施的可能破坏引起全球市场对能否保证正常的能源供给的担忧，从而有可能在国际市场能源价格中形成所谓的“恐怖溢价”，并通过投机活动而进一步放大。有分析认为，目前世界市场每桶石油价格中大约 10 美元是对恐怖袭击的担忧等因素造成的“风险溢价”。能源生产国的政治局势是影响国际能源市场价格另一个重要因素。

天气因素。化石能源的生产大多属于野外作业，恶劣的气候条件不仅会影响开采，最严重的是像飓风这类自然灾害对能源生产设备的损毁，导致产量在短期内遭受重大损失。能源的需求则呈现明显的季节性。夏季是用电的高峰时期，在西方国家，夏季是驾车出游的高峰时期，也是汽油需求量最旺盛的时期，冬天是取暖用油的高峰时期，但需求量受到气温的显著影响。我国春季农忙是柴油需求量高峰时期。根据气象部门预测，2006 年美国东部地区可能比往年温暖。交易者担心这将使取暖油需求下降，促使投资机构大规模抛售原油期货，加剧原油价格下跌。

除上述因素外，经济周期，运力，市场竞争的规范程度等因素也都会显著影响能源价格。

5.3.2.2 能源价格对市场的调节作用

从长期来看，决定能源价格的主要因素仍然是能源的供需，能源价格特殊的地方表现在影响能源价格的因素较一般商品复杂得多，加之能源金融化发展趋势，导致能源价格波动甚至出现混沌等复杂动力学特征。但无论其变化多么复杂，能源价格作为市场最主要的调节机制，其价格变动仍然是实现能源资源优化配置最主要的市场调节者。

此外，能源价格的市场调节效应还表现为促进能源消费结构，产业结构转化，进而降低行业能源强度。例如，实证研究发现，能源价格上涨通过优化经济产业结构，进而降低了能源强度（胡宗义等 2008），即能源价格成为提高能源效率的一个驱动力，成为市场体制中调节能源强度的重要因素和手段。

但正如前文所述，由于决定能源价格形成的因素太复杂，很多时候，特别是在短期，受某些突发事件影响，形成的能源价格根本没有合理地反映市场供需状况，甚至完全脱离了供需基本面，这样的能源价格失去了调节市场的能力和作用。

例如，我国煤炭行业集中度低，进入门槛低，小煤窑泛滥，市场过度竞争，形成的价格偏低。偏低的价格（低于边际机会成本）进一步刺激过度开发利用，恶化环境，并造成资源的大量浪费。有数据显示，我国煤矿资源平均回收率仅为 30％左右，而美国、澳大利亚、德国等发达国家的资源回收率能高达 80％左右。

价格偏高（高于边际机会成本）则抑制合理消费，影响经济发展和居民福利。能源资源的稀缺性决定了必须将能源视作一种生产要素，并力求使能源的价格真正、充分地反映市场供求和它们的稀缺程度，让资源开发和使用者承担能源资源耗竭的真实成本，以便充分发挥能源价格的市场调节作用。

5.4 能源价格与一般价格水平

能源价格一方面作为能源市场的调节机制，发挥能源资源配置作用；另一方面，能源作为一种基本生产要素，能源价格的变动意味着企业原材料成本的变动，尤其是当能源价格大幅上涨时，追逐利润最大化的企业就会尽可能将产品成本上涨的压力通过产品价格或其他方式向其下游使用者转移，如果这种转移比较顺畅，最终将发生大面积产品价格上涨的现象，即一般价格水平的上涨。

5.4.1 能源价格波动的传导

根据价格学理论，市场经济条件下各种商品价格的有机联系构成统一的价格体系，表现出价格链条的系列衔接性。在价格链条上任何一个环节商品价格的变动，都会通过成本推动或需求拉动向其他环节传导，这是价格运行的一般规律。

能源是一种生产要素，处于价格链的最前端，因此，其对其他产品价格水平的影响，主要通过成本推动形式进行传导。

能源价格上涨首先会对耗能密集型原材料行业产生影响。例如，油价上涨会使钢铁企业的运输成本增加；钢铁企业的生产离不开电力，平均而言，我国钢铁企业吨钢耗电在450千瓦时/吨左右，因此电价上涨将导致钢铁企业的生产成本增加。这些耗能密集型产品又被作为原材料广泛地投入到下游产品的生产中。例如，汽车业是钢材消费的主要行业之一，在汽车生产过程中，钢材消耗占原材料消耗的60%～70%。最后，交通工具成本的上涨将使运输成本面临上涨的压力，进而使购买运输服务的消费者面临涨价的压力。能源价格上涨通过产业链逐级传导，并最终到达消费领域，影响一般价格水平。

5.4.2 能源价格上涨对一般价格水平影响的测算

能源价格上涨最直接的影响是推高产品生产成本，产生成本推动型的通货膨胀。能源价格波动通过产业链以投入成本变化的方式影响与其直接相连的部门，这些部门又根据自己投入成本的变化以不同形式影响与其相关联的部门，各部门投入成本的变化必然影响这些部门最终产品的价格，进而影响总体价格水平。如，原油价格上升，石油炼制部门原材料将大幅上涨；炼制部门投入成本的上涨，使其利润减少，对利润最大化的追求，迫使其尽可能将投入成本的上涨，以各种方式、通过各种渠道转嫁给其下游化工部门，或终端消费部门，下游化工部门依照上游炼制部门做法，也会将炼制部门转嫁给它的成本上涨压力，进一步向下游释放，最终传导到消费领域，引起物价水平的普遍上涨。

研究能源价格波动对通货膨胀影响用的方法主要是时间序列中的向量自回归（VAR）模型和向量误差修正模型（VECM）方法。

与利用时间序列的方法相比，利用投入产出法研究能源价格与通货膨胀之间的关系不需要较长的历史数据，只要一张详细的投入产出表，数据比较容易获得；其次利用时间序列方法需要各研究变量是协整的，这个条件不是任意变量组都能满足的；最后利用本节的投入产出表法可以考虑不同情景下能源价格与通货膨胀率之间的关系，模拟不同情景下通货膨胀率的变化轨迹，这是用时间序列方法以及 CGE 模型不容易实现的。

表 5-4 是根据我国 1997 年投入产出表通过行业合并与分拆后得到的直接消耗系数矩阵，下面使用迭代方法而不是 Leontief 的逆方法来计算当能源价格上涨时一般价格水平的变化情况。使用迭代方法有两个主要原因：一方面，在当我们允许对工资、利润等增加值因素进行调整时，可能会导致投入产出表不再是正定的，因此单位矩阵减投入产出表可能不可逆；另一方面，在考虑多次累积连锁反应时要反复计算逆矩阵，运算量比这种在投入产出表上直接迭代要繁琐得多（Berument and Tasc 2002）。本节中间部门的投入、工资和其他收入因素都是按名义价格计算的。表的最后一列是每个部门总的最终消费，最后一行代表各部门的总产出。计算总产出中各部门所有投入所占的份额。

第一次迭代，考虑能源价格上涨，如原油价格上涨 20%。这意味着各产品中原油投入部分的成本上涨 20%，反映在表上即石油开采部门对各产品部门投入这一行的所有数都乘以 1.2，可观察到各部门投入成本和总体价格水平的上涨幅度，各部门成本增长最大的是石油加工部门，达 10.6%。第二次迭代时假设每个部门都通过提高其投入价格来调整由于油价上涨所导致的投入成本上涨的压力。反映在表上即将第一次迭代后最后一行的数字分别乘以对应的各行数字。第二次迭代后总消费价格水平上涨 0.87%。第三次迭代时所有部门都受到了油价的影响。这可以在投入产出表的最后一行看到，三次迭代后总消费价格水平上涨了 1.1%，如此反复共迭代十次。除上述考虑的各部门每次都将自己成本变化的部分全部转嫁出去这种情景外，依据中国投入产出表增加值部分的构成（劳动者报酬、生产税净额、营业盈余＋固定资产，即利润），以及企业、社会和政府对原材料价格上涨可能的反应，还可考虑其他情形，如表 5-5 给出另外四种可能的情景。它们分别反映：油价上涨，代之以向外全部转嫁，各部门通过减少利润来吸收成本上涨的压力；成本上涨的压力部分转嫁出去部分以利润吸收；各部门在将自己成本上涨的压力全部转嫁出去的同时，劳动工资也按前一次总消费价格水

表 5-4　直接消耗系数矩阵

投入＼产出	石油开采	煤炭采选	天然气开采	石油加工	化工	农业	交通运输	建筑	其他工业	非物质生产部门	总消费
石油开采	0.004	0	0.005	0.503	0.011	4.00E-04	0.000 5	0	0.001 4	4.00E-05	0.000 9
煤炭采选	0.006	0.028	0.001	0.04	0.015	9.00E-04	0.003 8	0.000 6	0.016 3	0.003 7	0.010 7
天然气开采	2.00E-05	2.00E-05	0.028	7.00E-04	0.003	0	2.00E-06	0	0.000 2	3.00E-05	0.000 2
石油加工	0.019	0.014	0.042	0.04	0.018	0.008	0.079 3	0.028 5	0.012 7	0.012 3	0.016 7
化工	0.028	0.034	0.057	0.021	0.365	0.074	0.015 4	0.020 9	0.055 6	0.037 2	0.072 8
农业	9.00E-07	0.011	2.00E-06	9.00E-06	0.046	0.161	0.001 6	0.004 1	0.084 7	0.020 9	0.067 1
交通运输	0.011	0.028	0.013	0.027	0.023	0.012	0.044 4	0.036 7	0.024 4	0.043 3	0.027 8
建筑	0.002	0.002	0.002	0.001	9.00E-04	0.002	0.019 4	0.000 6	0.00 1	0.020 2	0.005 1
其他工业	0.145	0.299	0.27	0.089	0.181	0.103	0.202 8	0.536 5	0.439 5	0.209 4	0.337
非物质生产部门	0.034	0.071	0.038	0.057	0.067	0.041	0.074 3	0.084 6	0.069 1	0.160 8	0.082 8
劳动者报酬	0.138	0.35	0.173	0.047	0.101	0.526	0.219	0.198 9	0.122 9	0.266 1	0.207 9
折旧与盈余	0.545	0.143	0.295	0.081	0.106	0.054	0.293 7	0.023 4	0.124 7	0.154 1	0.119 7
税收	0.069	0.021	0.076	0.093	0.062	0.018	0.045 8	0.065 1	0.047 5	0.072	0.051 3
总投入	1	1	1	1	1	1	1	1	1	1	1

平上涨的幅度调整以及国家为稳定经济发展根据油价波动后各部门成本上涨的幅度适当降低各部门的税收。表 5-5 所述情景经十次迭代后各部门价格水平如表 5-6 所示。

表 5-5　情景设定描述

情景	特征描述
情景 1	以涨价的形式将成本上涨的压力全部向外转嫁
情景 2	以压缩利润空间的方式吸收成本上涨的压力
情景 3	同时运用涨价和压缩利润空间的方式消化成本上涨的压力
情景 4	成本上涨的压力全部以涨价的形式转嫁的同时，工资按上次总价格水平上涨幅度调整
情景 5	同时运用涨价、压缩利润空间和减少税收的方式吸收成本上涨的压力

表 5-6　各情景十次迭代后的投入成本

情景	石油开采	煤炭采选	天然气开采	石油加工	化工	农业	交通运输	建筑	其他工业	非物质生产部门	一般价格水平
情景 1	118.6	130.12	136.75	152.66	152.08	121.60	145.16	146.28	140.56	130.97	156.63
情景 2	99.92	99.98	99.94	109.21	100.16	100.00	99.77	99.99	100.00	99.98	100.02
情景 3	100.1	100.28	100.37	102.91	100.57	100.25	100.56	100.61	100.36	100.28	101.62
情景 4	147.5	144.90	159.65	182.86	170.10	129.53	169.73	160.34	156.96	146.61	172.25
情景 5	100.1	100.33	100.47	102.74	100.62	100.27	100.73	100.60	100.40	100.32	101.67

注：情景 2 只迭代一次。

根据上述结果可知情景 2 的结果最好，一次迭代后基本上完全吸收了油价波动所产生的影响，达到了新的平衡，且对一般价格水平没有产生影响。情景 3 和情景 5 的结果也是可以接受的，经过十次迭代后的累积效应：一般价格水平上升了约 1.6 个百分点，各部门的投入成本上涨幅度都较小，只有石油加工部门的涨幅稍高，但也都没有超过 3 个百分点，其余部门的投入成本上涨幅度都没有超过 1 个百分点。情景 1 和情景 4 是我们应尽量避免的，这种毫无限制的原材料和劳动投入成本的转嫁会引起各部门投入成本的大幅上涨，引起奔腾式的价格水平上涨，将对中国经济生产和居民生活造成极为严重的危害。

上述模拟分析一个重要的假设前提是，价格传导机制是完全畅通的。实际情况可能不完全如此，如我国对成品油价格实行政府管理，这就将原油经成品油的传导机制人为掐断了，即使不实行政府管制，市场也不是完全畅通的，如有些产品，需求价格弹性大，一旦涨价，产品需求量将大幅度减少，这就大大限制了企业向外转移成本上涨压力的能力。所以实际中能源价格对一般价格水平的影响要比上述分析小得多。

5.5　能源价格与经济增长

高昂的能源价格，经常和经济恶化联系在一起。图 5-7 展示了国际原油价格走势与第二次世界大战后的 9 次经济萧条之间的关系，其中 8 次经济萧条前曾出现了油价上涨。20 世纪 60 年代的萧条是个例外，在 1970 年发生经济萧条之前油价一直处于较平稳的状态，只出现过较少的几次、且涨幅不大的油价上涨。

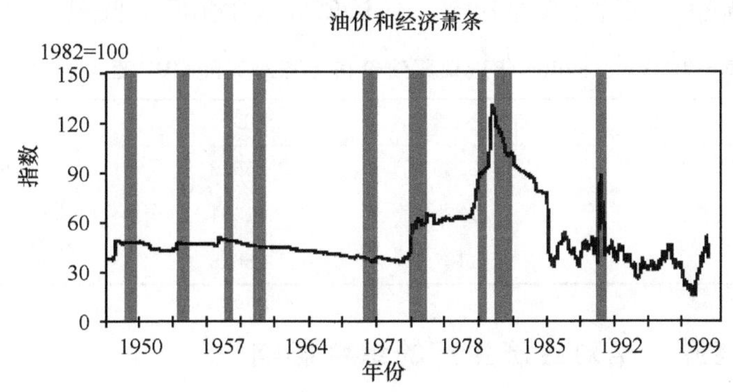

图 5-7　油价和经济萧条

资料来源：Brown S P A，Yücel M. K. Oil and the Economy. http：//www. dallasfed. org/research/indepth/2000/id0005. pdf. 2009-08-23.

5.5.1　能源价格对经济生产的直接影响

虽然除能源价格变化外，还有很多因素影响 GDP 的变化，如过去几年的发展情况，世界经济趋势，制度与结构改革的成效和金融次序等，但是估计油价上涨对我国的直接影响可以让我们清醒地认识我国今后几年面临的宏观经济发展的困难。

除能源价格上涨对经济的直接影响外，其间接影响也是非常重要的，但是估计能源价格上涨对一国经济的间接影响非常困难，目前从世界范围来看，只有一般均衡模型能比较准确地刻画。我们在下一节将建立一个反映我国多部门一般均衡模型，用以模拟国际原油价格变化对我国经济的影响。这里我们利用一个简单的净进口模型（Davis et al.　2005），反映油价高企对一国经济的直接影响，模型如下：

$$\%\Delta GDP = \%\Delta PI \cdot (1-E) \cdot (-NI/GDP) \tag{5-4}$$

其中，%ΔGDP 表示 GDP 变化的百分比，%ΔPI 表示原油进口价格变化程度，NI 表示原油净进口量，E 表示原油进口需求价格弹性（绝对值）。

下面我们利用该模型，估计2003～2005年由于原油进口价格上涨对我国GDP产生的直接影响。其中原油进口价格PI根据同期原油进口外汇支出和原油进口量折算而得，原油进口需求价格弹性采用文献（范英等 2008）中的估计值0.66，估计结果见表5-7。2003年我国进口原油价格平均上涨了19.08%，2005年平均上涨32.34%，虽然2005年较2004年进口原油增幅明显减小，但由于进口原油价格涨幅较大，导致GDP受损从2004年的1.15%增大到1.80%。在我们的估计中没有考虑油价上涨对煤炭等其他能源价格的影响，没有考虑经济对油价变动的自动调整，因此正常情况下，估计值应该比实际值偏大。

表5-7 2003～2005年进口原油价格上涨对实际GDP直接影响

年份	%ΔPI	NI	GDP	%ΔGDP
2003	19.08	8289	65033	−0.68
2004	26.52	11723	71591	−1.15
2005	32.34	11875	78678	−1.80

5.5.2 能源价格对经济生产的综合影响

经济系统中各部门之间具有密切联系，构成一个复杂系统。如果将国际能源价格作为一国经济系统的一个外生变量，该外生变量的变化将对一国经济系统产生一个冲击，这个冲击首先影响与能源密切相关部门的生产，然后通过产业链影响能源产业的下游产品部门的生产，最后对经济系统的各项宏观经济指标产生影响。这种综合影响可以利用第4章介绍的可计算一般均衡（CGE）模型进行分析。CGE模型不仅可以在总量水平上模拟能源价格不同程度的冲击对一国各项经济指标的影响，还可对产业层次进出口、增加值变化和相关部门生产技术进步对一国抵抗能源价格风险的作用进行模拟分析。

5.5.2.1 能源价格冲击影响的CGE模型结构

国际国内利用CGE模型研究能源价格冲击对宏观经济影响的研究很多，比如国务院发展研究中心侯永志，宣晓伟（2003）建立了一个单一部门的CGE模型模拟分析油价波动对我国宏观经济的影响，魏涛远（2002）运用开发的CNAGE模型对国际原油价格不同程度的上涨进行了模拟。本节介绍的CGE模型源自文献（范英等 2008），稍加改动。该模型由价格模块、生产模块、收入与消费模块、贸易模块、投资模块和模型闭合6个子模块组成。

1. 价格模块

价格模块是CGE模型关于各种价格的定义，其中包含了Armington（1969）的“小国假设”。即假设我国经济对于世界经济而言只是很小的一部分，我国国内产品的市场价格不影响国际市场价格，在进出口贸易中只能是国际市场价格的接受者。反映 Armington“小国假设”的方程为

$$P_{\mathrm{m},i} = P_{\mathrm{wm},i} \cdot (1 + t_{\mathrm{m},i}) \cdot E \tag{5-5}$$

$$P_{\mathrm{x},i}(1 - e_i) = P_{\mathrm{wx},i} \cdot E \tag{5-6}$$

式中：

$P_{\mathrm{m},i}$ 为第 i 种进口品的国内价格；

$P_{\mathrm{x},i}$ 为第 i 种出口品的国内价格；

E 为汇率；

$P_{\mathrm{wm},i}$ 为第 i 种进口品的国际价格；

$P_{\mathrm{wx},i}$ 为第 i 种出口品的国际价格；

$t_{\mathrm{m},i}$ 为第 i 种产品进口关税税率；

e_i 为第 i 种产品出口补贴率。

式（5-5）表示进口产品国内价格 $P_{\mathrm{m},i}$ 是由国际市场的进口价格 $P_{\mathrm{wm},i}$ 加进口税（$P_{\mathrm{wm},i} \cdot t_{\mathrm{m},i}$），再通过汇率换算为国内价格。式（5-6）表示出口产品的国内价格 $P_{\mathrm{x},i}$ 由国际市场的出口价格 $P_{\mathrm{wx},i}$ 通过汇率换算后加上出口补贴（$P_{\mathrm{x},i} \cdot e_i$）而成。

复合商品价格表示进口商品价格与国内所提供的商品价格的复合，假设二者满足常替代弹性函数（CES）关系，则复合商品价格 $P_{\mathrm{z},i}$ 由进口品国内价格 $P_{\mathrm{m},i}$ 与国产品且在国内销售的价格 $P_{\mathrm{d},i}$，分别以进口和国产内销量占复合商品总供给的比例加权平均而得；国内产品产出价格表示用于出口的商品价格与用于国内消费的商品价格之间的复合，假设它们满足常转换弹性函数（CET）关系。这表明消费者在进口商品与国内生产的商品所组成的复合商品之间最小化其支出，而生产者则在国内与国外两个市场上最大化其利润。即

$$P_{\mathrm{z},i} = \frac{P_{\mathrm{m},i} \cdot M_i + P_{\mathrm{d},i} \cdot D_i}{Z_i} \tag{5-7}$$

$$P_{\mathrm{q},i} = \frac{P_{\mathrm{x},i} \cdot X_i + P_{\mathrm{d},i} \cdot D_i}{Q_i} \tag{5-8}$$

式中：

$P_{\mathrm{z},i}$ 为第 i 种复合商品价格；

Z_i 为第 i 种复合商品总供给；

M_i 为第 i 种商品进口额；

$P_{\mathrm{d},i}$ 为由国内生产并在国内销售的第 i 种商品价格；

D_i 为由国内生产并在国内销售的第 i 种商品的总需求；

$P_{\mathrm{q},i}$ 为第 i 种商品的国内产出价格；

Q_i 为第 i 种商品总产出；

X_i 为第 i 种商品出口额。

各部门产品增加值价格是指其产品的产出价格扣除间接税后，再扣除其他部门中间投入的复合商品价格，即

$$P_{va,i} = P_{q,i} \cdot (1 - i_{tax,i}) - \sum_j (a_{ji} \cdot P_{z,j}) \tag{5-9}$$

式中：

$P_{va,i}$ 为第 i 部门产品增加值价格；

$i_{tax,i}$ 为第 i 部门的间接税费率；

a_{ji} 为投入产出系数（第 i 部门生产单位产品所需第 j 种商品的数量）。

2. 生产模块

在模型中我们考虑两层嵌套的生产函数关系，模型结构如图 5-8 所示。

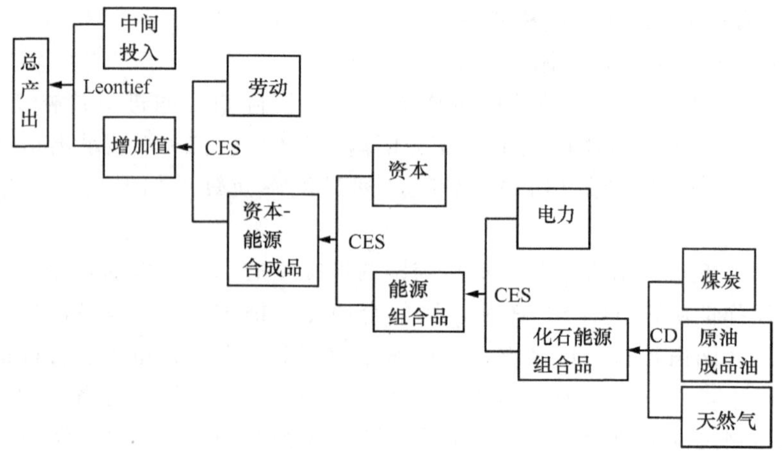

图 5-8　模型的生产结构

化石能源合成品由煤炭、原油、成品油、天然气四种化石能源按 Cobb-Douglas 函数（Cobb and Douglas　1929）形式组合得到，如式（5-10）和（5-11）所示。

$$Fossil_i = A_{Fossil,i} \cdot \prod_{fe} FoF_{fe,i}{}^{\beta_{FoF,fe,i}} \tag{5-10}$$

$$FoF_{fe,i} = \beta_{FoF,fe,i} \cdot \frac{P\_fossil_i}{PQ_{fe}} \cdot Fossil_i \tag{5-11}$$

式中：

$FoF_{fe,i}$ 为第 i 部门对第 fe 种化石能源的需求量；

PQ_{fe} 为第 fe 种化石能源的国内销售价格；

$A_{fossil,i}$ 为第 i 部门化石能源合成品下的转移参数；

$\beta_{FoF,fe,i}$ 为第 i 部门化石能源合成品下第 fe 种化石能源的份额参数。

这里的一个特例是石油加工业的生产函数。参照 MIT-EPPA 模型（Paltsev et al.　2005）的假设，由于原油是石油加工业的重要原材料，因此在该部门的

生产函数中，将原油从化石能源合成品中提出来，放在生产函数的第 1 层，作为一种原材料与其他中间投入品及资本—能源—劳动合成品进行组合。

在能源合成品中，由于电力的生产通常要消耗化石能源，电力与化石能源之间的替代弹性应小于化石能源内部的替代弹性（武亚军等　2002）。因此，能源合成品由电力投入和化石能源合成品投入组合得到，见式（5-12）～（5-14）。

$$Energy_i = A_{Energy,i} \cdot [\alpha_{Fossil,i} \cdot Fossil_i^{\rho_{Energy,i}} + (1-\alpha_{Fossil,i}) \cdot Electric_i^{\rho_{Energy,i}}]^{\frac{1}{\rho_{Energy,i}}} \tag{5-12}$$

$$Fossil_i = (\frac{1}{A_{energy,i}})^{1-\sigma_{energy,i}} \cdot \alpha_{fossil,i}^{\sigma_{energy,i}} \cdot \left(\frac{P\_energy_i}{P\_fossil_i}\right)^{\sigma_{energy,i}} \cdot Energy_i \tag{5-13}$$

$$Electric_i = (\frac{1}{A_{energy,i}})^{1-\sigma_{energy,i}} \cdot (1-\alpha_{fossil,i})^{\sigma_{energy,i}} \cdot \left(\frac{P\_energy_i}{PQ_{electric}}\right)^{\sigma_{energy,i}} \cdot Energy_i \tag{5-14}$$

式中：

$Fossil_i$ 为第 i 部门对化石能源合成品的需求量；

$Electric_i$ 为第 i 部门对电力的需求量；

P_fossil_i 为第 i 部门所用的化石能源合成品的价格；

$PQ_{electric}$ 为电力的国内销售价格；

$A_{Energy,i}$ 为第 i 部门能源合成品下的转移参数；

$\alpha_{Fossil,i}$ 为第 i 部门能源合成品下化石能源合成品的份额参数；

$\rho_{Energy,i}$ 为第 i 部门化石能源合成品与电力之间的替代参数；

$\sigma_{energy,i}$ 为第 i 部门化石能源合成品与电力间的替代弹性系数。

资本-能源合成品由资本投入和能源合成品投入组合得到，见式（5-15）～（5-17）。

$$KE_i = A_{KE,i} \cdot [\alpha_{K,i} \cdot K_i^{\rho_{KE,i}} + (1-\alpha_{K,i}) \cdot Energy_i^{\rho_{KE,i}}]^{\frac{1}{\rho_{KE,i}}} \tag{5-15}$$

$$K_i = \left(\frac{1}{A_{KE,i}}\right)^{1-\sigma_{KE,i}} \cdot \alpha_{K,i}\sigma_{KE,i} \cdot \left(\frac{P\_ke_i}{R_i}\right)^{\sigma_{KE,i}} \cdot KE_i \tag{5-16}$$

$$Energy_i = \left(\frac{1}{A_{KE,i}}\right)^{1-\sigma_{KE,i}} \cdot (1-\alpha_{K,i})^{\sigma_{KE,i}} \cdot \left(\frac{P\_ke_i}{P\_energy_i}\right)^{\sigma_{KE,i}} \cdot KE_i \tag{5-17}$$

式中：

K_i 为第 i 部门对资本的需求量；

$Energy_i$ 为第 i 部门对能源合成品的需求量；

R_i 为第 i 部门的资本回报率；

P_energy_i 为第 i 部门所用的能源总合成品的价格；

$A_{KE,i}$ 为第 i 部门资本-能源合成品下的转移参数；

$\alpha_{K,i}$ 为第 i 部门资本-能源合成品下资本的份额参数；

$\rho_{KE,i}$ 为第 i 部门资本与能源合成品之间的替代参数；

$\sigma_{KE,i}$ 为第 i 部门资本与能源合成品之间的替代弹性系数。

各部门利用资本一能源合成品 KE_i 与劳动要素 L_i 按照常替代函数（CES）关系进行生产，产品为各部门的增加值 V_i，即

$$V_i = A_i[g_i KE_i^{(\sigma_i-1)/\sigma_i} + h_i L_i^{(\sigma_i-1)/\sigma_i}]^{\sigma_i/(\sigma_i-1)} \tag{5-18}$$

式中：

V_i 为第 i 种产品的增加值产出；

KE_i 为第 i 部门资本一能源合成品需求（投入）量；

L_i 为第 i 部门劳动要素需求（投入）量；

A_i 为第 i 部门生产技术参数；

g_i 为第 i 部门资本一能源合成品需求的份额参数；

h_i 为第 i 部门劳动需求的份额参数；

σ_i 为第 i 种产品劳动与资本一能源合成品之间的替代弹性参数。

$$KE_i = A_i^{\sigma_i-1} g_i^{\sigma_i} \cdot \left(\frac{P_{\mathrm{va},i}}{P_{KE,i}}\right)^{\sigma_i} \cdot V_i \tag{5-19}$$

$$L_i = A_i^{\sigma_i-1} h_i^{\sigma_i} \cdot \left(\frac{P_{\mathrm{va},i}}{W_i}\right)^{\sigma_i} \cdot V_i \tag{5-20}$$

式中：

$P_{KE,i}$ 为第 i 部门资本一能源合成品价格；

W_i 为第 i 部门工资率。

各部门资本—能源合成品价格与工资率是在社会平均资本一能源合成品回报率和社会平均相对工资率的基础上通过各部门资本回报率与工资扭曲系数调整所得，即

$$P_{KE,i} = k_{\mathrm{dist},i} \cdot R \tag{5-21}$$

$$W_i = l_{\mathrm{dist},i} \cdot W \tag{5-22}$$

式中：

R 为社会平均资本一能源合成品价格回报率；

W 为社会平均相对工资率；

$k_{\mathrm{dist},i}$ 为第 i 部门资本一能源合成品价格回报率扭曲系数；

$l_{\mathrm{dist},i}$ 为第 i 部门工资扭曲系数。

各部门利用自己的增加值和其他部门对它的中间投入按照 Leontief 函数生产出自己的总产出，即

$$Q_i = \sum_j (a_{ji} \cdot Q_i) + V_i \tag{5-23}$$

$$V_{d,i} = \sum_j (a_{ji} \cdot Q_i) \tag{5-24}$$

式中：$V_{d,i}$ 为生产部门对第 i 种商品的中间需求量。

3. 收入与消费模块

表示居民（农村与城镇）、政府、企业的收入及他们对商品和劳务的需求。居民收入来自劳动的要素收入、资本收入、政府、企业和世界其他地区的转移支付，即

$$Y_h = l_h \sum_i W_i \cdot L_i + k_h \cdot k_H \sum_i P_{k,i} \cdot K_i + e_h \cdot T_{E,H} + g_h \cdot T_{G,H} + w_h \cdot T_{W,H} \tag{5-25}$$

式中：

Y_h 为第 h 类居民总收入；

$T_{E,H}$ 为企业对居民的转移支付；

$T_{G,H}$ 为政府对居民的转移支付；

$T_{W,H}$ 为世界其他地区对居民的转移支付；

l_h 为第 h 类居民在劳动报酬上的分配参数；

k_h 为第 h 类居民在资本报酬上的分配参数；

k_{H} 为资本收入对居民的分配系数；

e_h 为第 h 类居民在企业对居民的转移支付上的分配参数；

g_h 为第 h 类居民在政府对居民的转移支付上的分配参数；

w_h 为第 h 类居民在世界其他地区对居民的转移支付上的分配参数。

$$T_{E,H} = e_H \cdot k_E \cdot \sum_i P_{k,i} \cdot K_i \tag{5-26}$$

$$T_{G,H} = g_H \cdot G \tag{5-27}$$

$$T_{W,H} = \delta_h \left(\sum_i P_{\mathrm{wx},i} \cdot X_i - \sum_i P_{\mathrm{wm},i} \cdot M_i \right) \tag{5-28}$$

式中：

G 为政府总收入；

k_{E} 为资本收入对企业的分配系数；

e_{H} 为企业对居民的转移支付参数；

g_{H} 为政府对居民的转移支付；

δ_h 为世界其他地区对居民的转移支付参数。

居民总收入扣除个人所得税后为居民可支配收入，即

$$Y_{\mathrm{d},h} = Y_h - H_{\mathrm{tax},h} \tag{5-29}$$

$$H_{\mathrm{tax},h} = h_{\mathrm{tax},h} \cdot Y_h \tag{5-30}$$

式中：

$Y_{\mathrm{d},h}$ 为第 h 类居民可支配收入；

$H_{\mathrm{tax},h}$ 为第 h 类居民向政府交纳的税费；

$h_{\mathrm{tax},h}$ 为第 h 类居民向政府交纳的税费率。

居民储蓄为居民可支配收入乘以边际储蓄倾向，即

$$H_{\text{sav}} = \sum_{h} S_h \cdot Y_{\text{d},h} \tag{5-31}$$

式中：

H_{sav} 为居民总储蓄；

S_h 为第 h 类居民储蓄率。

居民对各种商品的消费函数用扩展线性支出系统（extended linear expenditure system，ELES）来刻画，即

$$C_{ih} = \frac{c_{ih} \cdot (1 - S_h) \cdot Y_{\text{d},h}}{P_{\text{z},i}} \tag{5-32}$$

$$C_{\text{d},i} = \sum_{h} C_{ih} \tag{5-33}$$

式中：

C_{ih} 为第 h 类居民对第 i 种商品的消费；

c_{ih} 为第 h 类居民对第 i 种商品的消费份额参数；

$C_{\text{d},i}$ 为两类居民对第 i 种商品的总消费需求。

企业的资本收入加上政府对企业的转移支付扣除企业向政府交纳的税费和企业对居民的转移支付，剩余部分构成企业的储蓄，即

$$E_{\text{sav}} = k_E \cdot \sum_{i} P_{\text{k},i} \cdot K_i + G_E - E_{\text{tax}} - T_{E,H} \tag{5-34}$$

式中：

E_{sav} 为企业储蓄；

G_{E} 为政府对企业的转移支付；

E_{tax} 为企业向政府交纳的税费（直接税）。

$$G_E = g_E \cdot G \tag{5-35}$$

$$E_{\text{tax}} = e_{\text{tax}} \cdot k_E \cdot \sum_{i} P_{k,i} \cdot K_i \tag{5-36}$$

式中：

g_{E} 为政府对企业的转移支付率；

e_{tax} 为企业向政府交纳的税费率。

政府收入来自企业的直接税与间接税、居民收入所得税、关税和世界其他地区对政府的转移支付。即

$$G = A_{\text{G}} + I_{\text{tax}} + \sum_{k} H_{\text{tax},k} + E_{\text{tax}} + W_{\text{G}} \tag{5-37}$$

式中：

A_{G} 为政府的关税收入；

I_{tax} 为政府的生产间接税费收入；

W_{G} 为世界其他地区对政府的转移支付。

$$A_{\text{G}} = \sum_{i} (t_{m,i} \cdot P_{\text{wm},i} \cdot M_i \cdot E) \tag{5-38}$$

$$I_{\text{tax}} = \sum_i (i_{\text{tax},i} \cdot P_{q,i} \cdot Q_i) \tag{5-39}$$

$$W_{\text{G}} = \delta_g (\sum_i P_{\text{wx},i} \cdot X_i - \sum_i P_{\text{wm},i} \cdot M_i) \tag{5-40}$$

式中：

δ_g 为世界其他地区对政府的转移支付参数。

政府收入扣除政府对企业、居民的转移支付、对出口的补贴和政府对商品的消费支出后剩余部分为政府储蓄，即

$$G_{\text{sav}} = G - G_E - T_{G,H} - E_{\text{sub}} - G_{\text{total}} \tag{5-41}$$

式中：

G_{sav} 为政府总储蓄；

E_{sub} 为政府对出口的补贴；

G_{total} 为政府对各种商品的消费支出总和。

$$E_{\text{sub}} = \sum_i e_i \cdot P_{x,i} \cdot X_i \tag{5-42}$$

$$G_{\text{total}} = G_{\text{c}} \cdot G \tag{5-43}$$

$$P_{z,i} \cdot G_i = G_{c,i} \cdot G_{\text{total}} \tag{5-44}$$

式中：

G_i 为政府对第 i 种商品的消费支出；

G_{c} 为政府消费支出占政府总收入的份额参数；

$G_{\text{c},i}$ 为政府对第 i 种商品消费的份额参数。

居民储蓄、政府储蓄、企业储蓄和国外净储蓄四部分构成社会总储蓄，即

$$T_{\text{sav}} = H_{\text{sav}} + G_{\text{sav}} + E_{\text{sav}} + F_{\text{sav}} \tag{5-45}$$

价格指数用 GDP 的平减指数定义，即由名义 GDP 除以实际 GDP 获得，即

$$\text{GDP} = \sum_i (P_{k,i} \cdot K_i + W_i \cdot L_i) + A_G + I_{\text{tax}} - E_{\text{sub}} \tag{5-46}$$

$$G_{r\text{GDP}} = \sum_i (C_{d,i} + G_i + X_{v,i}) + \sum_i (1 - e_i) \cdot X_i - \sum_i (1 - t_{m,i}) \cdot M_i \tag{5-47}$$

$$P_{\text{index}} = \frac{\text{GDP}}{G_{\text{rGDP}}} \tag{5-48}$$

式中：

GDP 为名义国内总产值；

G_{rGDP} 为实际国内总产值；

P_{index} 为 GDP 平减指数。

4. 贸易模块

根据 Armington 假设国内消费者将选择一组进口品与国产品按照常替代弹性（CES）函数所组成的复合商品，生产者选择一组出口品与国产品按照常转换弹性（CET）函数所组成的复合商品。进口需求函数通过对 CES 形式的成本函数

最小化推导而来，出口供给函数通过对 CET 形式的收入最大化推导而来。式（5-49）和式（5-50）反映了上面描述的进口贸易关系。

$$Z_i = \Psi_i \cdot [\mu_i \cdot M_i^{\xi_i} + (1-\mu_i) \cdot D_i^{\xi_i}]^{\frac{1}{\xi_i}} \tag{5-49}$$

$$M_i = (\frac{\mu_i}{1-\mu_i})^{\phi_i} \cdot (\frac{P_{d,i}}{P_{m,i}})^{\phi_i} \cdot D_i \tag{5-50}$$

式中：

Ψ_i 为进口需求函数中的复合商品转移参数；

μ_i 为进口需求函数中复合商品的进口份额参数；

$\xi_i = \dfrac{\phi_i - 1}{\phi_i}$ 为进口与国内生产之间的价格替代弹性参数。

式（5-51）和式（5-52）反映了出口贸易关系：

$$Q_i = \phi_i \cdot [\nu_i \cdot X_i^{\varphi_i} + (1-\nu_i) \cdot D_i^{\varphi_i}]^{\frac{1}{\varphi_i}} \tag{5-51}$$

$$X_i = \left(\frac{1-\nu_i}{\nu_i}\right)^{\eta_i} \cdot \left(\frac{P_{\mathrm{x},i}}{P_{\mathrm{d},i}}\right)^{\eta_i} \cdot D_i \tag{5-52}$$

式中：

ϕ_i 为出口供给函数中的复合商品转移参数；

ν_i 为出口供给函数中复合商品的出口份额参数；

$\varphi_i = \dfrac{\eta_i - 1}{\eta_i}$ ——出口与国内消费之间的价格替代弹性参数。

5. 投资模块

总投资等于总储蓄，各部门投资假设为总投资的一个固定比例，即

$$X_{\mathrm{v},i} = \lambda_i \cdot \frac{H_{\mathrm{sav}} + G_{\mathrm{sav}} + E_{\mathrm{sav}} + E \cdot F_{\mathrm{sav}}}{P_{\mathrm{z},i}} \tag{5-53}$$

式中：

$X_{\mathrm{v},i}$ 为第 i 部门的总投资；

F_{sav} 为国外总储蓄；

λ_i 为各部门投资需求份额参数。

6. 模型闭合模块

模型闭合模块包含四个市场均衡：商品市场、要素市场、资本市场和外汇市场。

商品市场均衡指各部门的复合商品总供给等于各部门的国内总需求。各部门国内总供给来自国内厂家的生产和进口的复合。国内总需求分为四块：作为各部门对该部门产品的中间投入需求、政府和居民的最终消费及投资。即

$$Z_i = V_i + C_{\mathrm{d},i} + G_i + X_{\mathrm{v},i} \tag{5-54}$$

要素市场均衡意味着各部门对劳动和资本两种要素的总需求等于这两种要素

的总供给。本模型假设要素市场在外来冲击下可以通过要素的相对价格进行充分的调整。比如劳动力市场，劳动总供给外生给定，各部门相对工资内生决定，劳动供给在部门间的配置由相对工资率决定。即

$$\sum L_i = L_s \tag{5-55}$$

$$\sum K_i = K_s \tag{5-56}$$

式中：

L_s 为劳动的总供给量；

K_s 为资本的总供给量。

资本市场均衡指总储蓄等于总投资，即

$$I = T_{sav} \tag{5-57}$$

式中：

I 为总投资。

外汇市场均衡意味着外汇总收支平衡。外汇支出由各部门进口支出和资本收入对世界其他地区的转移两部分构成，外汇收入由各部门出口收入、世界其他地区对居民、政府的转移支付和国外净储蓄三部分构成。即

$$\sum_i P_{wm,i} \cdot M_i + k_W \cdot \sum_i P_{k,i} \cdot K_i = \sum_i P_{wx,i} \cdot X_i + T_{W,H} + W_G + F_{sav} \tag{5-58}$$

在瓦尔拉斯的一般均衡中，如果存在 n 种市场，当 $n-1$ 种市场达到均衡时，最后的第 n 种市场也会达到平衡。故在表达 n 种市场一般均衡的方程组中，只有 $n-1$ 个方程是独立的，只能求解出 $n-1$ 个独立的内生变量（即求解出的是 n 种商品的相对价格）。因此，在CGE模型的方程组中，需要去掉一个方程（通常是去掉总投资等于总储蓄的方程）。

根据上述对模型的描述，可画出如下各部门的商品流向图5-9。

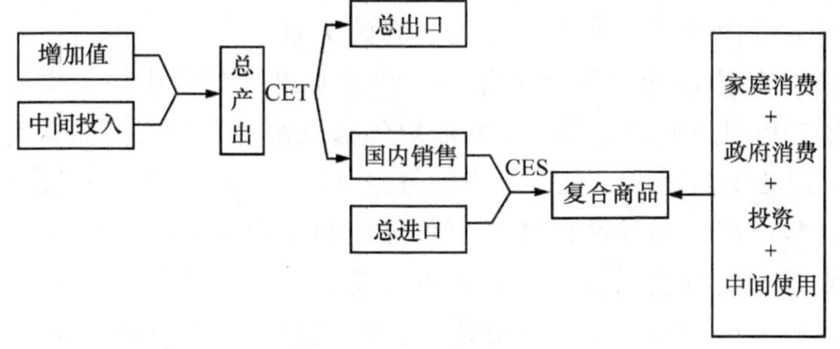

图5-9 CGE模型的商品流向

7. 福利模块

为考虑国际原油价格上涨对两类居民福利的影响，可以采用希克斯等价变动

(Hicksian equivalent variation)来测算油价变化前后居民福利的变化。希克斯等价变动是以实施某项政策前的各种商品价格为基础，以支出函数测算该项政策实施前后的效用变化（Varian 1992）。在本模型中就是以国际原油价格变化前各部门商品价格为基础，以支出函数测算油价变化前后居民福利的变化情况。即

$$E_{v,h}=E[U^{s}(h),P_{z}^{b}]-E[U^{b}(h),P_{z}^{b}]=\sum_{i}P_{z,i}^{b}\cdot C_{ih}^{s}-\sum_{i}P_{z,i}{}^{b}\cdot C_{ih}^{b} \tag{5-59}$$

式中：

$E_{v,h}$ 为第 h 类居民的福利变动；

C_{ih}^{b} 为油价变动前第 h 类居民对第 i 种商品的消费；

C_{ih}^{s} 为油价变动后第 h 类居民对第 i 种商品的消费。

5.5.2.2 模型数据与参数确定

1. SAM 表

CGE 模型的数据基础是社会核算矩阵（social accounting matrix，SAM）。运用 SAM 表中资金流概念，可以清楚地呈现模型中各变量数值的来源与去向，以便于了解在一般均衡理论下，所有市场同时达到均衡的互动连带关系，并借此分析经济体系中所有的交易行为，以及各部门之间的关联程度。

社会核算矩阵是以矩阵形式反映的国民核算体系（system of national accounts，SNA），是一定时期内（通常为一年）对一国（或一个地区）经济的全面描述。它是投入产出表和国民收入账户的一个综合（Robison et al. 1999）。投入产出表描述了国民经济各部门生产的投入来源和使用去向，揭示了各部门间经济技术的相互依存、相互制约的数量关系，侧重于对生产活动的刻画。国民收入账户描述各部门（政府、居民、企业、世界其他地区）的收入来源和支出，侧重于对经济中收入分配的刻画。SAM 表把两者结合起来整合到一张表上，全面反映整个经济系统内部生产和收入分配之间的关系。

SAM 的基本结构包括以下六个部分：活动账户、商品账户、要素账户、机构账户、资本账户和国外账户。其中要素账户包括原始要素投入，如本模型有两种基本投入要素，即劳动与资本；机构账户一般包括居民、企业和政府三个部分。

（1）活动账户用于描述经济体系中各部门的生产活动，以及各部门生产活动之间的相互联系。横行表示各部门总产出以及总产出的流向，其流向可分解为两个部分，一部分用于出口，另一部分用于国内销售，纵行反映各部门为进行生产活动所需要的投入构成，包括中间投入、劳动报酬、营业盈余、生产的间接税费和资本折旧。

活动账户中的每种商品都满足“总产出” = “总投入”。

（2）商品账户描述国内市场商品的供需状况。横行表示组成国内市场商品总

需求的各个部分：中间投入需求和最终消费需求，最终消费需求由居民消费、政府消费和投资品形成；纵行表示国内市场商品总供给的构成，一部分为国内自己生产且用于国内消费的商品，另一部分为进口商品。

商品账户中的每种商品都满足“总需求”＝“总供给”。

(3) 要素账户描述生产要素的收支状况。要素部分横行表示要素的各项收入，纵行表示要素的各项支出。也可将横行理解为要素的需求，纵行理解为要素的供给。

要素账户中的每种要素都满足“总需求”＝“总供给”。

(4) 机构账户描述居民、企业和政府的收支状况。机构账户横行表示机构各项收入，纵行为各项支出。比如居民账户收入主要来源为劳动收入、资本收入及各项转移支付，支出主要是对商品的消费支出和应交的各项税费，收入与支出之差为居民储蓄。

机构账户中的每个机构都满足“总收入”＝“总支出”。

(5) 资本账户描述社会总投资的形成与去向。横行表示总投资的形成，主要由居民、企业、政府及国外储蓄构成，纵行表示总投资去向，主要是对国内商品的需求。

资本账户满足“社会总投资”＝“社会总储蓄”。

(6) 国外账户描述外汇市场的均衡状况。横行表示世界其他地区各项收入的来源，纵行表示其各项支出，收入与支出之间的差值为世界其他地区在我国的储蓄。

武亚军，宣晓伟（2002）给出了一个可以作为上述模型数据基础的 SAM 表(总控制表)，在这个总控制表的基础上进一步详细区分不同的生产部门和居民类型，就可以得到分解的 SAM 表。分解的 SAM 表包括了除外生参数外的所有数据。其中 SAM 表中的中间需求、居民消费、投资及劳动与资本（要素）收益等数据可以直接从投入产出表中获取。其余数据均可通过一些正规出版的渠道，如历年《中国统计年鉴》、《中国金融年鉴》等，通过简单计算获取。

2. 参数估计

模型的参数分两类，一类参数的值可以利用社会核算矩阵，通过校准的方法求得，另一类参数的值需要外生给定。

(1) 参数的校准。所谓模型参数的校准是指利用已经构造好的社会核算矩阵中的数值，代入模型方程，求得方程中未知参数的数值，使 CGE 模型确实反映 SAM 表所代表的基准年的实际经济运行状况。上述所建立的 CGE 模型参数中，投入产出系数、劳动和资本要素的份额、各种税率、各种消费比例、投资比例等参数可通过校准的方式求得。如生产模块中的劳动与资本—能源合成品份额参数、生产规模参数，可利用式（5-18）～（5-20）通过运算求得

$$h_i = 1/[1 + (KE_{i0}/L_{i0})^{\frac{1}{\sigma_i}}],\ g_i = 1/[1 + (L_{i0}/KE_{i0})^{\frac{1}{\sigma_i}}] \tag{5-60}$$

$$A_i = VA_{i0} / \left[g_i KE_{i0}^{\frac{(\sigma_i - 1)}{\sigma_i}} + h_i L_{i0}^{\frac{(\sigma_i - 1)}{\sigma_i}}\right]^{\frac{\sigma_i}{(\sigma_i - 1)}} \tag{5-61}$$

式中：

KE_{i0} 为基年（1997 年）第 i 部门资本一能源合成品投入量；

L_{i0} 为基年（1997 年）第 i 部门劳动投入量；

V_{i0} 为基年（1997 年）第 i 种商品的增加值；

σ_i 为第 i 部门劳动与资本一能源合成品的替代弹性（外生给定）。

由于在一般均衡条件下，求解而得的商品和要素的价格只是相对价格，所以在基年可以调整商品和要素的单位，将所有商品和要素的价格都假定为 1，这样就可以利用 SAM 表中基年相应的数据求解上述三个参数了。完全类似地，利用 SAM 表中的数据可以求得贸易模块的有关参数 Ψ_i、μ_i、Φ_i、υ_i 等。

其余参数可以利用基年数据和相应的方程直接求出，如 k_E＝基年企业的资本收入/社会总的资本收入，e_H＝基年企业对居民的转移支付/基年企业的资本收入。

（2）外生参数。在外生给定的参数中最重要的是各种弹性参数。虽然有不少模型给出了弹性估计的各种方法，但这些模型并没有给出一个统一的，甚至是大致相似的范围。且由于数据的缺乏，大多数 CGE 模型中弹性的取值是主观估计的，即在参考以前各种模型所作估计的基础上，结合当前模型的结构特点和实际经验加以调整。这也是 CGE 模型在实际应用中受诟病的一个主要原因。

5.5.2.3 模型求解

CGE 模型中因为含有大量非线性联立方程式，使得模型的求解过程变得比较复杂，有一定难度。国际上主要利用 GAMS 软件，其中的一些解法器（solver）适用于解 CGE 模型，如 MINOS，是对 CGE 模型进行非线性规划法的求解运算。利用校准后的参数值和给定的外生参数值，对模型求解，求得的均衡解与基年实际数据相吻合，则表明模型中方程式的设定确实可以反映当年经济的实际运行状况。此时，便可以利用建立的 CGE 模型进行各种相关的外生冲击和政策效应的模拟分析，以观察外生冲击和政策变动对整个经济体系及各产业部门所产生的影响。

在对基准情景下的模型求解后，给模型一个外生冲击，如国际原油价格发生不同程度的上涨，比较该冲击下我国各项经济指标与基准情景下的相关指标值，判断国际油价冲击产生的影响大小，还可以利用模型对产业层次进出口、增加值变化和相关部门生产技术进步对我国抵抗油价风险的作用进行模拟分析，具体模拟分析可参阅文献（范英，焦建玲　2008）。

5.5.3 能源价格对相关部门生产影响

能源波动除影响本行业的利润走向外，还对其他相关行业产生重要影响，其影响大小受各工业行业的主要原材料在产业链上距能源的远近、相互间的关联性等因素制约，影响程度上存在差异。相较其他几种能源品种而言，石油价格波动相对剧烈频繁，所以下面主要分析石油价格波动对相关部门的影响。受油价影响的行业，主要集中在石油、炼化类中，其中大致可分为上游原油开采企业、中游炼油企业和石化企业，在石油的下游产业中，农业、交通运输和汽车行业也会受到一定程度的波及。

1. 石油开采行业

石油开采行业是国际油价上涨最直接的受益者，因为1998年后我国原油价格与国际原油价格接轨，国际国内价格实现了联动。因此当国际油价上涨时，油价上涨使石油开采类企业在生产经营过程中处于较为主动的地位，行业盈利能力及资金收益达到历史最高水平。2005年1～6月，中国石油开采业共实现利润1327.4亿元，同比增长高达73.7%，占全部工业利润总额的21.2%，新增利润563.2亿元，占全部工业新增利润的56.1%。2006年上半年，我国石油和天然气开采行业实现销售收入3316亿元，同比增长40.9%，实现利润总额1981亿元，同比增长48.8%（黄美龙 2006）。

但我国目前内陆多数油田已进入开发中后期，产量下降、成本增加、油田产量递减和生产成本上升是很难逆转的趋势，随着国际原油价格逐渐回落，石油开采行业中长期存在一定的风险。

2. 炼油行业

原油成本通常占炼油企业主营业务成本的80%以上，该行业消耗了原油消费总量的72%左右，原油价格上涨，将直接增加炼油企业的成本；而且根据目前我国石油定价机制以及第7章的实证研究结果，成品油价格涨幅滞后并小于原油价格涨幅，因此石油加工及炼焦业的利润空间应该明显缩小，近几年原油价格大幅上涨，我国炼油行业总体处于亏损状态。

但是，我国石油行业主要由少数几家企业垄断经营，他们大都是上下游一体化经营企业，企业内部上下游之间结算价格通常低于市场原油价格。另外近几年政府根据国际成品油价格上涨幅度对国内成品油价格进行过几次上调，因此，炼油企业利润虽然受到一些影响，但作为上下游一体的石油企业利润却处于历史高位。这也是为什么2005年政府专门拿出100亿元对中石化因炼油企业亏损进行补贴引起非议的原因所在。对于那些单纯经营炼油业务而并非上下游一体化的公司，影响非常严重，因为对他们来说，在当前国内市场上不仅面临原油高成本压力，而且还存在没油可炼的风险。

3. 石油化工行业

虽然国际原油价格上涨对石化行业成本影响较大，但由于石化产品，石化行业产品的特性决定了石化行业主要受经济形势的影响，而不是国际原油价格的影响。正如这几年国际原油价格大幅波动和上涨，由于世界经济形势良好，对石化产品需求旺盛，使得石化产品很容易将原油价格上涨的成本压力较为“通畅”地转嫁至石化产品价格，事实也说明近几年石化类产品价格一直处于高位。例如，聚乙烯2006年平均价格与上年相比上涨5.25%，聚丙烯平均价格与上年相比上涨11.25%，聚氯乙烯平均价格与上年相比下降8.09%，聚酯切片平均价格与上年相比上涨1.80%，天然橡胶平均价格与上年相比上涨48.28%，顺丁橡胶平均价格与上年相比上涨12.20%，乙醇平均价格与上年相比上涨4.18%。化学纤维制造业、橡胶制品业和塑料制品业2006年前11个月利润总额分别为63.69亿元、95.67亿元和234.99亿元，比上年同期分别增长44.78%、4.69%和32.34%（中国电力企业联合会　2007）。

4. 农业

石油价格的上涨给农业带来较大的负面影响，加重了农业生产和农民生活负担。石油价格上涨导致农用生产资料，如化肥、农药、塑料薄膜等涨价，增加灌溉、耕田、运输等农机具用油的成本。尽管政府为减轻油价上涨对农业的影响，采取了一系列措施控制农资涨价，延缓或小幅调高柴油价格，但这些行政手段执行、监督都比较困难，实施效果不是很好，将来政府应更多地借助经济手段进行调控，世界不少国家政府通过对农用柴油实行减税或补贴的方式，降低农机作业成本，减轻农民使用农业机械的负担。

5. 交通运输业

交通运输业是耗能大户，其能源消费量仅次于工业。油价上涨对航空、铁路、公路、水路运输影响程度不一，影响最大的是公路，航空其次，铁路和水路影响较小。

航空燃料油消费占我国民航运营总成本的20%左右，是民航运输成本中最大的一块。航油的涨价明显加大民航运输成本，而目前各航空公司竞争异常激烈，机票竞相打折，航油价格上升的成本难以转嫁出去。

公路运输因为进入门槛低，竞争最为激烈，成本上涨的压力难以转嫁，因此公路运输大多以超载、利润吸收方式化解，油价冲击最为严重。城市公交和出租车行业的票价由政府确定，因此大部分影响自行消化，所以受油价冲击的影响也很大。

油价上涨直接造成铁路和水路运输利润下滑，但由于铁路和水路运输具有规模效益，进入门槛较公路运输高，竞争没有公路和航空运输激烈，这两方面因素使得铁路和水路运输受油价冲击比公路和航空业要小。

虽然交通运输业受到油价上涨的冲击较大，但是机场、港口和高速公路子行业，带有政府垄断色彩，具有资源垄断性质，他们短期内受油价的影响较小，另外由于中国目前处于快速增长时期，这些行业能够充分享受需求快速增长带来的产业机会，只有当原油价格持续或永久性上涨，对这类企业的影响才会慢慢体现，但受影响的程度仍然远远小于民航、水运、市内公共交通等子行业。

6. 汽车行业

1）对汽车制造业的影响

能源价格上涨不仅造成汽车制造业本身的成本增加，同时拉动了汽车制造业上游如钢铁、有色冶金、零部件等部门成本上升。由于产能增长远远高于实际需要，导致汽车行业竞争异常激烈，汽车公司竞相降价争夺客户，因此难以将成本上涨压力向消费者转移，利润率大幅下滑，由2003年的9.11％急剧下降到2004年的6.85％和2005年的4％，低于整个制造业4.46％的平均水平。

2）对汽车销售市场的影响

能源价格的持续上涨会加剧市场对未来汽车消费环境恶化的担忧，从而产生抑制消费的负面作用。使用汽车将消耗大量的石油、天然气等，由于目前我国经济稳步快速发展，汽油价格上涨对家用轿车销售不会产生太大的影响，但调查显示，不少即将买车的人士都表示，由于汽油涨价，因此会更加青睐节油型汽车。高油价通过对消费者的购车选择产生影响，进而对汽车制造业产生较大影响，节油型汽车将成为未来汽车市场上的新宠（程军，赵娟　2006）。

能源价格波动对宏观经济以及相关产业的影响是一个非常复杂的问题，上述讨论只是就问题一个角度，一种方法所进行的分析，关于该问题国际国内均存在大量研究，不同时期、不同国家，甚至采用不同的研究方法，最终的研究结果可能差别很大，如Bjrnland（2000）研究发现，油价波动对当时同为石油净出口国的挪威和英国的经济产生了完全相反的影响。一般认为，发达国家由于能源强度较发展中国家小，经济增长对能源的依赖程度相对较低，因此抗能源价格波动风险的能力较发展中国家强。总之，对该问题的研究探讨仍将会是能源经济学的一个重点问题，且对像我国这样的正处于快速发展中的国家而言，意义更加巨大。

5.6　本章小结

能源价格是调节能源资源配置最主要的市场机制，但由于能源的基础性，决定能源价格的因素，除供需外，还存在大量的经济的，社会的，以及政治的，军事的，甚至自然的，一系列错综复杂的因素，尤其是能源金融化发展，能源价格的波动越来越表现出金融时间序列复杂的特征，有时甚至完全脱离供需基本面，这也使得能源价格对能源市场的调节作用大大减弱。

能源价格除了作为能源市场的调节机制外，能源作为一种基本生产要素，能源价格波动通过价格链，极易产生成本推动型通货膨胀，进而对宏观经济各个方面产生影响。本章分别通过投入产出方法，分析能源价格波动对一般价格水平的影响，以及利用可计算一般均衡（CGE）模型分析，能源价格波动对宏观经济各方面影响。

能源价格对通货膨胀以及宏观经济的影响机制非常复杂，不同时期。不同国家，其影响是不一样的，一般来说，发展中国家，经济增长以能源的大量投入的粗放式增长为主，比较容易受到能源价格波动的影响，抗能源价格波动风险的能力相对较弱，而发达国家抵御能源价格波动风险的能力则相对较强。因此，能源价格波动对通货膨胀以及其他宏观经济影响研究，对我国具有重要意义。

因为能源价格对能源市场运作效率及宏观经济两方面的重要作用，所以必须规范能源价格形成机制，使能源价格更加充分地反映能源资源价值，更好地调节能源供需，减少能源价格的不合理波动，避免能源价格频繁剧烈波动对经济增长和居民生活产生的不利影响。

思考题

1. 能源价格波动的主要特征是什么？
2. OPEC 的主要行为特征是什么？你如何看待 OPEC 在国际石油市场中的作用？
3. 能源价格波动是如何传导的？
4. 能源价格大幅下跌可能会造成什么不利影响？
5. 你如何分析能源价格对经济增长的影响？简述你的研究思路。

第6章 能源效率

能源效率与节能是能源经济学的一项重要内容。能源效率问题不仅仅是科学技术问题，还是经济、社会、环境和发展问题，是高度复杂性、综合性和系统性的能源经济问题。我国正处在工业化、城镇化的快速发展进程中，人均能源资源储量相对不足，能源消耗规模巨大、增速较高且不确定性较多，能源开发和利用造成的环境污染和二氧化碳排放问题日益突出。在保持经济快速发展、居民生活质量不断提升的条件下，大幅度改善能源效率、减缓能源需求增速是我国当前和未来能源发展中一个极端重要的努力方向。

本章主要介绍以下内容：能源效率的内涵是什么？在测度能源效率时需要注意什么？能源效率有哪些测度指标？其理论基础或假设条件及适用范围是什么？如何对能源宏观效率进行分解？

6.1 能源效率的内涵

所谓“效率”，通常是指产出量与投入量的比值。世界能源理事会（WEC 2006）认为，能源效率是能源的服务产出量与能源使用量（或投入量）的比值。在实际工作中，有时采用相对效率概念，评价对象之间进行横向比较，或者评价对象自身进行历史比较；有时也采用目标能源消费量与实际能源消费量的比值，该比值越接近于1，则表明效率越大。改善能源效率就是要以尽可能少的能源投入来获得尽可能多的服务产出量。目前各界对能源效率概念的认识基本上是一致的。但是，能源效率的内涵，仍然是值得深入讨论的问题。

能源效率不是一个孤立地度量结果，它与经济、社会、环境、技术等密切相关。有时简单地把“减少能源消耗”或“降低单位产出能耗”作为追求目标，由此可能导致从静态和局部上看，能源消耗减少了，而从长远、全局或系统的角度看，能源效率并未得到实质性改善，还可能造成经济社会其他方面的损失，出现“得不偿失”的局面。由于对能源效率内涵的理解和认识不一致，导致了“回弹效应”、“Jevons悖论”等一系列讨论和争议，有关这方面的论文发表在*Science*等著名期刊上（Cherfas 1991；Madlener and Alcott 2009；Sorrell et al. 2004）。

能源是一种必需的生产资料和生活资料，也是一种战略物资，化石能源还是不可再生的；能源开发和利用可能带来环境污染、生态破坏、气候变化等公共问题。因此，需要从不同层次分别依据成本或利润原则、支出或效用原则、供应保障原则、可持续利用原则等来看待能源效率。能源效率的内涵在于所消耗的能源量对于维持或促进整个经济、社会和环境系统可持续发展的贡献量。在不同的发展阶段，对“贡献量”的理解和度量也会有所不同。

（1）在宏观层面上，能源效率的含义不仅于它的工程技术或热力学方面的效率含义，更在于它的经济、社会和环境系统可持续发展含义。生产者主要从成本或利润视角来看待能源效率，利润是目的、能源效率是手段；消费者主要是从支付能力、用能开支和效用视角看待能源效率，尽管生活习惯、认识水平也相当重要；政府则需要依据能源的各类功能及其相互关系，制定相适应的能源效率政策。能源利用带来了日益严重的全球气候变化问题，这赋予了能源效率更多的含义。

（2）改善能源效率，不仅可以体现在用能设备的改进方面，而且可以体现在其他诸多方面，即便在一些常用的能源效率统计指标中未能体现出来。有些能源活动，尽管多消耗了能源，但为人们提供了更多的有用的服务，也有可能改善了能源效率。例如，对于同样距离的运输，航空运输通常要比水运消耗更多的能源，但并不意味着航空运输不利于改善能源效率，因为航空运输提供了更快捷的服务。交通道路或交通网络的改善，即使汽车燃油经济性不变也可能减少燃油消耗量；使用新型材料降低飞机机身重量，从而减少航空煤油消耗量；居民住房窗户由一层玻璃改为两层隔温玻璃，减少了空调耗电量；物流企业应用信息和通信技术降低汽车、轮船的空载率，减少能源浪费；用低能耗、低成本、轻便的塑料代替部分高能耗的钢材产品；降低产品的废品率，可以减少生产这些废品整个生产生命周期的能源。上述行为，从广义上来讲，都可以视为改善了能源效率，即便在一些常用的能源效率统计指标中未能体现出来。

（3）有些能源活动，尽管直接带来的服务产出量没有变化、消耗的能源量（物理量）也没有变化，但是对于维持或促进可持续发展做出了更多贡献，也可以视为改善了能源效率。改善能源效率的重要原因之一在于能源资源的稀缺性。目前人类所使用的能源大多数是化石能源，储量有限。如果科学技术发展到可以非常轻易地获取太阳能，虽然人类还需要消耗大量能源，但能源效率问题可能就不存在了，至少没那么严重了。因此，如果能以较低的成本大规模开发可再生能源或新能源，用来代替化石能源，而且不对生态环境带来负面影响，也是改善了能源效率，即便在一些常用能源效率统计指标中也未能体现出来。

6.2 能源效率的测度

能源效率指标在能源效率政策制定和评估中扮演着重要角色。当前的或历史的能源效率水平是一个客观存在，但通常不可能用一个指标或数值把能源效率各方面信息完全涵盖。在实践中，为了研究或分析的方便，通常力图采用一个一维指标来刻画能源效率。这个指标尽管不能涵盖所有的能源效率信息，但如果能涵盖大部分信息、不会出现较大的偏误、且能满足通常的应用需要，则是可以接受的。但是，在有的情况下是不可接受的。由于站在不同的视角，采用了不同的测度方法或指标，对能源效率的度量值可能会有所不同，特别是在进行国际或区域比较时。在很多情况下，采用单位产值能耗或单位增加值能耗等指标，只是从统计核算上得到能耗水平结果，所获取的信息量也很有限，并不具有决策支持的功能。采用不恰当的测度指标，还可能会导致不同的用能行为，在 *Science* 等刊物也有较多讨论（Larrick and Soll　2008）。

（1）每种能源效率测度指标都是隐含了一定的假设条件，都有其优缺点和适应范围。简单地从算术定义上看，能源效率的度量就是服务产出量除以投入量。但是，无论是产出量，还是投入量，往往是多维向量，其各项元素是不同质的。有的时候，服务产出还无法用货币度量，例如居民生活。向量是不能直接做除法运算的。如果要进行除法运算，就需要采用一定的处理方法来核算能源的服务产出量和投入量。比较简单且常见的方法是对各元素加权求和，而这个处理过程必然会造成信息损失。例如，有 n 种能源投入，在核算能源投入总量 E 时，通常隐含假设依据热力学第一定律，依据各类能源 i 的含能量作为权重系数 λ_i 进行加总。如果不只是依据热力学第一定律，还依据了热力学第二定律，则权重系数 λ_i 会有所不同，这就是通常的“［火用］分析”。

$$E = \sum_{i=1}^{n} \lambda_i e_i \tag{6-1}$$

不同的应用领域会有不同的核算方法，由此会有不同的能源效率测度指标。每种指标都是基于一定的假设条件，都有其优点，也有其局限性。如果这些假设条件远未满足，则可能对能源效率测度造成较大偏差，形成错误或者有偏误的判断，从而可能造成决策失误。在实践中，具体采用什么方法，还依赖于数据的可获得性。目前常用的能源效率指标有单位 GDP 能耗、单位总产值能耗、单位增加值能耗、单位产品能耗、工序能耗等，这些指标也都基于了一定的假设。

（2）能源的服务产出包括有益成分（+），也可能包括有害成分（－）。从能源效率的内涵来看，服务产出不仅要核算有用量（+），也要核算有害量（－），关键是看对于维持或促进整个经济、社会和环境系统可持续发展的贡献量。理论上讲，可以核算“净服务产出量”。产出或服务的内容很多，而且各部分内容是异质的，它是一个多维向量，即存在产业结构、产品结构或服务结构。在可用货币度量的情况下，通常采用价格作为权重进行加总。在一国或地区的宏观测度中，服务产出一般用国内（地区）生产总值指标；对于一个行业或部门，一般采用总产值或增加值指标；对于一个具体的产品，一般采用产量指标。由于各国的服务产出结构不同，即使总产值或增加值数值相同（暂不考虑货币换算问题）、技术发展水平相同，对能源的消耗量也会大不相同。在很多情况下，由于客观条件的制约，也可能导致服务产出量差别较大。

（3）能源投入是异质的，各类能源还是不完全替代的。从能源投入的角度来看，能源效率的大小或者优劣，还取决于如何度量能源投入量。要提供同样能源服务量，可以有不同的能源投入结构。同样一个单位的能源服务量，如果分别使用煤炭和天然气，消耗的能源量可能也会有所不同（按热当量计算）。在处理水电等可再生能源发电量时，有时采用热当量法作为换算系数，有时采用发电煤耗法。更为重要的是，各类能源是不完全替代的。在市场经济环境下，各类能源的差异在一定程度上可以通过相对价格来体现，优质能源边际产出量较高，因此其单位能量的价格通常要比劣质能源的高；各类能源存在一定的替代弹性，这种替代弹性往往也不是恒定的，随着时间的推移或者技术的进步，替代弹性也会发生变化。在核算能源投入量时，更加科学的方法是不仅要考虑各类能源所蕴涵的“能量”，还要考虑它们的相对价格、成本和不完全替代性。否则，得到的能源投入量数据有时候存在较大偏误，这将影响到有关能源经济系统研究的结论。

（4）各国的资源禀赋、基础条件和发展阶段不同，很难准确地、定量地判断我国的单位 GDP 能耗是发达国家的多少倍。目前，在单位产出能耗的国际比较方面，结论存在较多差异。按照世界银行（World Bank　2009）和国际能源署（IEA　2009）的数据，依据汇率法，2007 年我国的单位 GDP 能耗是美国的 4 倍多；而依据购买力平价法（PPP）则仅比美国高出 70%（采用新调整的购买力平价系数）。现有研究结论的差异有基础数据质量、统计口径、能源及原材料质量、数据可获得性等方面的原因，也有研究方法不尽科学合理的原因。耶鲁大学的 Nordhaus（2007）对 3E 建模中的货币转换问题提出了 Superlative-PPP 法。

6.3　能源效率的测度指标与方法

能源效率的内涵在于所消耗的能源量对于维持或促进整个经济、社会与环境系统可持续发展的贡献量。能源效率通常用能源服务产出量与能源投入量的比值来度量，但是如何确定或核算能源投入量、服务产出量，不同的应用领域会有不同的方法，由此会有不同的能源效率测度指标。当前的或历史的能源效率水平是一个客观存在，但通常不可能用一个指标把能源效率各方面信息完全涵盖（这既有知识水平的原因，也有数据可获得性的原因）。在实践中，为了便于处理问题，通常力图采用一个一维指标来刻画能源效率。这个指标尽管不能涵盖所有的能源效率信息，但如果能涵盖大部分信息、不会出现较大的有偏性（partial），且能满足通常的应用需要，则是可以接受的。但是，在有的情况下，有的指标不能涵盖或反映所需要的信息。因此，有时需要采用不同的测度指标。每种指标都是基于了一定的假设条件（例如，同质性和完全替代性假设），都有其优点，也有其局限性。如果这些假设条件远未满足，则可能对能源效率的认识或测度造成较大偏差，形成错误或者有偏误的判断，从而可能造成决策失误。

这里对目前较常见的能源效率测度指标做了全面的总结和系统剖析，讨论这些指标的理论基础或假设条件、相互关系、优缺点或适应范围，以及在使用时需要注意的方面。这里所要讨论的指标包括：能源宏观效率、能源实物效率、能源物理效率、能源价值效率。

6.3.1　能源宏观效率

在测度一个国家、地区或行业的总体能源效率水平时，目前最常用的是单位GDP能耗（或者单位增加值能耗、单位总产出能耗、单位总产值能耗）这一宏观指标，通常也定义为“能源强度”，这里将其倒数定义为能源宏观效率 e_m（energy macro-efficiency）。单位增加值能耗越低，能源宏观效率就越高。能源产出（或者能源服务）用经济活动产出量表示（例如增加值或总产出），能源投入用各类一次能源消耗量表示（采用热值法或者发电煤耗法）。单位增加值能耗的高低与发展阶段、经济结构、技术水平、能源价格、社会文化、地理位置、气候条件、资源禀赋等多种因素有关。过去二百年来，英美等发达国家在工业化进程中单位GDP能耗出现了一个上升的过程，直到一个峰值后再下降；越晚进入工业化进程的国家，其单位GDP能耗峰值就越低甚至不存在，这主要得益于技术进步和后发优势。

在有些文献中，有时把单位GDP能耗的倒数定义为“能源生产率”。严格来讲，二者是略有区别（口径不同）。在计算单位GDP能耗时，包含了居民生活直接用能；在计算能源生产率时，从生产法GDP核算的角度来看，不包括居民生活直接用能（如同人均GDP与劳动生产率的区别一样，前者是指全部人口，后者的计算只包括劳动从业人员数量）。在我国，由于居民生活直接用能所占比重较小，能源生产率与单位GDP能耗倒数的差别很小，在地区的横向或纵向比较中，通常不会造成较大偏误。

在能源投入结构不发生较大变化时，用单位GDP能耗来测度能源效率，比较简单易行，而且受人为干扰的可能性相对较小。当能源投入结构发生较大变化时，则需要注意各类能源之间的不完全替代性导致一些结果偏差，有关这方面的讨论详见廖华（2008），Liao和Wei（2010）。另一方面，能源宏观效率隐含假设经济增长主要是依靠能源消耗和技术进步来推动的。而实际上，经济增长还需要其他要素，而且各类要素之间存在不同程度的替代性。因此，能源宏观效率是一个有偏的（partial）测度指标，没有考虑到能源与其他要素的替代弹性，有关这方面的讨论见廖华（2008）。为了克服或减少上述局限性，有时需要采用其他能源效率指标。从微观经济学的视角来看，有的文献把能源宏观效率（或单位GDP能耗）称为“能源经济效率”有些不恰当（后面将给出能源经济效率的概念及测度方法）。

从生产法GDP的核算视角来看，GDP是各行业增加值的累计值，能源消耗总量也是各行业能耗的累计值（暂不考虑生活用能），而且各行业还可以进一步分解，直至到产品层次。因此，只要数据可获得，能源宏观效率的变化必然可以分解为产业结构（或行业结构）的变化和各行业内部宏观能源效率的变化，即通常所指的结构份额和效率份额。Divisia方法是迄今为止最好的一种的指数分解方法。Törnqvist指数法是其离散化的处理形式之一。Diewert（1976）在研究指数理论时已严格证明，对于线性齐次超对数生产函数和单位成本函数，Törnqvist数量指数和价格指数均是准确的（exact）。根据定义，在只考虑生产用能时，能源宏观效率满足线性齐次性假设。尽管Divisia方法可以对能源宏观效率进行逐层分解，但在很大程度上只是对由下而上的汇总数据再次由上而下的分解，得到的信息量有限、决策支持功能较弱，获得的节能降耗启示无非是众所周知的两个方面：降低能源密集型行业比重（或能源密集型产品比重），以及加快技术进步。然而，产业结构和技术水平在很大程度上都是内生的，它们是结果、不是原因。

在国际比较中，由于国际货币体系的原因，经济产出量要换算成同一货币单位进行度量。通常的转换方法有市场汇率法（MER）和购买力平价系数法（PPP）等。理想地讲，PPP法更合适，但是其测算比较困难（当然，还存在方法本身的问题）。简单地直接把国内外数据放在一起进行比较，得到的结论有时并不科学或者全面。例如，依据汇率法，2007年我国的单位GDP能耗为5.78吨标准油/千美元（当年价格），是OECD国家的3.8倍；而如果依据世界银行的PPP数据，则为2.75吨标准油/万美元，是OECD国家的1.7倍。图6-1是两种不同货币转换方法下的“金砖四国”和部分OECD国家单位GDP能耗，发达国家多数是在45°对角线附近，但中国、印度等发展中国家离对角线距离较远。

耶鲁大学的Nordhaus（2007）针对汇率法和基于世界价格（world price）的PPP法存在的问题，提出了一种介于二者之间的Superlative-PPP法，用于全球能源-经济-环境建模。2007年12月，世界银行发布了2005年全球国际比较项目（ICP）的研究结果，对之前的PPP系数进行了修订。尽管此次修订后的数据相对早期的更准确，但受理论方法、基础数据条件等因素的制约，有关中国PPP仍然存在较多问题，在使用时需要谨慎。发达国家市场的一体化程度较高、统计体系相对完善，使用PPP系数对发达国家的单位GDP能耗进行比较，结果相对可靠。但在使用世界银行的PPP数据对中国与发达国家的单位GDP能耗进行比

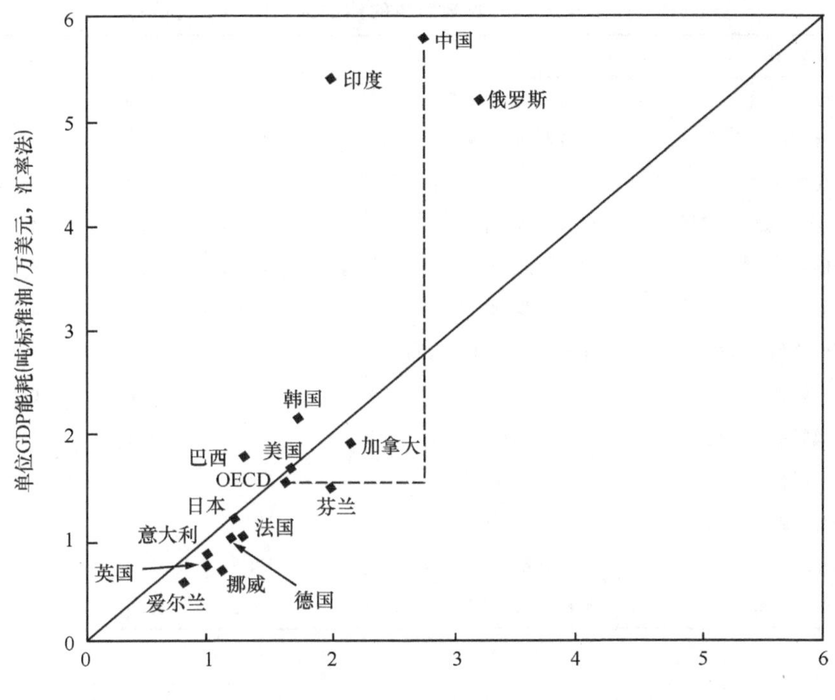

图 6-1　金砖四国和部分 OECD 国家 2007 年单位 GDP 能耗

资料来源：魏一鸣等. 2010. 中国能源报告 2010：能源效率研究. 北京：科学出版社.

较时，得到的序数值相对有意义，而基数值的意义相对较小。

6.3.2　能源实物效率

这里把通常所采用的单位产品能耗、工序能耗定义为能源实物效率 e_p (energy physical efficiency)，如吨钢综合能耗、吨钢可比能耗、吨炼铁能耗、发电煤耗、吨水泥能耗等。这是比较常见的一类技术指标，该指标不含价值量，有关这方面的介绍已有较多，这里不作深入讨论。能源实物效率比较适合用于具有相同生产结构的企业间进行比较，反映微观经济组织的技术装备和管理水平。目前我国很多企业或行业协会推广的“标杆能效法”即使以单位产品能耗为基础。在“十五”期间，我国能源宏观效率出现了下降局面（发电煤耗法），但主要耗能产品的能源实物效率仍然在下降，特别是钢铁、铜、水泥、平板玻璃等产品（表 6-1）。

表 6-1 "十一五"能源规划中的能源实物效率改进目标

能源实物效率	单位	2000 年	2005 年	2010 年
火电供电煤耗	克标准煤/千瓦时	392	370	355
吨钢综合能耗	千克标准煤/吨	906	760	730
吨钢可比能耗	千克标准煤/吨	784	700	685
10 种有色金属综合能耗	吨标准煤/吨	4.809	4.665	4.595
铝综合能耗	吨标准煤/吨	9.923	9.595	9.471
铜综合能耗	吨标准煤/吨	4.707	4.388	4.256
炼油单位能量因数能耗	千克标准油/吨·因数	14	13	12
乙烯综合能耗	千克标准油/吨	848	700	650
大型合成氨综合能耗	千克标准煤/吨	1372	1210	1140
烧碱综合能耗	千克标准煤/吨	1553	1503	1400
水泥综合能耗	千克标准煤/吨	181	159	148
建筑陶瓷综合能耗	千克标准煤/平方米	10.04	9.9	9.2
铁路运输综合能耗	吨标准煤/百万吨换算公里	10.41	9.65	9.4

资料来源：国家发改委.2007.中国能源发展"十一五"规划.2007-04.

在进行单位产品能耗、工序能耗的国际或企业比较时，仍然需要统一口径。例如，我国与发达国家的工序吨钢能耗计算口径就存在较大差别，日本炼铁消耗项只计有固体燃料、气体燃料、电、氧、蒸汽，而我国还计有压缩空气、氮气、水等能源介质；如果高炉采用汽动鼓风机，其风量也要计算到工序能耗中。按照热当量法，我国主要耗能产品单耗较高，除了技术装备水平的原因以外，原材料质量、能源消费结构也是重要原因。如果不考虑到这些因素，可能会高估我国的节能潜力。例如，在热当量法下，我国钢铁行业的单产能耗比发达国家高，其中铁矿石质量较差、用煤比重较高是重要原因。

6.3.3 能源物理效率

能源物理效率是指能源的热效率 e_d（energy thermodynamics efficiency），其计算的理论基础是热力学定律。根据能源流的不同环节，通常可以分解为能源开采、加工转换、贮运、终端利用效率。能源物理效率还可划分为热力学第一定律效率、热力学第二定律效率。依据热力学第一定律（能量转换和守恒定律），过去二十多年来我国的能源物理效率有了显著提高，2005 年能源开采效率、中间环节利用效率、终端利用效率分别为 33.2%、68.4%和 52.9%，总的物理效率为 13.0%。2007 年我国发电及电站供热效率为 40.24%，炼焦效率为 97.78%，炼油效率为 97.17%。

热力学第二定律指出，能量转换是有方向的。根据卡诺定理，由两个等温过程和两个绝热过程所构成的循环称为卡诺循环效率 $\eta_c=\frac{(T_1-T_2)}{T_1}$，因为现实中高温热源的绝对温度为 T_1 不可能无穷大，低温热源的绝对温度为 T_2 不可能为0，所以 $\eta_c<1$，热能不可能全部转换为机械功，依据第二定律计算的热效率要更低（通常用“有效能”来计算）。能源物理效率的计算比较复杂，也涉及较多热力学知识，已有较多文献进行了介绍，这里对此不作深入讨论。

6.3.4 能源价值效率

由于各类能源的异质性或品质差异，即使是相同热当量的能源，其功效也会不同。有的地区或企业，虽然耗能量较低，但消耗的大多为优质能源（如天然气、净调入的电力），其能源成本并不低。为了对各类能源进行加总，除了可以采用热当量系数作为权重，还可以采用价格作为权重，由此可以计算能源的价值效率 e_v（energy value efficiency）。如果能源服务产出量也用价值量测度，那么把能源价格效率 e_v 与其他效率指标（如宏观效率 e_m、实物效率 e_p）结合起来进行国际比较，可以发现各国能源宏观效率或实物效率存在差异的部分原因（例如能源价格偏低、能源结构不同等）。在计算不同国家或地区的能源消费价值量时，需要统一价格口径（如是否含增值税销项税额、运输成本等）。在对能源价值效率进行纵向比较时，由于能源价格变化，有时效率值变化会很大。因此，能源价值效率更适用于横向比较。能源价值效率的优势还在于其国际比较不受各国汇率或PPP的影响。

从动态性来看，能源价值效率有时也可以定义为设备全生命周期内的服务产出与能源成本比值。例如，购置节能灯，虽然在短期内需要一次性支付较多成本，但在灯泡的长期使用中节约了更多能源，实际上也提高了能源价值效率（相当于部分是通过资本对能源的替代来实现的）。

除了上述四类能源效率指标以外，还有能源要素利用效率、能源要素配置效率、能源经济效率等测度指标。这三类指标是依据微观经济学理论得到，感兴趣的读者可以阅读廖华（2008）。

6.4 能源强度的分解

近年来，有关能源宏观效率（能源强度）的研究文献中，相当一部分是能源强度的分解研究，即把能源强度的变化分解为部门结构的变化和各部门能源强度的变化。在各类分解方法中，Divisia方法最符合经济学含义。

假设国民经济划分为 n 个部门，t 表示时期，Y_t，E_t，I_t 分别表示整个国民经济的增加值（即国内生产总值）、能源消费量和单位GDP能耗，$I_t=E_t/Y_t$；Y_{it}，E_{it}，I_{it} 分别表示部门 i（$i=1$，…，n）的增加值、能源消费量和部门强度

(为了区别表述，这里使用“部门强度”一词，实际上是该部门单位增加值能源消耗)，$I_{it}=E_{it}/Y_{it}$；S_{it}表示部门 i 的增加值占 GDP 的比重，$S_{it}=Y_{it}/Y$。I_{it}主要反映了技术水平，S_{it}反映了部门结构或产业结构。

单位 GDP 能耗 I_t 等于各部门能源强度 I_{it}的加权平均值，权重就是各部门增加值占 GDP 的比重：

$$I_t=\frac{E_t}{Y_t}=\frac{\sum_i E_{it}}{Y_t}=\frac{\sum_i Y_{it}\cdot I_{it}}{Y_t}=\sum_i\frac{Y_{it}}{Y_t}\cdot I_{it}=\sum_i S_{it}\cdot I_{it} \tag{6-2}$$

式（6-2）两边对时间 t 求微分：

$$\begin{aligned}\dot{I}_t&=\sum_i\dot{S}_{it}\cdot I_{it}+\sum_i S_{it}\cdot\dot{I}_{it}=\sum_i S_{it}\cdot I_{it}\cdot\frac{\dot{S}_{it}}{S_{it}}+\sum_i S_{it}\cdot I_{it}\cdot\frac{\dot{I}_{it}}{I_{it}}\\&=\sum_i\frac{E_{it}}{Y_t}\cdot\frac{\dot{S}_{it}}{S_{it}}+\sum_i\frac{E_{it}}{Y_t}\cdot\frac{\dot{I}_{it}}{I_{it}}=\sum_i I_t\cdot\frac{E_{it}}{E_t}\cdot\frac{\dot{S}_{it}}{S_{it}}+\sum_i I_t\cdot\frac{E_{it}}{E_t}\cdot\frac{\dot{I}_{it}}{I_{it}}\end{aligned} \tag{6-3}$$

由式（6-3）求线积分，得到

$$\int_\Gamma\dot{I}_t=\int_\Gamma\sum_i\frac{E_{it}}{Y_t}\cdot\frac{\dot{S}_{it}}{S_{it}}+\int_\Gamma\sum_i\frac{E_{it}}{Y_t}\cdot\frac{\dot{I}_{it}}{I_{it}} \tag{6-4}$$

Γ为积分路径，表示在时间区间（0,T）内的曲线段(S_t,I_t)。根据 Hulten（1973)，在线性齐次条件下（依据单位 GDP 能耗的计算方法，这里满足这个条件），式（6-4）的线积分与积分路径无关：

$$I_T-I_0=\underbrace{\int_0^T\sum_i\frac{E_{it}}{Y_t}\cdot d\ln S_{it}}_{\text{结构效应}\Delta I_{str}}+\underbrace{\int_0^T\sum_i\frac{E_{it}}{Y_t}\cdot d\ln I_{it}}_{\text{强度效应}\Delta I_{inc}} \tag{6-5}$$

式（6-5）是连续形式下的指数分解，在实际应用中，数据一般是离散的，为此，由积分中值定理，可以近似写成离散形式，可以采用 Törnqvist（1936）指数法或 Sato（1976）-Vartia（1976）指数法近似方法。这里采用更精确的 Sato-Vartia 指数法。单位 GDP 能耗的绝对变化 ΔI 可以分解为结构效应 ΔI_{str}和强度效应 Δe_{int}：

$$\Delta I=I_T-I_0=\Delta I_{str}+\Delta I_{int}+\Delta I_{rsd} \tag{6-6}$$

其中，$\Delta I_{str}=\sum_i\omega_i$，$\Delta I_{int}=\sum_i\varphi_i$，$\Delta I_{rsd}$ 是余值部分，一般情况下接近于零。其中，

$$\omega_i=\frac{\dfrac{E_{iT}}{Y_T}-\dfrac{E_{i0}}{Y_0}}{\ln\dfrac{E_{iT}}{Y_T}-\ln\dfrac{E_{i0}}{Y_0}}\cdot(\ln S_{iT}-\ln S_{i0}) \tag{6-7}$$

$$\varphi_i=\frac{\dfrac{E_{iT}}{Y_T}-\dfrac{E_{i0}}{Y_0}}{\ln\dfrac{E_{iT}}{Y_T}-\ln\dfrac{E_{i0}}{Y_0}}\cdot(\ln I_{iT}-\ln I_{i0}) \tag{6-8}$$

部门划分的细化程度会对结果造成影响，按行业门类、大类、中类、小类划分，结果均有所不同，这也是当前大多数文献的研究结果存在较大差异的重要原因之一。一般而言，划分得越细，各部门的单位增加值能耗就越可以反映技术水平，得到结果也越精确，但是所需要的数据量也越大。

从产业结构视角分析能源宏观效率或能源强度变化的原因，在一定程度上只是对统计数据的另一种表述，仅仅回答了"是什么"，未能回答"为什么"，得到改善能效的政策启示自然是优化产业结构和加强技术进步。但是，这对于宏观决策的支持作用并不是很大，因为产业结构变化、技术进步在很大程度上是内生的，仍然需要研究引导产业结构变化的内在原因。关于这方面的进一步介绍，可参考（廖华　2008）。

6.5　本 章 小 结

有关能源效率问题的研究仍在不断推进，为力求研究成果更具科学性和实用性，还可从多个方面进一步深化：①在能源经济总量关系研究方面，需要注意结构异质性问题，特别是能源结构变化造成的影响；②能源结构不仅仅可以采用物理量（热当量）来测度，还可以采用经济量（成本）来测度。如果采用后者，则我国的能源消费是以石油为主的，而非煤炭；③针对不同的具体问题和基础数据，采用多类能源效率测度指标进行比较测算，以避免单一指标带来的信息显示偏误。

能源效率的内涵在于所消耗的能源量对于维持或促进整个经济、社会和环境系统可持续发展的贡献量。因此，促进经济社会可持续发展与改善能源效率，前者是目的，后者是手段，不能本末倒置。能源是重要的生产要素，能源与经济系统其他部分相互关联。在宏观经济工作中，不能单纯地把"单位 GDP 能耗"或"单位增加值能耗"下降多少作为唯一评判指标，要把能源纳入到整个经济系统中综合考量，综合考虑各地区的发展阶段、自然资源禀赋、劳动力基础等客观条件差异，把节约能源与降低成本或提高收益统一起来，避免采用"一刀切"的评价方式。

能源宏观效率、能源实物效率、能源物理效率、能源价值效率等各类描述能源效率的指标，具有各自的理论基础或假设条件、相互关系、优缺点或适应范围。任何单一指标都不可能完整地反映能源效率水平。

不同的指标，其应用领域不同，具体测度方法和所需要的数据也不同，能源宏观效率和能源实物效率是用得最普遍的。但是，有的时候，由于混淆了能源工作的目的与手段、内生变量与外生变量、原因与结果，简单地把"减少能源消耗"或"降低单位产值能耗"作为追求的目标。由此导致从静态和局部上看，能源消耗减少了；而从长远和全局的角度看，能源效率并未得到改善，甚至还造成经济社会领域的其他方面出现损失，出现节能工作“得不偿失”的局面。因此在应用能源效率指标时，应根据实际需要进行遴选，并对所采用的指标或数据可能造成的偏误有较为充分的估计。在使用能源效率指标时，还需特别注意各类能源的异质性和不完全替代性对计算结果的影响（廖华，2008）。

不论何种指标，在进行横向或纵向比较时，都需要尽可能统一数据口径。尽管能源宏观效率是有偏的，但进行中长期研究仍然是比较合适的。在多数研究中，对能源效率指标绝对值的关注较少；更关注的是能源效率横向或纵向比较，以及不同主体能源效率的差距、能源效率的变化方向和速度。

拓展阅读：日本的企业能源经理系统

日本的《节能法》规定所有重点耗能企业都应聘用具有合适资质的能源管理控制官员（能源管理士）。相关的要求及配套体系已实施了近 30 年。能源经理岗位需由企业管理层的人员担任，且需持有由政府指定审查机构颁发的资质认证。这一要求适用于日本几乎所有的“一类”企业，约 7800 家，其中包括了绝大多数年消耗 3000 千升油当量（kloe）能源（约 4300 吨标煤）的企业。此外有 6800 多家年消耗 1500 千升油当量（约 2150 吨标煤）的“二类”企业，也要求其任命能源管理官员，但要求相对宽松。

法律规定能源经理应监督和管理企业耗能设备的维护，完善和监督企业用能方式以及政府要求的其他节能事务。由于能源管理士是所有节能事项的关键环节，其资料需在政府备案。能源管理士负责监督和提交所需的能源利用报告，以及中长期节能方案，包括对于完成任务进度的评估。根据现有法律，企业还应指派其他部门员工协助能源管理士完成节能任务。对于大型企业，法律对协助能源管理士开展节能工作的人员数量也有相关规定。

工业企业中的能源管理士及其助理利用“评判标准”、《日本节能手册》及一系列特定技术指南和资料指导其工作。这些资料包括日本重点设备的特定能源利用标准以及各种针对性强的管理手册。能源管理士需要针对具体情况编写并完善管理手册，并在企业中加以运用，保证一些特殊设备或流程的高效运行。

所有能源管理士都应获得资质，证明具有担任此岗位的能力。日本《节能法》规定了成立指定审查机构的详细要求，该机构举行能源经理的资质考试以及政府分配的其他任务。法律亦规定了指定培训机构的要求。自 1983 年以来，日本节能中心（ECCJ）具体负责这些事务的执行。

ECCJ 每年举行一次全国能源经理认证考试。考试包括四门专业。每年约有 9000 人参加考试，但只有约 2300 人能通过考试（23%）。此外，ECCJ 每年举行为期六天的能源经理培训课程。每年参与人数约为 2700 人，最终约有 1700 人通过考试（65%）。ECCJ 每年还为能源管理官员开设两门课程，每年约有 5000 人参与此课程。

资料来源：日本《能源合理利用法案》和日本节能中心．转引自世界银行．2010.

思考题

1. 如何理解能源效率的内涵？
2. 为什么发达国家的单位 GDP 能耗比中国的低？
3. 单位 GDP 能耗下降越快是否就越好？
4. 在能源强度进行分解时需要注意些什么？

第 7 章　能源要素替代

能源与资本、劳动、原材料等其他要素的替代弹性是开展能源-经济-环境（3E）系统研究的关键内容。不同的国家和地区、不同的经济发展阶段、不同的经济体制、不同的行业，要素间的替代弹性会有所不同，技术进步有偏性也可能不同；要素间的替代弹性还会随时间发生变化。本章主要从全要素生产率核算的视角介绍要素替代与能源需求的关系、能源与其他要素替代弹性的计算方法。

7.1　要素替代与能源需求

要素替代与能源需求的关系可以从全要素生产率的核算过程来分析。在相当长的一段时期内，生产部门是主要的能源直接消耗部门。能源是重要的生产要素，经济增长离不开能源投入。经济增长的源泉主要包括要素投入增长（资本、劳动和自然资源等）和全要素生产率增长（包括人力资本积累）等。为此，这里从全要素生产率核算的视角给出经济系统的分析框架，用于分析要素替代、能源需求、经济增长、经济结构、技术进步的关系。

在有关经济增长质量的理论讨论或者经济增长源泉的核算实践中，大多应用产出一资本一劳动的研究范式，即全要素生产率增速（广义的技术进步速度）等于经济增速减去资本（或者资本服务量）和劳动力（或者劳动服务量）投入增速的加权和。这类核算方法一般较少考虑产业结构，投入要素中只包括资本和劳动，并隐含假设自然资源或能源对经济增长没有影响。经济增长的过程也是部门结构演进的过程，它植根于现代技术所提供的生产函数的积累扩散中；这些发生在技术和组织中的变化只能从部门角度加以研究；离开了部门分析，就无法解释增长为什么会发生（Rostow　1959）。研究能源需求，离不开经济总量，更离不开经济结构；总量是形式，结构是内容。

为便于同时从技术进步和产业结构变化来讨论经济增长与对能源需求的关系，与总和生产率核算方法不同，这里采用部门生产率核算方法（Jorgenson et al.　1987；Jorgenson and Stiroh　2000）：Y-KLEM（产出一资本、劳动、能源、原材料[①]）。对于一定时期的某生产部门 i，总产出为 Y_i，需要投入四大类生产要素：资本（K_i）、劳动（L_i）、各类能源 $\{e_{i1}, e_{i2}, \cdots, e_{is}\}$、原材料（$M_i$），

① 这里的“原材料”是指除能源以外的中间投入，包括中间产品和服务。

该部门的生产函数可以表示为

$$Y_i = A_i \cdot f_i(K_i, L_i, M_i, e_{i1}, e_{i2}, \cdots, e_{is}) \tag{7-1}$$

其中，A_i 表示部门 i 的技术水平，这里认为技术进步是希克斯中性的（对于其他有偏型的技术进步，可以做类似地推导）。函数 f_i 满足正则条件（正的、有限的、二次连续可微、严格单调、严格拟凹）和一次齐次条件。可以认为能源与其他生产要素是弱可分离的。

$\exists X_i \in \{K_i, L_i, M_i\}$，有

$$\frac{(\partial f_i/\partial e_{iu})/(\partial f_i/\partial e_{iv})}{\partial X_i} = 0 \quad (u \neq v) \tag{7-2}$$

于是生产函数可以表述为

$$Y_i = A_t \cdot f_i\ (K_i,\ L_i,\ E_i,\ M_i) \tag{7-3}$$

$$\text{其中，} E_i = g_i\ (e_{i1},\ e_{i2},\ \cdots,\ e_{is}) \tag{7-4}$$

$$\text{设 } Q_i = f_i\ (K_i,\ L_i,\ E_i,\ M_i) \tag{7-5}$$

函数 g_i 也满足正则条件。对式（7-5）求全微分：

$$dQ_i = \sum_{X_i = K_i, L_i, E_i, M_i} \frac{\partial f_i}{\partial X_i} dX_i = \sum_{X_i = K_i, L_i, E_i, M_i} \lambda p_i \cdot dX_i \tag{7-6}$$

其中，p_i 为要素 X_i 的价格，λ 为拉格朗日乘子。

$$\lambda = \frac{\partial f_i/\partial X_i}{p_i} = \frac{Q_i}{\sum\limits_{X_i = K_i, L_i, E_i, M_i} p_i X_i} \tag{7-7}$$

式（7-6）可以变换为

$$Q_i \cdot d\ \ln Q_i = \sum_{X_i = K_i, L_i, E_i, M_i} \lambda p_i X_i \cdot d\ \ln X_i \tag{7-8}$$

根据式（7-7）和（7-8），得

$$d\ \ln Q_i = \sum_{X_i = K_i, L_i, E_i, M_i} \frac{p_i X_i}{\sum\limits_{X_i = K_i, L_i, E_i, M_i} p_i X_i} \cdot d\ \ln X_i \tag{7-9}$$

令 $\alpha_{K_i} = \dfrac{p_i X_i}{\sum\limits_{X_i = K_i, L_i, E_i, M_i} p_i X_i}, \alpha_{L_i} = \dfrac{p_i L_i}{\sum\limits_{X_i = K_i, L_i, E_i, M_i} p_i X_i}, \alpha_{E_i} = \dfrac{p_i E_i}{\sum\limits_{X_i = K_i, L_i, E_i, M_i} p_i X_i}, \alpha_{M_i} = \dfrac{p_i M_i}{\sum\limits_{X_i = K_i, L_i, E_i, M_i} p_i X_i}$。显然，这四个权系数为各类要素的成本份额。

根据式（7-3）和式（7-9），可以得到该生产部门 i 的增长核算方程：

$$\begin{aligned} d\ \ln Y_i &= d\ \text{In}\ A_i + d\ \text{In}\ Q_i \\ &= d\ \ln A_i + \alpha_{K_i} d\ \ln K_i + \alpha_{L_i} d \ln L_i + \alpha_{E_i} d \ln E_i + \alpha_{M_i} d\ \ln M_i \end{aligned} \tag{7-10}$$

$\alpha_{K_i} d\,\text{In}\ K_i, \alpha_{L_i} d\,\text{In} L_i, \alpha_{E_i} d\,\text{In} E_i, \alpha_{M_i} d\,\text{In} M_i$ 分别表示资本、劳动、能源、原材料投入对该部门总产出增长的贡献，$d\ln A_i$ 表示部门 i 全要素生产率增长对该部门总产

出增长的贡献。整个国民经济全要素生产率的增长率 $d\ln A$ 等于各部门全要素生产率增长率的加权总和：

$$d\ \ln A = \sum_i w_i \cdot d\ \ln A_i \tag{7-11}$$

其中，权重 $w_i=\frac{P_iY_i}{PV}$①。P_iY_i 为部门 i 的总产出价值量（P_i 表示价格），PV 是全部增加值（即国内生产总值）。实现经济增长由粗放型向集约型转变，改善经济增长质量，就是要提高全要素生产率增长（$d\ \ln A$）对经济增长的贡献。由式（7-10）可以看出，$d\ \ln A$ 既包括各部门全要素生产率增长（$d\ \ln A_i$），也包括产业结构（w_i）调整。

对于一个具体的生产部门 i，能否降低单位产出能耗，取决于在实现一定产出增长的同时（$d\ \ln Y_i$），能否尽可能多地用全要素生产率增长（$d\ \ln A_i$）、资本增长（$d\ \ln K_i$）、劳动增长（$d\ \ln L_i$）和原材料增长（$d\ \ln M_i$）去替代能源增长（$d\ \ln E_i$）。而能否实现这种替代以及替代量有多大，除了该部门本身的技术约束以外（边际技术替代率），还取决于能源与其他要素的相对价格水平变化和替代弹性。如果能源价格上涨，其他要素价格相对下降，则有利于降低单位产出能耗，即节约能源优先于节约资本、劳动和原材料。

例如，在生铁生产中，需要同时消耗铁矿石和能源两类要素，这两类要素存在一定的替代关系（替代弹性大于零）。生产相同的一吨生铁，分别使用高品位和低品位的铁矿石做原料所消耗的能源是不同的。如果铁矿石的价格偏高，钢铁企业可能倾向于多消耗能源，少消耗铁矿石；如果铁矿石价格偏低，则可能倾向于少消耗能源，多消耗铁矿石。不仅能源与其他要素存在替代弹性，各类能源之间也存在一定的替代弹性，不同能源的产出弹性也是不同的。从能源效率的内涵来看，我们并不能简单地判断哪一种生产方案孰优孰劣。

在一定的发展阶段内，由于各部门客观的技术经济约束，能源与资本、原材料等生产要素替代性比较弱。对于一些部门，能源与资本甚至可能是互补关系，资本深化的过程就是能源消费迅速增长的过程（如工业化初期或中期阶段）。因此，对于一个具体的生产部门 i，要实现该部门单位产出能源消耗量（E_i/Y_i）下降，则应该更多地依靠全要素生产率增长对产出增长的贡献，更多地依靠 $d\ \ln A_i$ 去代替 $d\ \ln E_i$，这也体现了经济增长质量的转变。各部门全要素生产率增长速度（$d\ \ln A_i$）既包括具体的科技进步速度，也包括资源配置效率改善情况、政府职能定位情况等软因素。

需要指出的是，在不同的发展阶段，对于不同的部门，全要素生产率增长可能具有不同的有偏性。例如，生产同样数量和质量的产品，企业通过引进一项新

---

① 该权重之和一般大于 1（因为各部门总产出之和要大于全部增加值）。

的生产工艺，可以节约大量劳动力和原材料，但节约能源较少，甚至不节约能源。在这种情况下，可以通过相关的政策激励措施鼓励企业加强节能方面的技术引进或者研发力度。在工业化进程中，技术进步往往是能源消耗型的（廖华 2008）。

7.2 能源与其他要素的替代性

能源与资本、劳动等要素的替代弹性、能源价格弹性对能源效率有重要影响。在不同的发展阶段、经济体制环境下，其弹性值也有所不同；甚至基于不同的假设，采用不同的模型与方法，得到的具体结果也有所不同。

假设总产出为 Y，有三种生产要素（通常还有原材料 M，这里不详细讨论）：资本 K、有效劳动 L 和一次能源 E，其价格分别为 $P_i(i=K,L,E)$；T 为时间趋势变量，表示技术进步，可以是有偏的。成本是产量、价格和技术水平的函数：$C=f(P_K,P_L,P_E,Y,T)$。

Translog 成本函数可以表示为

$$\ln C=\alpha_0+\Big[\sum_i\alpha_i\ln P_i+\frac{1}{2}\sum_i\sum_j\alpha_{ij}\ln P_i\ln P_j\Big]+\varphi(Y)$$
$$+\Big[\phi(T)+\lambda_3T\ln Y+\sum_i\lambda_iT\ln P_i\Big]\quad(i,j=K,L,E)\tag{7-12}$$

其中，$\varphi(Y)$ 表示规模效益情况，可以表示不同产出规模情况下有不同的规模效益特征，可以是非线性的，通常 $\varphi(Y)=\gamma_1\ln Y+\frac{1}{2}\gamma_2(\ln Y)^2$；$\phi(T)$ 表示技术进步（无偏部分），可以是非线性的，通常 $\phi(T)=\lambda_1T+\frac{1}{2}\lambda_2T^2$；$\sum_i\lambda_iT\ln P_i$ 可以反映技术进步的有偏性。

成本函数满足以下条件：

（1）对价格线性齐次，即 $\forall\mu>0$，有

$$f(\mu P_K,\mu P_L,\mu P_E,Y,T)=\mu f(P_K,P_L,P_E,Y,T)\tag{7-13}$$

于是，对于所有 $i,j(=K,L,E)$，有

$$\sum_i a_i=1,\ \sum_i a_{ij}=\sum_j a_{ij}=\sum_i\lambda_i=0\tag{7-14}$$

（2）海赛矩阵 $\left[\frac{\partial^2C}{\partial P_i\partial P_j}\right]_{i,j=K,L,E}$ 是对称的，即 $\alpha_{ij}=\alpha_{ji}$。

Translog 函数可以视为任意函数的二次对数近似。显然，如果 $\phi(T)=\varphi(Y)=0$，且 $\alpha_{ij}=\lambda_3=\lambda_i=0$，（$i=K$，$L$，$E$），则该 Translog 成本函数就是 Cobb-Douglas 函数形式。

假设 X_K,X_L,X_E 分别为资本、有效劳动、能源的投入量；S_K,S_L,S_E 分别为

资本、有效劳动、能源在总成本中所占的份额。由Shephard引理 $\frac{X_i = \partial C}{\partial P_i}$，$(i=K,L,E)$，可以得到各种要素的成本份额方程：

$$S_K = \frac{P_K X_K}{C} = \alpha_K + \alpha_{KK}\ln P_K + \alpha_{KL}\ln P_L + \alpha_{KE}\ln P_E + \lambda_K T \tag{7-15}$$

$$S_L = \frac{P_L X_L}{C} = \alpha_L + \alpha_{LK}\ln P_K + \alpha_{LL}\ln P_L + \alpha_{LE}\ln P_E + \lambda_L T \tag{7-16}$$

$$S_E = \frac{P_E X_E}{C} = \alpha_E + \alpha_{EK}\ln P_K + \alpha_{EL}\ln P_L + \alpha_{EE}\ln P_E + \lambda_E T \tag{7-17}$$

由于 $\sum_i \alpha_{ij} = \sum_j \alpha_{ij} = 0$，式（7-15）～（7-17）变换为

$$S_K = \alpha_K + \alpha_{KK}\ln\frac{P_K}{P_E} + \alpha_{KL}\ln\frac{P_L}{P_E} + \lambda_K T \tag{7-18}$$

$$S_L = \alpha_L + \alpha_{LK}\ln\frac{P_K}{P_E} + \alpha_{LL}\ln\frac{P_L}{P_E} + \lambda_L T \tag{7-19}$$

$$S_E = \alpha_E + \alpha_{EK}\ln\frac{P_K}{P_E} + \alpha_{EL}\ln\frac{P_L}{P_E} + \lambda_E T \tag{7-20}$$

因为 $S_K + S_L + S_E \equiv 1$，所以联立式（7-18）～（7-20）的自由度为2，有一个是冗余的。给定资本、有效劳动、能源的价格和成本份额，以及技术水平，就可以根据任意两个方程组成的联立方程组估计出所有参数。

在计算两种要素间的替代弹性时，通常采用 Allen 偏替代弹性（Allen partial elasticity of substitution，AES）。

$$\mathrm{AES}_{ij} = \frac{\partial\ln\left(\frac{X_j}{X_i}\right)}{\partial\ln\left(\frac{P_i}{P_j}\right)} = \frac{CC_{ij}}{C_iC_j} = \begin{cases}(\alpha_{ij} + S_iS_j)/(S_iS_j) & (i\neq j)\\ (\alpha_{ii} - S_i + S_i^2)/(S_i^2) & (i=j)\end{cases} \tag{7-21}$$

其中，C_i 和 C_{ij} 分别为成本对价格的一阶和二阶偏导数。AES_{ij} 替代弹性是对称的，即 $\mathrm{AES}_{ij} = AES_{ji}$。如果 $\mathrm{AES}_{ij} > 0$ 则表示要素 i 和 j 是 AES 替代的，如果 $\mathrm{AES}_{ijt} < 0$ 则表示要素 i 和 j 是 AES 互补的。除了 Allen 偏替代弹性以外，还有 Morishima 替代弹性。

除了能源与资本、劳动、原材料等其他生产要素存在替代性以外，各类能源品种之间也存在替代性。其替代弹性的推导与上述类似。

近年来，国际能源价格巨幅波动，但与20世纪70年底相比，它对宏观经济的负面冲击较小。其主要原因之一在于能源与其他要素间的替代弹性增大了，整个经济系统的自适应能力或者灵活性增强了。要素替代弹性和价格弹性（代数值）上升，表明经济系统的灵活性和自由度增强，能源价格上涨（相对于其他要素）更有助于减少能源消耗。有关中国能源与其他要素替代弹性及其变化的实证研究，详见（廖华　2008）。

7.3 本章小结

能源与其他要素的替代性研究，是现代能源经济研究与能源行业技术经济分析的一个重要区别。在传统的能源经济研究中，往往隐含假设能源与其他要素是不可替代的、各类能源之间是可完全替代的。本章主要从全要素生产率核算的视角介绍了要素替代与能源需求的关系、能源与其他要素替代弹性的计算方法。

需要指出的是，不同的国家和地区、不同的经济发展阶段，不同的经济体制，不同的行业，得到的结果可能会有所不同，技术进步有偏性也可能不同，更需要关注的是要素替代弹性的变化趋势。此外，在 Energy Economics 等能源类期刊中，较多文献研究能源与其他要素替代弹性时，在生产函数（或成本函数）中既把能源当投入，也把能源当产出，没有对二者进行区分，混淆了总产出（总产值）与增加值的区别。绝大部分相关文献忽视了劳动力质量的变化，即忽视了不同时期下劳动力的异质性（直接采用劳动人口数），而这对研究结果和结论将有重要影响。能源价格弹性（能源价格对能源需求的影响）是能源经济研究中的一个重要问题，也是能源政策制定与权衡的重要依据。大多数文献采用时间序列分析方法研究能源价格弹性，没有考虑到能源与其他要素的替代性，以及各类能源之间的替代性。

思考题

1. 如何测算能源与其他要素的替代弹性？
2. 能源与其他要素是否存在互补的情况（即能源弹性小于零），试举例说明。
3. 在开展能源需求总量预测时，为什么通常要考虑能源替代的影响？

第 8 章　国际能源贸易与能源金融

能源分布的高度地缘性和能源供需在空间上的分离，使得国际能源贸易的蓬勃发展成为必然。能源贸易由最初固定价格的长期供货合同，逐步发展为现货贸易，随着能源贸易规模的进一步扩大，能源价格决定因素日益复杂，能源价格波动变得越来越剧烈和频繁，为规避价格风险，现货价格与期货价格挂钩，期货价格在能源价格发现中的作用和地位逐步得到加强，能源期货市场得到迅速发展。能源产业发展的另一显著特点是能源与金融的日益融合，二者的融合为能源产业的发展注入了新的活力。能源金融的发展，一方面使得能源价格风险管理越发显得重要，另一方面也为能源价格风险管理提供了更加有效的管理工具。本章分四节，8.1 介绍国际能源贸易特征和能源贸易对经济发展的促进作用；8.2 介绍能源的金融化发展趋势及能源期货市场的发展；8.3 讨论能源期货市场的有效性问题；8.4 介绍能源价格风险的度量，以及如何利用能源期货市场进行能源价格风险的管理。

8.1　国际能源贸易

8.1.1　国际能源贸易特征

由前面的章节可知，一次能源，尤其是化石能源具有高度的地缘性，世界主要能源消费地与能源资源拥有者存在严重失衡现象。例如，北美、西欧、亚太三个地区的石油探明储量不超过世界总量的 22%，而其石油需求却占世界石油需求总量的近 80%，这使得国际能源贸易在各国发展中具有特殊的战略意义。

1. 世界石油贸易

世界能源贸易以石油贸易为主，BP（2005）的数据表明，2004 年世界原油贸易量为 18.6 亿吨，成品油贸易量 5.3 亿吨。美国是世界上最大的石油消费国，也是最大的石油净进口国，2004 年原油和成品油净进口量分别为 5.0 亿吨和 0.9 亿吨，分别占全球贸易总量的 26.9%和 17.4%。日本排在第二，2004 年原油和成品油净进口量分别为 2.1 亿吨和 0.5 亿吨，分别占全球的 11.3%和 8.6%。2004 年中国原油和成品油净进口量分别为 1.17 亿吨和 0.26 亿吨（国家统计局 2005），分别占全球的 6.3%和 6.2%。

由于世界石油资源分布不均及各国地理位置和经济政治关系的不同，各石油进口国的进口渠道也各不相同。BP（2005）的数据显示，2004 年世界 45.5%的原油进口来自中东地区；美国的石油进口主要来自加拿大、中南美洲、中东和西非；欧洲主要来自俄罗斯、中东和北非；日本则绝大部分来自中东地区；中国石油进口的 63%来自中东，27%来自西非，18%来自俄罗斯。

2004～2005 年世界能源市场的一个突出表现就是原油价格的大幅上涨，纽约商品期货交易所（NYMEX）的原油期货价格曾一度突破 70 美元/桶。石油价格的大幅上涨推动了世界能源供需格局的调整。为了解决原油供应短缺问题，国际能源署成员国纷纷动用了国家战略石油储备。2004～2005 年，中国部分地区也出现能源供给紧张的局面。

由于世界石油资源分布极不均衡的特点，石油资源丰富的地区和国家对石油的需求相对较小，而石油消费量较大的国家和地区石油资源又相对贫乏，甚至几乎没有，所以这种生产和消费严重分离的现实，致使国际石油贸易高度集中和垄断，如图 8-1 和图 8-2 所示，石油出口主要集中在中东、俄罗斯、西非、南中美、东南亚和北非地区，占世界石油出口总量的 81.7%，其中，中东和俄罗斯的石油出口量最多，2004 年达到 12.94 亿吨，占世界石油出口总量的 54.2%；而石油消费国主要集中在美国、中国、日本、欧洲和其他亚太地区国家，2004 年上述国家和地区石油进口 21.46 亿吨，占世界石油进口总量 90.1%，其中美国、日本、中国三个国家石油进口就高达 10.65 亿吨，占世界石油进口总量的 44.7%，因此，国际石油贸易实际上是上述主要石油出口地区和少数石油进口大国之间开展的石油交易。

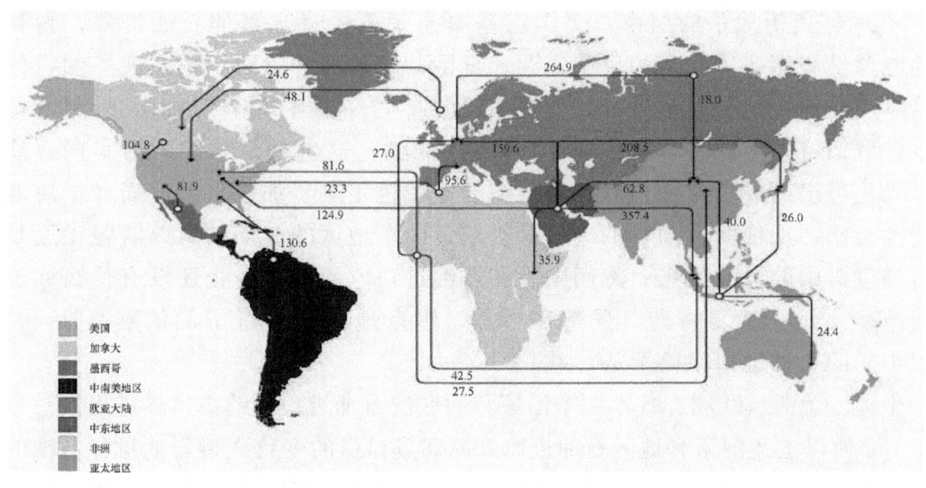

图 8-1　2004 年世界石油贸易示意图

资料来源：BP. 2005. BP Statistical Review of World Energy 2005，http：//www. bp. com/multipleimagesection. do? categoryId＝6840&contentId＝7021557.

随着世界各国经济实力和军事实力的变化，新的世界能源地缘政治正逐渐形成，新一轮能源争夺战已拉开序幕。对于继美国之后的世界第二大石油消费国——中国，能否在纷繁复杂的国际能源地缘政治中扮演主要角色和发挥重要作用，能否在新的能源资源“再分配”中获得安全的、充足的石油资源，将是未来中国能源供应安全的关键。

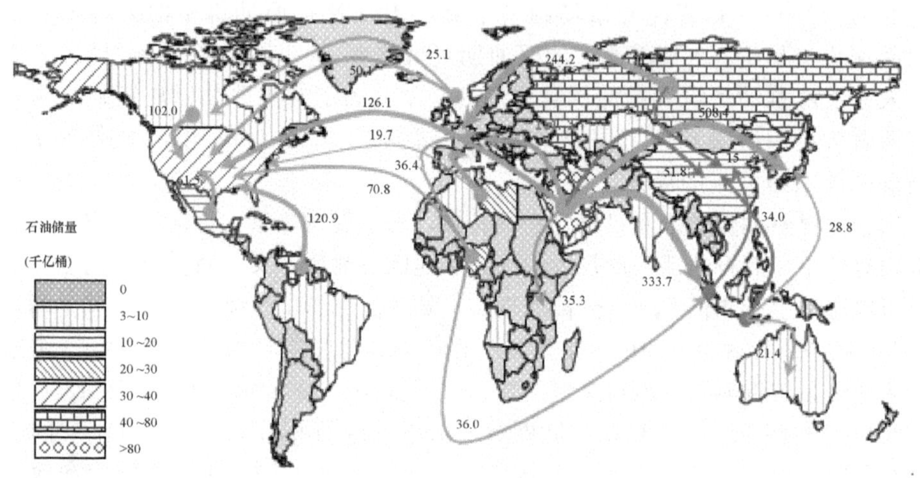

图 8-2　2003 年世界石油储量和进口示意图（进口量：百万吨）

资料来源：BP，2004. BP Statistical Review of World Energy 2004，http：//www. bp. com/multipleimagesection. do？categoryId=6840&contentId=7021557.

2003 年美伊战争的结束，美国已基本控制伊拉克丰富的石油资源，为其未来的能源供应储备了充足的后备资源；日俄“泰纳石油管线”的正式签约，标志着日本成功地实现了石油进口从传统来源向新生石油出口国的过渡，后起的石油巨亨俄罗斯将每年向日本提供 5000 万吨的原油，这也是日本政府为实现石油进口多元化迈出的成功一步；石油外向型的欧盟也正逐步加强与俄罗斯和里海地区的能源合作，从俄罗斯的石油进口量已超过中东地区的 2 倍，所以欧盟正逐步摆脱石油进口中的风险隐患；然而中国在石油进口方面迄今为止还没有什么标志性的改革，大部分地区的进口量都在增加，中东地区的进口份额依然高达 40%，所以中国的石油进口风险形势严峻。

中国、美洲、欧洲、日本四个国家和地区的石油进口量约占世界进出口总量的 70.3%，所以上述国家和地区石油进口来源和进口量的变化直接影响世界石油的供需平衡和稳定。事实上，石油进口风险受多种因素的影响，如进口依存度、国家石油战略储备、国际能源地缘政治关系、进口运输方式等，相对于美国、欧洲和日本，中国石油进口风险隐患较多，进口依存度增长很快，已达到 41.3%，预计 2020 年将高达 60%；国家石油战略储备建设 2004 年才正式启动，一期计划共有四个储备基地，其中规模最大的浙江镇海基地预计 2006 年年底竣工，其余于 2008 年竣工，2010 年总储备量达到 50 天净进口量，但是建立 IEA 规定的 90 天净进口量的储备还要需以时日；中国约 80%的石油进口要通过马六甲海峡，而且石油进口的 90%要靠外籍油轮运输。因此，中国石油进口的高风险因素很多。

在可预知的未来，世界石油贸易仍将是国际能源贸易的主角，当前主要石油进口国的国际石油进口将只增不减，对国际石油市场的依赖程度将进一步提高，据 IEA 预测（2006），到 2030 年主要石油进口国和地区的石油进口度将全面超过 70%，美国上升到 74%，中国达到 77%，印度将高达 87%，因此国际石油贸易市场将依然如火如荼。如表 8-1 所示。

表 8-1　主要国家/地区石油进口依存度变化　单位：%

名称＼年份	1980	1990	2004	2010	2015	2030
OECD	59	53	56	60	62	65
美国	41	46	64	66	69	74
欧盟			79	85	89	92
日本	100	100	100	100	100	100
韩国	100	100	100	100	100	100
发展中亚洲	−2	6	48	57	63	73
中国	−9	−16	46	55	63	77
印度	69	44	69	72	77	87

资料来源：IEA. 2006. World Energy Outlook. OECD/IEA，Paris.

2. 世界天然气贸易

与石油贸易相比，天然气的贸易量较小。BP（2005）的数据表明，2004 年世界天然气贸易量为 6.80 千亿立方米，占世界产量的 25.3%。俄罗斯是世界上最大的天然气出口国，2004 年出口量为 1.48 千亿立方米；美国是最大的天然气进口国，2004 年进口量为 1.26 千亿立方米。

3. 世界煤炭贸易

《2004 世界煤炭发展报告》（黄盛初　2005）的数据显示，2003 年世界煤炭贸易量为 7.18 亿吨，占世界产量的 14.6%。澳大利亚是世界上最大的煤炭出口国，2003 年出口量为 2.08 亿吨；中国出口 0.93 亿吨，居世界第二位；印度尼西亚出口 0.90 亿吨，居世界第三位。日本是世界上最大的煤炭进口国，2003 年进口量为 1.62 亿吨。受国内市场需求增长的影响，2004 年中国煤炭净出口为 0.68 亿吨，净出口量比 2003 年下降了约 18%（国家统计局　2005；能源报告 2006）。

国际能源贸易的主要方式是长期供货合同，但 20 世纪 80 年代后，国际能源价格波动日趋频繁剧烈，使得基于长期供货合同的能源贸易商承受巨大的价格风险，随之，现货贸易方式逐步兴起，并逐步演变为反映能源生产、加工成本和利润的边际市场（marginal market），过去固定价格的长期供货合同也开始与现货价格挂钩，随着贸易量的增加和价格波动风险的加大，大大促进了能源期货贸易的发展，使得能源与金融日益融合，为能源市场的发展注入了新的活力。

8.1.2 国际能源贸易与经济发展

能源贸易不仅是国家对外贸易的有机组成部分，更是一国参与国际能源流通与再生产的重要形式，也是各国参与世界范围内能源再分配的主要方式。面对全球能源短缺危机和在可持续发展方面遇到的问题，能源的输入与流出活动将关系到国家的能源安全乃至经济安全。

现代经济学理论认为，进口对一个国家的国民经济来说是一种“漏出”行为，进口增加，国民收入减少。但能源是一种特殊产品，它既作为一种产出物，计入国民经济账户，同时还作为一种基本生产要素，是其他产品和劳务得以形成的基础和动力源泉。一般认为，能源产品的进口对一国经济来说也是一种“注入”，有助于国民收入的增加（图 8-3）。

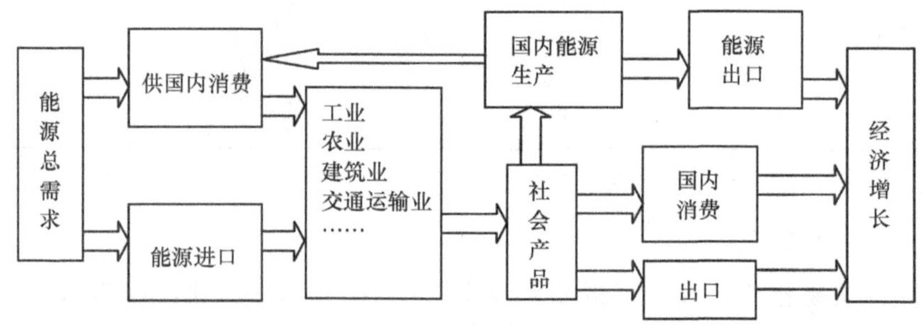

图 8-3　能源贸易对经济增长的影响机理

首先，国内生产的能源一部分用于国内消费，一部分用于出口。用于国内消费的能源一部分用于能源行业的再生产，即能源行业的自耗能，另一部分用于国民经济其他部门生产和服务需求。用于出口的能源，根据现代经济学观点，出口是一种“注入”行为，出口增加，国民收入增加。若考虑乘数的作用，国民收入会成倍增加。由于一定时期内，国内生产的能源产品总量是一定的，因而用于出口与用于国内消费两部分之间具有此消彼长的关系。

其次，国内总的能源需求量一部分来源于国内，一部分来源于进口，二者之间也存在着此消彼长的关系。根据前述分析可知，能源进口通过满足各部门必要的投入要素需求，增加了这些部门产品的增加值，从而增加了国民收入。

最后，能源进口和出口对于国民经济都有促进作用，但相比较而言，能源进口的作用更大。原因在于，能源是一种基本生产要素，处于产业链最前端，属于初级产品，附加值不大，而进口则通过产业链，大大增加了中间产品和最终产品的附加值，乘数效应明显，对经济增长的拉动作用大大增强（张生玲　2007）。

8.2　能源金融化与能源期货市场

20 世纪 80 年代以来，国际能源市场迅速发展，能源期货及衍生品层出不穷。以美国纽约商品交易所和英国伦敦国际石油交易所原油期货为主导的国际能源定价体系确立以后，能源工业的定价权逐步让渡给投资基金。金融行业开始大规模介入国际能源市场的投资活动，能源与其他商品一样成为投资基金追逐利润的对象，使能源由一种单纯的套期保值工具发展成为新兴的金融投资载体，能源与金融一体化发展的时代已来临。

8.2.1　能源金融化

8.2.1.1　能源金融的内涵

当今能源产业发展的一个显著特点是能源市场与金融市场的日益融合，由此产生了一个新的名词——能源金融。能源金融可以简单地概括为能源与金融相互融合而形成的一种新的金融形态（贺永强等　2007）。金融市场的发展给世界能源工业带来了动力，能源工业的发展则促进了世界经济的繁荣。金融资本向能源领域的渗透，使能源已不再是一种纯粹的资源型商品，其金融属性日渐加强。能源金融的一体化给世界各国的能源、金融战略带来了新的挑战。

美元作为最主要的国际性货币，一直以来是世界各国主要的外汇储备币种，也是外汇市场主要的交易品种。国际石油贸易以美元计价和结算的体制决定了石油的准金融属性。20 世纪 70 年代以后，能源定价机制与能源投融资决策及能源供应引起的汇率变化及其风险等问题越来越引起国际社会的普遍关注。西方国家开始将金融理论的成果应用在能源领域，并且在更深更广的范围内深化和发展了能源与金融各自的内涵，形成了能源金融自身固有的含义。

从形态上看，可以将能源金融分为能源虚拟金融与能源实体金融。能源虚拟金融一般指交易者在能源商品期货、期权市场、国际货币市场及与能源相关的资本市场上进行能源实物、期货、期货期权等衍生工具、债券、汇率、利率和股票等的套期保值或投机操作，规避现货市场的风险，或获取投机利润。能源实体金融一般指能源产权与效率市场和资本市场的有机联络，利用资本市场的融资、监督、退出机制，培育、发展和壮大能源产业资本。能源金融一体化，对于能源资源的获取与开发、能源价格信号的产生与传递、能源市场风险规避与管理有着重要的意义（王漫雪 2009）。

随着能源与金融纵深发展，目前已逐渐形成能源市场、货币市场、外汇市场、期货市场包括大宗的衍生品市场，相互联动，形成一个庞大的复合金融体系。

能源金融化的一个重要表现是，能源期货价格正逐步取代现货价格，成为国际能源市场价格发现的预先指标，从而使供需因素对能源价格的影响，尤其是短期影响减弱，而非供需面因素，甚至一些金融投机力量的影响得到加强，因此能源金融化在促进能源市场发展的同时，也使能源价格风险加大，企业管理和控制价格风险的难度增加。例如，以国际上最主要的原油期货市场 NYMEX（纽约商品交易所）为例，2002 年以来，NYMEX 原油期货市场上的非商业持仓呈增长态势，并于 2004 年初首次超过 20%。商业持仓一直为原油期货市场的主要力量，基本上处于 60%以上，这股力量主要是套期保值。尽管非商业持仓的份额较小，但力量不容小觑。经过对历史数据的统计分析发现，非商业净多头寸基本上与 NYMEX 原油价格波动方向呈正相关关系，非商业净多头寸增加与价格上涨基本呈同步变化。投机资金的行为虽然无法改变油价的根本趋势，但由于操作手法灵活，成交活跃，能够放大基本面因素，通常起到推波助澜的作用，尤其在短期内对价格走势的影响非常大。

8.2.1.2 能源金融化发展趋势

虽然早在 1886 年，在威尔士的卡迪夫就出现了世界上最早的能源交易所——煤炭交易所，它运用金融交易的管理模式对当时的煤炭交易商的交易进行管理与运作，但能源与金融在真正意义上的融合，并获得前所未有的发展是在 20 世纪 70 年代石油危机后。随着能源金融化的进一步发展，能源金融一体化在能源与金融市场实践中有了更多的表现，具体反映在以下几个方面。

1. 金融支持在能源工业发展上发挥了重要的作用

能源行业资金需求量巨大，勘探开发活动中不确定性因素很多，导致资金投资风险很高，能源行业投资高风险高回报的特点要求，能源项目融资规模大、融资渠道广、融资机制灵活。传统的融资方式主要通过证券市场和银行信贷，这些融资方式已经不能完全满足能源行业的投资需求。政府或金融机构建立能源产业基金越来越成为国际上的通行做法。在欧洲，挪威每年从国家财政收益及税收中提取一定比例的资金存入石油基金。阿塞拜疆和墨西哥等产油国也都建立了石油基金。建立石油产业基金，一方面支持企业在国内外的资源勘探开发，另一方面支持企业参与国际石油风险市场运作，以及为推动能源结构转型和能源的可持续发展建立的各类能源基金。

2. 大型金融机构日益成为能源领域举足轻重的投资者

一方面是能源行业存在巨大的资金缺口，另一方面是能源行业蕴藏的巨大机遇吸引金融投资机构进入。他们的投资领域既包括能源产权市场，以享有能源资源的“稀缺性”、战争、突发事件带来的溢价，也包括能源期货市场。由于能源实物资产有限，且大部分优良资源已被瓜分，因而越来越多的资金被投向能源虚拟金融资产，如石油天然气期货。在全球流动性过剩的背景下，大量热钱在国际金融市场间快速流动。据《对冲基金情报》2006 年公布的调查显示，当时全球对冲基金总资产超过 1.5 万亿美元，而 1994 年全球对冲基金的总资产不过 1900 亿美元。大约有 200 只基金控制着 400 亿～500 亿美元资产。参与国际能源，特别是石油期货交易的对冲基金主要有两类：宏观对冲基金（macro-hedge fund）和能源对冲基金（energy-specific hedge fund）。前者不仅在不同的商品期货市场（如金属、能源、农产品等）之间套利，还在商品期货市场和金融证券市场之间跨市套利。后者则专注于能源市场投资。然而，能源实物资产及虚拟金融资产只是这些金融机构投资组合的一部分，资本的逐利性决定了巨额资金在不同的市场间流动，对冲风险或寻求投机利润，使得能源与金融加速融合。

3. 能源效率市场是新出现的能源金融模式

20 世纪 70 年代中期以来，一种基于市场的全新节能新机制——“合同能源管理”在市场经济国家中逐步发展起来，而基于这种节能新机制运作的专业化“节能服务公司”的发展十分迅速，尤其是在美国、加拿大，合同能源管理已发展成为一种新兴的节能产业。合同能源管理机制的实质是一种以减少的能源费用来支付节能项目全部成本的节能投资方式。节能服务公司（ESCO）是一种基于合同能源管理机制运作的、以盈利为直接目的的专业化公司。在传统的节能投资方式下，节能项目的所有风险和所有盈利都由实施节能投资的企业承担；在合同能源管理机制下，ESCO 与愿意进行节能改造的用户签订节能服务合同，为用户的节能项目进行投资或融资，向用户提供能源效率审计、节能项目设计、施工、监测、管理等一条龙服务，并通过与实施节能企业分享项目实施后产生的节能效益来盈利和滚动发展。这种风险共担，盈利共享的运营模式有助于推动节能项目的开展。

4. 碳金融是未来极具发展潜力的能源金融创新模式

碳金融（carbon finance）是随着低碳经济的兴起而出现的一个全新的金融概念，它是指与碳，特别是与限制温室气体（GHG）排放有关的金融活动，包括银行贷款、直接投融资和碳指标交易等。服务于限制温室气体排放等技术和项目的直接投融资、碳权交易和银行贷款等金融活动，是温室气体排放权交易及与之相关的各种金融活动和交易的总称。

2005年后，在清洁发展机制（CDM）、联合履行机制（JI）及国际排放交易（IET）三种碳交易机制推动下，全球碳交易的配额市场和项目市场逐步形成，并出现了爆炸性增长。联合国和世界银行预测，2012年全球碳交易市场容量将超过石油，成为世界第一大交易市场，而碳排放额度也将取代石油成为世界第一大商品。在碳交易机制下，碳排放权具有商品属性，其价格信号功能引导经济主体把碳排放成本作为投资决策的一个重要因素，促使环境外部成本内部化。随着碳市场交易规模的扩大和碳货币化程度的提高，碳排放权进一步衍生为具有流动性的金融资产（段冶　2010）。

在目前的各个碳交易市场中，排放权及与排放权相关的远期、期权是最主要的交易工具。随着金融机构越来越多的介入，各种金融衍生产品也有了相当的发展。这些衍生工具，为碳排放权的供求双方提供了新的风险管理和套利手段。目前，主要的碳金融衍生产品包括：应收碳排放权的货币化，碳排放权交付保证，套利交易工具，与碳排放权挂钩的债券等。

国际上对节能减排的高度关注，加速了金融市场上碳配额交易的发展，利用金融市场的重要媒介作用，从完成碳配额到减排投资，可见金融业在新能源开发、能源升级换代、支持节能减排等方面将发挥越来越重要的作用（李忠民，邹明东　2009）。

能源工业是高投入、高风险行业，投资风险涵盖了能源资源勘探开发的风险、能源市场及能源金融工具的交易风险。目前，全世界80%的石油天然气的勘探、开发、生产、加工、销售主要由不超过20家国际大型能源企业控制，这些跨国巨头无不与金融市场保持密切联系，背后拥有强大的金融支持。他们在金融市场获得资本支持，然后在全球范围内占有与开发资源，以能源实物的生产和消费为基础进行金融工具的交易。这种多形式、多方位的整体运作，既保证了对资源的占有，获得利润，又控制了风险，保证了所在国家的能源安全。

如何满足能源工业发展急需的大量资金，是世界各国面临的紧迫问题。能源金融化有利于社会资本向能源部门流动，借助金融的支持，能源企业可以实现产业资本和金融资本的融通。我国能源产业的发展急需大量资金，能源工业多年来一直受政府管制，企业管理和控制市场风险的能力很低，在能源金融一体化的国际化潮流下，应逐步建立起我国能源企业与银行，金融、外汇储备机构、投资基金等各方面的联动机制，建立起以借贷市场、期货市场、股票市场为核心的能源金融体系，为我国能源工业的发展保驾护航。同时必须注意到，能源与金融的联结产生了新的风险，必须掌握并运用新的手段来防范这些风险（贺永强等　2007）。

8.2.2　能源期货市场的形成与发展

20世纪70年代初发生的石油危机，给世界石油市场带来了巨大冲击，石油价格剧烈波动，直接导致了石油期货的产生。石油期货诞生以后，其交易量一直呈现快速增长之势，目前已经超过金属期货，是国际期货市场的重要组成部分。

随着全球市场化进程的加速，能源的价格波动越来越难以把握。能源期货作为一种有效的规避能源风险的工具开始引起人们的重视，众多的期货交易所相继成立，新的交易品种不断涌现，能源期货市场进入了一个高速发展的时期。

目前，推出能源衍生性金融商品的交易所主要包括美国纽约商业交易所（NewYork mercantile exchange，NYMEX）、伦敦国际石油交易所（International petroleum Exchange，IPE）、新加坡交易所（Singapore exchange，SGX）、日本东京工业品交易所（Tokyo commodity exchange，TOCOM）四大交易所（见表8-2），其中以美国纽约商业交易所及伦敦国际石油交易所最为成熟，得到各国现货商和投资者的广泛认同，新加坡交易所和东京工业品交易所则相对为区域性避险市场。

表 8-2　世界主要石油期货交易所

交易所	上市合约	交易量
纽约商业交易所（NYMEX）	1978 年 11 月上市取暖油期货合约；1982 年上市含铅汽油期货合约，1986 年被无铅汽油期货合约取代；1986 年上市西德克萨斯中质原油（WTI）期货合约；1990 年上市天然气期货合约。	2001 年交易量为 7254 万手，日均交易量 27 万手
伦敦国际石油交易所（IPE）	1981 年上市轻柴油期货合约；1988 年上市布伦特原油期货合约；1997 年上市天然气期货合约。	2001 年交易量为 2641 万手，日均交易量 17 万手
东京商品交易所（TOCOM）	1999 年 7 月上市汽油、煤油期货合约；2001 年 9 月上市原油期货合约。	2001 年交易量为 2560 万手
新加坡交易所（SGX）	1989 年 SIMEX 上市高硫燃料油期货合约；2002 年 4 月与 TOCOM 签署合作协议交易中东原油期货合约。	
上海期货交易所 SHFE	1993 年推出大庆原油、90＃汽油、0＃柴油和 250＃燃料油四个期货合约。	总交易量 5000 万吨

资料来源：百度百科．石油期货．http：//baike. baidu. com/view/966631. htm. 2010-11-12.

NYMEX 推出的轻质低硫原油期货合约是目前流动性最大的原油交易平台，也是目前世界上成交量最大的商品期货品种之一。其流动性良好和价格透明，促使该合约价格成为全球原油定价的基准价格。此外，NYMEX 还推出了一系列其他风险控制和交易机会的产品：期权交易、期权差价交易、取暖油和原油间的炼油毛利期权交易、汽油和原油间的炼油毛利期权交易及平均价格期权交易等。WTI 原油现货仅限于在美国本土交易，但其期货合约价格却成为中东供应美国出口原油，以及整个美洲地区原油交易的价格参照体系，其价格已经成为国际原油价格最重要的晴雨表。

伦敦国际石油交易所（IPE）成立于1980年，由一批能源公司和期货公司牵头，是非营利性机构，2000年4月完成改制，成为一家营利性公司，伦敦洲际交易所（intercontinental exchange，ICE）2001年收购伦敦国际石油交易所。1988年6月，伦敦国际石油交易所推出了国际三种基准原油之一的布伦特原油期货合约。此合约旨在满足石油工业对国际原油期货合约的要求，是一个高度灵活的风险规避和交易的工具。此合约上市后取得巨大的成功，使伦敦国际石油交易所成为国际原油期货交易中心之一。如今北海布伦特原油价格已经成为世界原油价格的一个参照价，其中，西北欧、北海、地中海、非洲及部分中东国家和地区都以布伦特的价格做参考（渤海商品交易所 2009）。

欧美老牌的能源交易所在不断强化能源定价优势地位的同时，加快了向亚太能源期货市场扩张的步伐，并在客观上对亚太地区形成独立的能源交易机制产生了一定的牵制。例如，纽约商品交易所在欧洲分部上市了俄罗斯乌拉尔原油，与迪拜商品交易所合作上市了中东阿曼原油期货合约，与新加坡国际金融交易所合作上市了燃料油合约，通过这些举动进一步影响亚太和远东地区。

迪拜商品交易所是迪拜控股公司旗下的Tatweer、纽约商品交易所及阿曼投资基金三方于2007年6月建立的。该交易所成为中东首个国际能源期货及商品交易所，它推出了3个新期货品种，包括阿曼原油期货合约及两个非实物交割的期货合约（WTI-阿曼价差合约、布伦特-阿曼价差合约）。阿曼原油期货合约是中东第一个也是唯一一个实物交割的能源期货合约。

2007年5月，伦敦国际石油交易所上市中东高硫原油期货。该合约是在期货电子平台上进行交易的，以普氏迪拜合约现货股价为基础进行现金结算，与纽约商品交易所原油期货合约的实物交割形成竞争局势。总体上来看，尽管伦敦国际石油交易所的中东高硫合约的交易量还不是很活跃，但它标志着IPE在中东产油国市场上迈出的第一步，为其进一步争取在亚太石油定价系统中赢得一席之地奠定了基础（庄青，李国俊 2007）。

根据交易契约种类及交易量来看，NYMEX目前仍为各项能源期货商品交易的主要市场，商品流动性较高，最适宜能源企业进行避险操作。然而IPE近年来交易商品契约大幅增加，其后续发展相当值得避险投资者注意。

亚太地区也相继成立了一些区域性能源期货交易所。比如，日本于1999年上市了成品油期货，2001年上市了原油期货；新加坡上市了燃料油和中东原油期货合约；印度2005年在大宗商品交易所上市了原油期货；俄罗斯出产的乌拉尔原油的期货在纽约商品交易所进行交易。

2004年，中国为国际能源市场的价格剧烈波动付出了沉重的代价。从国际能源定价机制来看，中国必须建立自己成熟而完善的期货市场，才有可能谋求国际能源定价权，完全摆脱自己在能源进口上“高买低卖”的尴尬局面。在这种形式下，上海期货交易所（SHFE）应运而生。上海期货交易所于 2004 年 8 月 25 日成功推出燃料油期货合约，还致力于原油期货、成品油期货、液化石油气和沥青期货等交易品种的研发。虽然国内期货市场还不足以满足企业规避风险的需求，但上海期货交易所燃料油期货合约自上市以来，比较真实地反映了国内现货市场的供需情况，与国际燃料油价格的关系已从过去的“被动接受”、“亦步亦趋”，逐步发展为“紧密联动”、“积极影响”。上海燃料油期货的成功运行，为我国企业规避风险搭建了平台，为我国进一步推出更多的石油期货品种，完善国家石油战略安全体系积累了有益经验。

由于国际能源贸易以石油为主，因此能源期货也主要集中在石油各品种，随着能源、经济、环境协调发展问题日益受到全球重视，能源期货市场也将向更深更广的范围发展，如表 8-2 所示，NYMEX 和 IPE 已于 20 世纪 90 年代先后推出了天然气期货合约，上一节介绍的国际碳金融市场将成为未来一个重要的与能源有关的期货市场。

8.3　能源期货市场的有效性

期货市场功能的充分发挥依赖其市场有效性的高低。从市场有效性的角度考察能源期货市场发展现状，将有助于认识和深入理解包括能源价格风险等一系列能源经济中的关键问题，对探讨我国能源市场价格风险管理和争取能源定价话语权等问题也具有一定的理论和现实指导意义。有效市场经常用于描述市场的运行特征，包括市场运行效率和市场定价效率。前者指市场本身交易营运的效率，即市场的内部效率；后者指市场价格在任何时候都充分反映了与资产定价相关的所有可获信息，即以资产价格能否根据所有有关信息做出及时、快速的反应为标准，这里的有效被看做是市场的外部效率。我们所研究的市场有效性指的是后者，亦即市场的外部效率。

8.3.1　有效市场假设（Efficient Market Hypothesis，EMH）

8.3.1.1　能源期货有效市场理论的内涵

早期的有效市场理论主要研究证券价格对有关信息反应的速度及敏感程度。Eugene F. Fama 认为，在一个有效的证券市场中信息完全反映在价格之中，证券价格既充分地反映了该证券的基本因素和风险因素，也表现了该证券的预期收益，其即时市场价格是该证券真实价值的最优估计（Fama　1965，1970，1998）。有效市场理论同样适用于能源期货市场。在有效的能源期货市场当中，能源期货投资者无法通过利用某一信息集合来形成买卖决策赚取超过正常水平的利润。从经济学意义上讲，就是指没有人能持续获得超额收益。有效市场是能源期货市场成熟的标志，也是能源期货市场建设和发展的目标。

从理论上看，能源市场的定价机制是否有效有如下两个标准：①价格已经充分反映资产的所有信息；②对于新信息，价格能做出迅速的、准确的调整。由于上述标准无法直接观察，在实践中通常通过以下标准检验能源市场是否有效：①价格能否根据有关信息而自由变动；②有关信息能否被充分披露和均匀分布，使每个投资者在同一时间内得到等量等质的信息。

有效市场理论的经济学含义是期货市场能够对连续的、不可预期的信息流做出迅速、合理的反应，期货价格曲线上的任一点的价格都最真实、最准确地反映了该期货在该时点的全部信息，每个期货的内在价值均通过其市场价格得到合理体现，市场各交易者的边际投资收益率趋于一致，投资者收益率与市场平均收益率之间只能存在较小的随机差，且其差异范围通常包含在交易费用之中。实际上，有效市场理论集中体现了竞争均衡这一经济学中的理想状态、反映了芝加哥学派为代表的许多经济学家对于“看不见的手”（Adam Smith）这一理念的坚定信念。

8.3.1.2 能源期货有效市场理论的三种假设形式

在能源市场上，不同的信息对价格的影响程度不同，从而反映市场效率的层次因信息的不同而不同。具体说来，充分反映于价格中的信息（如图 8-4）包括如下三个层次：第一层次包含能源资产的历史信息，如价格、成交量、持仓量等，这是最容易获得的信息；第二层次包含所有公开可用的信息，如相关能源企业的资产负债表、各种能源经济组织公告等；第三层次包含所有关于该资产的可用信息，包括企业内部的或市场参与人的私有信息。

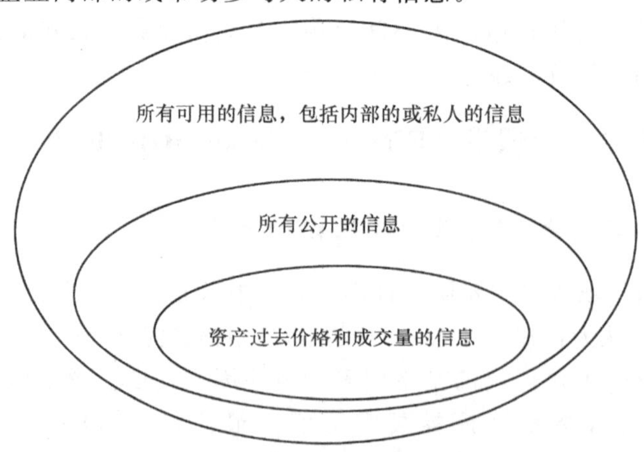

图 8-4 价格中充分反映的不同信息集合

1970 年，芝加哥大学教授 Fama 在其文章中在三个不同层次信息的基础上正式提出了市场有效性的三种假设形式（Fama 1970）。具体针对能源期货市场而言，上述三个市场有效性层次为：

（1）弱式有效。这是资产市场效率的最低程度。如果有关能源资产的历史信息对资产的价格变动没有任何影响，则资产市场达到弱式有效。反之，能源期货市场则尚未达到弱式效率。因为如果有关能源资产的历史信息与现在的和未来的资产价格或收益无关，说明这些历史信息的价值已被投资者充分利用，即历史信息已经被充分披露、均匀分布和被完全使用。任何投资者都不可能通过使用任何方法来分析这些历史信息以获取超额收益。由此，坚信历史会重演的技术分析方法在弱式有效市场中失效。需要注意的是，在一个弱式有效市场上，并不意味着投资者无法获取收益；而是说就平均而言，任何利用历史信息的投资策略所获取的收益都不可能超过“简单购存策略”（buy and hold）所获的收益。购存策略是指投资者购买资产后长期持有该资产，着眼于长期的资本增值，而不是进行短期买低卖高的交易。

（2）半强式有效。在半强式有效市场上，价格不仅充分反映了历史信息，而且充分反映了所有过去的和现在的公开信息（public information），如企业公布盈利报告或投资专业机构公开发表资料等。在该假设下，有关资产的公开信息对资产价格变动没有任何影响；除非投资者了解内幕信息并从事内部交易，否则不可能依靠分析任何公开可获信息而获取超额收益。在半强式有效的市场上，不仅技术分析失效，基本分析也失效。

（3）强式有效。在强式有效市场上，资产价格已充分、及时地反映了所有有关的公开信息和内部信息；有关资产的任何相关信息（除了历史信息和公开信息之外，还包括私有信息和内幕信息等）均无法影响资产的价格变动。在强式有效市场下，无人可以依赖所谓的“小道消息”来赚钱，资产价格的变化是独立的随机变量，投资者即使拥有信息的垄断权，也不可能找到一种好的方法使用已获信息而获取超额收益。换句话说，如果存在内幕交易，市场就不是强式有效的。

8.3.1.3　有效市场假设的检验

检验弱式有效市场的方法有两类：一是检验资产价格的变动模式；二是设计一个投资策略，将其所获收益和“简单购存”策略所获收益相比较。实际上，这两类方法可以说是一个问题的两个方面，它们之间具有互补性。常用的检验方法有随机游走模型、非参数游程检验、相对强度法、过滤检验、条件异方差检验等。以下简要介绍前两种方法。

1. 随机游走模型（又称序列相关检验）

当所有投资者及时获得同一信息时，资产价格将超于其内在价值，投资者对信息分析方法和资产价格的评估可能各不相同，有高有低，但无论如何不可能系统地偏离其内在价值，换言之，当新的信息出现时，投资者开始测定资产的内在价格，并根据内在价格调整资产价格。因此，资产价格总是沿着内在价值线呈随机波动状态。所以说，若是资产价格的时间序列将呈随机行为，根据这一原理，资产价格的随机游走模型设定为 $P_t = P_{t-1} + \varepsilon_t$ ，其中，$E(\varepsilon_t) = 0$ ，$\text{var}(\varepsilon_t) = 0$ ，P_t 为资产在第 t 天的价格，P_{t-1} 为资产第 $t-1$ 天的价格，ε_t 为随机扰动项。

显然，若价格为随机游走过程，则 P_t 与 P_{t-1} 之间是相互独立的，即其相关系数应等于 0；反之，P_t 与 P_{t-1} 之间的相关系数不等于 0。但是，由于资产后期价格是在前期价格的基础上递减或递增，从而对前期的价格存在依赖关系。为了克服这一问题，一般采用收益指标，而不采用价格指标。因此，实际问题变成要检验前期的收益率与后期的收益率之间是否相关。或者说，检验资产收益率是否具有随机游走特征。因此，模型改为 $R_t = R_{t-1} + \varepsilon_t$ ，其中，R_t 为资产在 t 天的收益率，R_{t-1} 为资产在 $t-1$ 天的收益率，ε_t 为随机扰动项。如果 ε_t 是白噪声序列，即 $E(\varepsilon_t) = 0$ ，$\text{var}(\varepsilon_t) = \sigma^2$ ，则所建模型具有稳定性，市场是弱式有效的。

第一步，建立假设检验。

H_0：ε_t 是白噪声序列；H_1：ε_t 不是白噪声序列，即 H_0：随机游走过程，市场是弱式有效；否则非弱式有效。

第二步，计算检验统计量：

$$Q = n\sum_{k=1}^{m}\rho_\varepsilon^2(k) \backsim X^2(m) \tag{8-1}$$

其中，$\rho_\varepsilon(k) = \dfrac{r_\varepsilon(k)}{r_0}$ 指 ε_t 的 k 阶自相关系数，$r_\varepsilon(k) = \dfrac{1}{n-k}\sum\limits_{t=1}^{n-k}\varepsilon_t\varepsilon_{t+k}$ 是自协方差系数，描述 t 与 $t+k$ 之间自我线性相关的强弱和关系。$r_0 = \dfrac{1}{n}\sum\limits_{t=1}^{n}\varepsilon_t^2, k = 0, 1, \cdots, m$ 且 $|r_\varepsilon(k)| \leqslant r_0$ ，n 为样本数，m 为最大滞后长度，$m<n$。

第三步，若 $Q \leqslant X^2(m)$ ，接受 H_0，ε_t 是白噪声序列，模型呈随机游走状态，市场为弱式有效；$Q > X^2(m)$ ，拒绝 H_0，ε_t 不是白噪声序列，模型不呈随机游走状态，市场是非弱式有效。

对于序列相关检验，还有其他一些检验方法，如 Pearson 相关系数（Pearson correlation），Spearman 秩相关系数（Spearman rank correlation）和 Q 值检验等。其中，当样本服从正态分布时，用 Pearson 相关系数进行检验比较合适。而当样本的分布完全未知时，则用 Spearman 秩相关系数更为有效。Spearman 秩相关系数是一种非参数检验方法（Lehmann and D'Abrera 1998），其计算公式如下：

$$r_k = 1 - \frac{6}{n(n^2-1)}\sum d_i^2 \tag{8-2}$$

其中，d_i 为 R_i 与 R_{i+k}之间秩的差值。当样本量比较大时（例如大于 50），可用 t 检验来构造统计量：

$$t_s = r_k \sqrt{\frac{n-2}{1-r_k^2}} \tag{8-3}$$

查表得 $t_{d(\frac{\alpha}{2})}$ ；当 $t_s \geqslant t_{d(\frac{\alpha}{2})}$ 时，则否定原假设 $H_0: r_k = 0$ 。取不同 k 值，分别计算出对应的 t_s 进行检验。

2. 非参数游程检验方法

由于随机游走模型会受到一些异常值或极值的影响，因此在研究股票价格变化时，除了序列相关检验之外，还可以运用游程检验。股票价格连续性地上升或下降，被称为一个游程。一般存在两种方向的游程：上升游程或下降游程，价格停滞不变的情况在实践中出现的机会较少，故排除在外。以收益率为例，如果 $R_{j-1} < R_j > R_{j+1} > \cdots > R_{j+l} < R_{j+l-1}$ 那么称 $(R_j \cdots R_{j+l})$ 为一个游程，$l+1$ 为一个游程长度。总游程数 s，均值 E（s），标准差 σ_s 定义为

$$E(s) = \frac{N + 2N_A N_B}{N} \tag{8-4}$$

$$\sigma_s = \sqrt{\frac{2N_A N_B(2N_A N_B - N)}{N^2(N-1)}} \tag{8-5}$$

其中，N 为股价变动的总天数；N_A 为股价上升的天数；N_B 为股价下降的天数。当 N 足够大时，s 趋向正态分布：

$$Z = \frac{S - E(s)}{\sigma_s} \tag{8-6}$$

若 $|Z| < Z_\alpha$ ，说明市场弱式有效，股票价格的变动无自相关性；若 $|Z| \geqslant Z_\alpha$ ，则市场非弱式有效，股票价格的变动有自相关性。

以上介绍了弱式有效市场的检验方法。而半强式有效市场假设检验则着重于检验公共信息是否被价格充分反映。公共信息种类很多，不可能一一检验，但只要检验一种公共信息的市场有效性即可。最著名的检验方法是 Fama、Fisher、Jensen、Roll（FFJR）在 1969 年共同提出的事件研究方法（Fama et al.　1969）：

$$E\left(\frac{r_j}{r_{m,t}}\right) = \alpha_j + \beta_j r_{m,t} \tag{8-7}$$

$$\varepsilon_{j,t} = r_{j,t} - E\left(\frac{r_j}{r_{m,t}}\right) \tag{8-8}$$

其中，$\varepsilon_{j,t}$ 为时期 t 的超额收益率，定义为本期实际收益率 $r_{j,t}$ 与预期平均收益率 $E\left(\frac{r_j}{r_{m,t}}\right)$ 之间的差额。而预期的平均收益率根据式（8-7）确定。为研究事件对资产价格影响过程，计算累计超额收益率：

$$\sum_{t=-T}^{+T} \varepsilon_{j,t} = E_{j,T} \tag{8-9}$$

由于资产价格受各种信息的影响，为了剔除其他信息的影响而反映出某特殊事件对资产价格的影响，可以通过计算平均累计超额收益率（E_T^-）来反映资产对事件反映的灵敏度：

$$E_T^- = \frac{\sum_{j=1}^{M} E_{j,T}}{M} \tag{8-10}$$

其中，M 为所选的资产种类。由于 M 种资产都受某一特殊事件的影响，而影响它们价格的其他信息在平均的过程中被剔除，所以 E_T^- 的变化可以用来反映资产价格对某一特殊事件的反应速度和准确性。

强式有效市场的假设检验需要明确：首先，超额收益是直接来自内部信息还是公共信息；其次，市场参与者是否通过内幕交易行为获得了超额收益。一般而言，如果能够利用内部信息获得超额利润，则说明市场还未达到强式有效。由于各国法律都严禁利用内幕信息进行交易，因此对强式有效的研究较少，研究目前主要集中于半强式有效和弱式有效市场的检验。

对于遍布全世界的各类能源市场是否有效市场，学术界存在较大争议，目前尚无定论。对于特定能源市场的有效性检验问题，应当具体问题具体分析。

8.3.1.4 有效市场假设的进一步讨论

随机行走假设是 Osborne 在 1964 提出的（Osborne 1964）。他认为市场价格是市场对随机到来的事件信息做出的反应，投资者的意志并不能主导市场，在此基础上建立了投资者“整体理性”这一经典假设，并进一步假设期货合约的持有期收益率服从正态分布，从而可以用数理统计学工具来分析资本市场。

作为传统金融学的理论基石，随机游走假设（Random Walk Hypothesis，RWH），或称布朗运动假设（Brownian Motion Hypothesis，BMH），有如下隐含假设和成立条件：

（1）当前价格收益率独立于历史收益率，即是对历史信息是无记忆性的。

（2）服从 $T^{\frac{1}{2}}$ 法则，即经过离散时间 T 资产价格预期随机游走的比例大小是波动率与时间长度平方根的乘积 $\sigma\sqrt{T}$。

（3）资产价格是连续的。

（4）资产收益率服从均值等于漂移率、标准差等于波动率的正态分布。回报率在各个时期相同。

然而，在传统市场理论建立以来，对于 RWH 假设的检验与争议就没有停止过，许多研究者发现，实证的研究结果并不支持这个假设：

（1）资产的收益率不仅是具有尖峰、偏态和厚尾，而且存在显著的序列相关或自相关（Bouchaud and Potters 2001；Cajueiro and Tabak 2005；

Christodoulakis and Satchell　2002；Kim and Yoon　2004；Kim and White　2004；Oswiecimka et al.　2005）。当前价格收益率并非完全独立于历史收益率，而是对历史信息具有长期记忆性的（Kim and Yoon　2004；He et al.　2007；Lo　1991；Lo and Mackinlay　1996）。价格波动更多地呈现出所谓的“波动聚集”效应，即一个方向（如涨或落）价格的波动往往伴随着该方向上更大幅度的波动（Lo and Mackinlay　1996；Pagan　1996）。

（2）价格的变化率并不服从 $T^{\frac{1}{2}}$ 法则，实证结果表明：这一变化率通常都要高于时间的平方根（Peters 1994，1996；Sherrington et al. 2002；何凌云，郑丰 2005）。

（3）诺亚效应（Noah effect）（Peters 1994），即真实市场中的价格变化倾向于突然的、不连续的变化，这完全不同与 RWH 假设的成立条件。因此，价格变化并不能被认定为是连续的、趋于收敛的（李红权，马超群 2006）。

（4）资产收益率并不服从正态分布（Kim and White　2004；Peters　1994，1996）。

鉴于 RHW 假设严重偏离实际的现状（Mandelbrot 1963，1967，1971），Mandelbrot B. B. 提出了分形布朗运动（fractal Brownian motion，FBM）（Mandelbrot and W　1968）作为理论替代。Peters E. E. 在大量的实证工作基础上，在综合考察了 RHW 和 FBM 后，认为 FBM 才是更加符合实际的理论前提和出发点（Peters　1996），并在 FBM 的基础上，提出了著名的分形市场学说（Peters　1994）。在 Fama（1970）提出的有效市场假设中，噪声交易是不存在的。因为非理性交易者会由于“市场选择”（market selection）（Fama　1970）而消失，最终由理性交易者主导市场。参与市场的投资者有足够的理性，能够迅速对所有市场信息做出合理反应，从而否定了基本面分析和图表分析的理论基础。William Sharpe 在 1970 年给出了一个有效市场的定义（Sharpe　1970）：在一个市场当中，如果无法通过利用某一信息集合来形成买卖决策以赚取超出正常水平的利润，那么该市场对这组特定的信息集合是有效的。相应的，William Sharpe 定义的前提条件是有效市场是所谓的完美市场（perfect market）：①整个市场没有摩擦，即不存在交易成本和税收，所有资产可完全分割，可交易，没有限制性规定；②市场充分竞争；③信息成本为零；④市场参与者都是理性的，并且追求效用最大化。在 Fama 和 Sharpe 的理论框架里，非理性交易者在价格形成过程中的作用是无足轻重的，因为他们不能长时间影响价格；投资者只有根据金融资产的基本价值进行交易才能获得效益最大化。

如前所述，EMH 的前提假设是过于理想化和过于人为性简化的。因此，以 Markowitz 的资产组合理论（Markowitz　1952）、William Sharpe、Litner 和 Mossin 的资本资产定价模型（Sharpe　1970；Sheffrin　1983）、Fama 的 EMH

假设（Fama 1970），以及 Black 和 Scholes 的期权定价模型（Black and Scholes 1973）为代表的传统市场理论显然并不符合实证的结论，不能准确地描述市场行为。这样就需要构造一个全新的理论和方法去重新解释和分析资本市场。在此情况下，Peters E. E. 在 1996 年提出了分形市场假设（fractal market hypothesis，FMH）（Peters 1996）。分形市场假说的主要内容和观点（Peters 1996）有：

（1）当市场上同时存在大量具有不同投资起点的投资者时确保了市场的充分流动性，此时市场是稳定的。

（2）短期信息比长期信息更关注市场敏感性和技术性。只要存在不同投资起点，长期的基本面信息将占据主导地位。短期价格变化信息可能仅仅对于特定投资起点是重要的。

（3）如果对基本面信息的正确性产生怀疑，长期投资者可能停止交易，或成为短期投资者。如果所有投资起点收缩到同一个水平，长期投资者不再对短期投资者提供流动性以稳定市场，市场将失去稳定性。

（4）价格反映了短期技术交易和长期基本面交易的结合。短期价格变化比长期价格变化有更高的易变性和市场噪声，因而更像是群体（crowd）行为的结果。基本面交易则反映了宏观经济环境变化的长期趋势。

（5）假如证券与经济循环无关的话，那么就不会有长期交易，短期信息将占主导地位。

FMH 大大地突破了 EMH 的理论界限，是对 EMH 的拓展，是更普遍意义上的市场研究方法。实际上，EMH 不过是 FMH 的一个子集和特例而已。目前，越来越多的研究者意识到分形市场学说的重要性，同时，大量的实证工作结果也在支持和强化这一学说（Ausloos and Ivanova 2002；Brachet et al. 2000；Gorski et al. 2002；Jiang et al. 2007；Kim and Yoon 2004；Kwapien et al. 2005；Oswiecimka et al. 2005；Richards 2000；Turiel and Pérez-Vicente 2003，2005）。

8.3.2 能源期货市场的价格发现

价格是市场信息的沉淀，价格的变化反映了市场信息的变化。价格发现功能是期货市场存在和发展的基础，也是期货市场套期保值功能发挥作用的前提，对于期货市场具有特别重要的意义。

第一个对不同市场价格发现过程进行研究的是 Garbade 和 Silber（1979），他们对同时在纽约证券交易所和地方性的股票交易所上市的股票价格之间是否存在共同的均衡价格进行了检验。他们提出了主导市场（dominant market）和卫星市场（satellite market）的概念，发现纽约证券交易所（主导市场）在股票价格的发现中起了主导性的作用。后来 Bigman 等（1983）对期货市场简单有效性进行了研究，他们提出了一个检验模型，并对芝加哥期货交易所大豆、小麦、玉米三个品种的期货价格发现功能进行了实证检验。但 Bigman 的检验方法没有考虑时间序列的平稳性引起了广泛的争议。此后期货市场价格发现功能的研究逐渐抛弃传统的最小二乘法估计，而采用较新的统计分析方法如协整检验、误差修正模型和向量自回归模型等（Lai K S and Lai M　1991；Quan　1992）。

价格发现研究的一个重要方面是测算不同市场的新息对同一资产（商品）的共同有效信息贡献的比例。比较重要的测算方法有两个，一个是 Gonzalo 和 Granger（1995）提出的永久-短暂（PT）模型，另一个是 Hasbrouck（1995）提出的信息份额（IS）模型。

8.3.2.1　永久-短暂模型（Permanent-Transient model，PT）

考虑两个协整 I（1）的价格序列 $P_t = (P_{1t}, P_{2t})'$，根据格兰杰表示定理（Engle and Granger，1987），它们之间的误差修正模型可以表示为如下形式：

$$\Delta P_t = \alpha\beta' P_{t-1} + \sum_{k=1}^{K} A_k \Delta P_{t-k} + e_t \tag{8-11}$$

其中，α 为误差修正向量，β 为协整向量，e_t 为残差（也称新息）项，满足均值为零，序列无关，以及协方差 $\Omega = \begin{pmatrix} \sigma_1^2 & \rho\sigma_1\sigma_2 \\ \rho\sigma_1\sigma_2 & \sigma_2^2 \end{pmatrix}$，其中 σ_1^2, σ_2^2 分别为 e_{1t}, e_{2t} 的方差，ρ 为 e_{1t}, e_{2t} 的相关系数。

Stock 和 Watson's（1988）将时间序列之间的共同趋势表示为

$$P_t = f_t + G_t \tag{8-12}$$

其中，f_t 为永久影响部分，G_t 为暂时影响部分，G_t 对 P_t 不产生永久性的影响。Gonzalo 和 Granger（1995）定义永久影响部分为 $P_t = (P_{1t}, P_{2t})'$ 的一个线性组合，即 $f_t = \gamma_1 P_{1t} + \gamma_2 P_{2t}$，其中 $\Gamma = (\gamma_1, \gamma_2)$ 为共同要素系数向量，且 $\sum \gamma_i = 1$。他们证明了 Γ 与（1）中的误差修正向量 α 是正交的，并且用 γ_1, γ_2 来度量两个市场对价格发现的贡献。

8.3.2.2　信息份额模型（Information share model，IS）

Hasbrouck（1995）将式（8-11）转换为下述的向量移动平均（vector moving average，VMA）过程：

$$\Delta P_t = \Psi(L) e_t \tag{8-13}$$

式（8-13）可以进一步转换为

$$P_t = \Psi(1) \sum_{s=1}^{t} e_s + \Psi^*(L) e_t \tag{8-14}$$

其中，$\Psi(L), \Psi^*(L)$ 是滞后算子 L 的矩阵多项式。$\Psi(1)$ 为移动平均系数之和，

$\Psi(1)e_t$ 表示新息对每一市场价格的长期影响。新息对所有市场价格的长期影响是相同的，即 $\Psi(1)$ 拥有相同的行向量，令 $\Psi=(\Psi_1,\Psi_2)$ 表示 $\Psi(1)$ 的共同行向量，则有

$$P_t = l\Psi(\sum_{s=1}^{t} e_t) + \Psi^*(L)e_t \tag{8-15}$$

其中，$l=(1,1)'$。两部分中来自第一部分的 $\Psi \cdot e_t$ 为永久影响部分，$\Psi^*(L)e_t$ 为短暂影响部分。

Baillie 等（2002）对 PT 模型和 IS 模型之间的关系进行了研究，证明了关系 $\frac{\Psi_1}{\Psi_2}=\frac{\gamma_1}{\gamma_2}$，因此，当误差修正模型的误差项之间不相关（即 $\rho=0$）时，信息份额可以利用下式计算得到：

$$IS_i = \frac{\gamma_i^2\sigma_i^2}{\gamma_1^2\sigma_1^2+\gamma_2^2\sigma_2^2}, i=1,2 \tag{8-16}$$

当市场之间的价格新息存在显著的相关性（即 $\rho\neq 0$）时，上述公式不成立。Hasbrouck（1995）建议对 Ω 进行 Cholesky 分解，利用正交化的新息度量 IS。设将协方差 Ω 进行 Cholesky 分解为：$\Omega=MM'$，其中 M 为下三角矩阵，且满足

$$M=\begin{pmatrix} m_{11} & 0 \\ m_{21} & m_{22} \end{pmatrix}=\begin{pmatrix} \sigma_1 & 0 \\ \rho\sigma_2 & \sigma_2(1-\rho^2)^{\frac{1}{2}} \end{pmatrix} \tag{8-17}$$

则第 i 个市场的信息份额为

$$IS_i = \frac{([\Psi' M]_i)^2}{\Psi'\Omega\Psi} \tag{8-18}$$

其中，$[\Psi' M]_i$ 表示列矩阵 $\Psi' M$ 的第 i 个元素。

Baillie 等人（2002）证明了：

$$\frac{IS_1}{IS_2}=\frac{(\gamma_1 m_{11}+\gamma_2 m_{21})^2}{(\gamma_2 m_{22})^2} \tag{8-19}$$

由于 $IS_1+IS_2=1$，所以有

$$IS_1=\frac{(\gamma_1 m_{11}+\gamma_2 m_{21})^2}{(\gamma_1 m_{11}+\gamma_2 m_{21})^2+(\gamma_2 m_{22})^2} \tag{8-20}$$

和

$$IS_1=\frac{(\gamma_2 m_{22})^2}{(\gamma_1 m_{11}+\gamma_2 m_{21})^2+(\gamma_2 m_{22})^2} \tag{8-21}$$

从式（8-20）和式（8-21）可以看出信息份额只与 α（或它的共厄 Γ）和 Ω 有关，此外，当 $m_{21}\neq 0$（即两个市场的价格新息不相关）时，上述分解给第一个市场价格分配了一个较大的份额。因此根据上述模型计算出的信息份额 IS 与价格变量的次序有关，在二元的情况，IS_i 的上（下）界通过将第 i 个价格排在第一

（最末）的位置获得，n 元的情况，需对变量的所有排列进行全面验证（Hasbrouck 2002）。PT 模型方法的一个优势是每个市场对价格发现的贡献是唯一确定的。IS 模型和 PT 模型的本质区别在于对价格扰动的分解不同，以及如何将扰动所产生的影响分配到各个市场。Gonzalo 和 Granger（1995）的 PT 模型将共同要素（永久影响）分解为两个价格的线性组合，而 Hasbrouck（1995）却对共同要素（永久影响）的方差进行分解。IS 模型比 PT 模型更具一般性。

由于价格变动反映了市场对新信息的作用，因此如果一个市场所占的信息份额相对较大，则说明这个市场吸收了更多的市场信息，即在价格发现功能中发挥了更为重要的作用。

国际能源期货市场经过 20 多年的快速发展已接近成熟，具备了一定的价格发现功能。虽然一些实证研究结果显示，能源期货市场在价格发现中还不具有主导作用，但能源期货市场在价格发现中的作用是显著存在的（Tse and Xiang 2005；Foster 1996；Zhang and Wei 2010；王群勇，张晓峒 2005）。

8.4 能源期货市场的价格风险管理功能

8.4.1 能源价格风险概念

伴随着国际能源贸易的发展，尤其是能源金融化，以及能源期货价格取代现货，成为能源市场定价的依据等一系列变化大大促进了能源产业的发展，使国际能源市场的运行越来越规范、有效。但与此同时，相关的各种风险，如金融风险、价格风险等也应运而生，如何有效管理和控制这些风险，成为市场参与者各方关注的问题。其中，在正常市场条件下，企业面临的最大和最频繁的风险就是价格波动风险，所以本节介绍能源价格风险的度量与管理。

所谓能源价格风险，是指因能源价格的波动给能源生产者或消费者等各方带来的收益上的不确定性。能源价格风险大小直接影响能源生产与消费的各种选择，因此有效地度量能源价格风险，并在此基础上进行有效控制和管理对能源市场参与各方均具有重要意义。

8.4.2 能源价格风险的度量

8.4.2.1 在险值（Value at Risk，VaR）

度量价格风险最主要，也是最常用的工具是在险值。VaR 最先起源于 20 世纪 80 年代末交易商对金融资产风险测量的需要。VaR 作为一种金融风险测定和管理的工具，则是以 JP 摩根银行最早在 1994 年推出的风险度量模型为标志。与以往主要靠管理者的主观判断进行风险的定性评价不同，在险值法是一种利用概率论和数理统计理论进行风险量化和管理的方法，具有坚实的科学基础。目前，以在险值法为基础的金融风险管理技术已成为国际范围内普遍使用的风险管理技术。

在险值，意为处在风险中的价值。VaR 定义为：在一定的持有期，一定的置信水平下可能的最大损失。VaR 要回答这样的问题：在给定时期，有 $x\%$ 的可能性，最大的损失是多少？严格的定义如下：

设 R 是描述组合收益的随机变量，f（R）是其概率密度函数，置信水平是 c，那么收益小于 R^* 的概率为

$$\mathrm{Prob}\,[R < R^*] = \int_{-\infty}^{R^*} f(R)dR = c \tag{8-22}$$

VaR 有绝对风险值和相对风险值之分，绝对风险值是指相对于当前头寸的最大可能损失，

$$\text{VaR（绝对）} = -R^* W \tag{8-23}$$

相对 VaR 是指相对于收益期望值的最大可能损失，

$$\text{VaR（相对）} = -R^* W + \mu W \tag{8-24}$$

其中，μ 是收益的期望值，W 是头寸大小。实践中通常使用相对 VaR。

一个特定的 VaR 值是相对于三个因素而言的：①持有期；②置信水平；③基础货币。持有期是风险所在的时间区间，如一天或一个月。置信水平表示承担风险的主体对风险的偏好程度，一般取 90%～99.9%。在险值（VaR）总是用某个国家的货币作为基准表示的，所以 VaR 的值依赖于基础货币的选取。因此，VaR 对风险的度量具有本质的进步，开创了全新的风险管理阶段，它在风险度量的基础上，其技术可用于全面风险管理，包括机构的设置、部门的管理、绩效评估、报酬的分配以及资本配置、金融监管等。

8.4.2.2 VaR 的计算

VaR 的计算有多种方法，适用于不同的市场条件、数据水平、精度要求等。大体上可归为以下三种方法。

1. 方差协方差方法

记｛P_t｝为某金融工具的价格的时间序列，R_t 为收益，在金融市场价格的随机游动假说下，P_t 服从独立的正态分布。由以下收益（R_t）的定义：

$$R_t = (P_t - P_{t-1}) / P_{t-1} \tag{8-25}$$

可知，当 P_{t-1} 已知时，收益序列｛R_t｝服从独立的正态分布，设

$$R_t \sim N(\mu, \sigma_t^2) \tag{8-26}$$

令 $Z_t = (R_t - \mu) / \sigma_t$，则有 Z_t 服从标准正态分布，

$$Z_t \sim N(0, 1) \tag{8-27}$$

$$\mathrm{Prob}[R_t < R^*] = \mathrm{Prob}[Z_t < (R^* - \mu)/\sigma_t] = c \tag{8-28}$$

由（1）式对风险值的定义，得到下式：

对给定的置信水平 c，对应的标准正态分布的分位点为 α（由标准正态分布表查表可得），所以有

$$(R^* - \mu)/\sigma_t = \alpha \tag{8-29}$$

简单推导可得

$$R^* = \mu + \alpha\sigma_t \tag{8-30}$$

代入式（8-23）和式（8-24）VaR 的定义，我们得到以下结果：

$$\mathrm{VaR}（绝对）= -\mu W - \alpha\sigma_t W \tag{8-31}$$

$$\mathrm{VaR}（相对）= -\alpha\sigma_t W \tag{8-32}$$

正如上面讲到的，实践中经常用到相对 VaR，亦即采用式（8-24）计算时刻 t 的风险值。以下我们谈到 VaR 时均指相对 VaR。

当资产组合包括两种以上资产时，我们用向量形式来表示。假定组合中有 n 种资产，每种资产的收益为 $R_i(t)$（$i=1, \cdots, n$），令向量 $R(t) = [R_1(t)\ R_2(t) \cdots R_n(t)]^{\mathrm{T}}$，并假定 $R(t)$ 服从多元正态分布，记向量 $F = (\rho_{i,j})_{n*n}$ 为 n 种资产的相关系数矩阵，$\omega = (\omega_1\omega_2\cdots\omega_n)^T$ 为每种资产投资占总投资的比重，显然有 $\omega_1+\omega_2+\cdots+\omega_n=1$。另记投资组合的收益为 $R_p(t)$，则有

$$R_p(t) = \omega_1 R_1(t) + \omega_2 R_2(t) + \cdots + \omega_n R_n(t) \tag{8-33}$$

因为正态分布的线性组合仍然是正态分布的，所以 $Rp(t)$ 服从正态分布，按照上面的推导，其风险值 VaR_p 为

$$\mathrm{VaR}_p = -\alpha\sigma_p W \tag{8-34}$$

剩下的问题就是计算投资组合的标准差 σ_{p} 了。由数理统计的结果，知道由式（4-12）得到的正态变量的标准差 σ_p 同每种资产的标准差 σ_i 之间的关系为

$$\sigma_p^2 = [\omega_1\omega_2\cdots\omega_n]\begin{bmatrix}\sigma_1 & 0 & \cdots & 0\\ 0 & \sigma_2 & \cdots & 0\\ \vdots & \vdots & \vdots & \vdots\\ 0 & 0 & \cdots & \sigma_n\end{bmatrix}$$
$$\begin{bmatrix}1 & \rho_{1,2} & \cdots & \rho_{1,n}\\ \rho_{2,1} & 1 & \cdots & \rho_{2,n}\\ \vdots & \vdots & \vdots & \vdots\\ \rho_{n,1} & \rho_{n,2} & \cdots & \rho_{n,n}\end{bmatrix}\begin{bmatrix}\sigma_1 & 0 & \cdots & 0\\ 0 & \sigma_2 & \cdots & 0\\ \vdots & \vdots & \vdots & \vdots\\ 0 & 0 & \cdots & \sigma_n\end{bmatrix}\begin{bmatrix}\omega_1\\ \omega_2\\ \vdots\\ \omega_n\end{bmatrix} \tag{8-35}$$

记为向量形式即为 $\sigma_p^2 = \omega^T\sigma F\sigma\omega$，代入式（8-34），得到组合的风险值（$\mathrm{VaR}_p$）与每种资产的风险值（$\mathrm{VaR}_i$）的关系式为

$$\mathrm{VaR}_p = -\alpha\sigma_p W = -\alpha[\omega^T\sigma F\sigma\omega]^{1/2}W$$
$$= \sqrt{[-\alpha\omega_1 W\sigma_1 - \alpha\omega_2 W\sigma_2 \cdots - \alpha\omega_n W\sigma_n]F[-\alpha\omega_1 W\sigma_1\quad -\alpha\omega_2 W\sigma_2\quad \cdots\quad -\alpha\omega_n W\sigma_n]^T}$$

$$= \sqrt{[\mathrm{VaR}_1 \mathrm{VaR}_2 \cdots \mathrm{VaR}_n]F[\mathrm{VaR}_1 \mathrm{VaR}_2 \cdots \mathrm{VaR}_n]^T}$$

$$= \sqrt{\mathrm{VaR} \times F \times \mathrm{VaR}^T} \tag{8-36}$$

其中，VaR＝［VaR_1　VaR_2　$\cdots\mathrm{VaR}_n$］是每种资产风险值构成的向量，$\omega_i W$ 正好是投资在第 i 种资产上的头寸。

由以上定义和推导可见，在正态假设下，只需要估计每种资产的标准差和它们之间的相关系数就可以得到任意组合的 VaR。

2. 历史模拟法

历史模拟法又分简单模拟法和历史模拟法。

简单模拟法是根据每种资产的历史损益数据计算当前组合的“历史”损益数据，将这些数据从小到大排列，按照置信度的水平找到相对应的分位点 R^*，从而计算出 VaR。

当投资组合中的金融产品不存在历史数据或没有足够的历史数据时，需要用历史模拟法改进简单历史法。首先找出影响组合的基础金融工具或其他风险因素，通过分析它们的历史数据，得到风险因素未来的可能变化值，从而对现有组合进行估价，最后在一个给定的置信水平下，用组合价值的可能损益估计其风险值。

3. Monte Carlo 方法

与历史模拟法不同的是，Monte Carlo 方法并不直接利用每种资产的历史数据来估计风险值，而是得到它的可能分布，并估计分布的参数，然后用相应的“随机数发生器”产生大量的符合历史分布的可能数据，从而构造出组合的可能损益。在这样得到的大量的组合可能损益中，按照给定的置信水平得到风险值的估计。

J. P. Morgan 集团从 1994 年开始在 Internet 上公布的名为 RiskMetrics 的方法和数据，其计算 VaR 的方法是采用了方差协方差方法，它假定对数价格的变化服从独立异方差的正态分布：

$$r_t = \ln(P_t) - \ln(P_{t-1}) \quad \sim \quad N(0, \sigma_t^2) \tag{8-37}$$

其中，P_t 表示某种金融工具在时间 t 的价格，时间间隔为 1 天。

当已知 P_{t-1} 时，假定 r_t 的分布是均值为 0，方差为 σ_t 的正态分布。这里重要的是考虑了方差的时变性。J. P. Morgan 集团通过公布 480 种金融工具的 VaR 和相关系数，使得金融机构可以方便地计算任意组合的风险值。

8.4.2.3　案例分析：基于 HSAF 的原油价格风险

1. 历史模拟法优缺点分析

历史模拟法的优点是显而易见的。首先，概念简单，操作方便，便于解释；

其次，对收益的分布没有任何假定，也就是说，不依赖于收益分布的形式和参数，不必讨论是否独立、是否同分布等，也不必考虑是否有厚尾瘦腰高峰等现象；再次，历史模拟法作为一种非参数方法，使得我们不必估计波动性、相关性等参数，那么也就避免了参数估计的风险，即所谓“模型风险”。这是历史模拟法明显优于方差协方差方法和 Monte Carlo 方法的地方。Mahoney（1996）发现历史模拟法能够在所有置信水平下（可以高达 99%）得到 VaR 的无偏估计，而方差协方差方法在置信水平高于 95%时就开始低估 VaR 了。

历史模拟法在应用中也有一些问题。一个是需要的数据量比较多，这一点在有些金融工具中是比较困难的，对一些经常调整的投资组合尤其困难。另一个是估计的结果完全依赖于历史数据集合的选取，隐含的假设就是：过去的信息能够充分描绘未来的风险水平。再一个问题是历史数据区间长度（T）的选择问题。一方面，我们希望有足够多的历史数据来反映我们关心的历史分布的尾部。置信水平越高，需要的历史数据越多，例如，在 95%的置信水平下，极端事件（如果我们把损失超出 VaR 的那些天称为极端事件的话）平均 20 天发生一次，而在 99%的置信水平下，极端事件平均 100 天发生一次。在这个意义上，当然是历史数据越多，估计的精确度越高。但是，另一方面，随着时间的推移，系统的本质特征在变化，例如波动性、相关性等都随时间在改变。为了反映系统的最新信息，我们希望更多地使用最新的数据，因为离预测那天越近的数据包含的信息越接近于预测天，结果更可信。如果使用的历史数据太长，对最新数据的反映就越不敏感，不能及时反映系统的变化，Hendricks（1996）的研究表明在长的估计区间（例如：1250 天）下这种情况确实存在。所以，在选择历史数据的长度上，我们面对一个两难的选择。

2. 带有预测的历史模拟法（HSAF）

基于上述对历史模拟法的认识，一种改进的思路是不直接采用收益分布的历史数据，而是采用预测误差的历史数据，这里采用 ARMA 模型预测未来收益，所以把这种 ARMA 模型和历史模拟法相结合的方法叫做带有预测的历史模拟法（HSAF）。

HSAF 的计算过程包括四步：

（1）计算样本收益率的绝对值。

（2）建立 ARMA 模型。

（3）计算样本内的预测值和预测误差。

（4）计算 VaR（预测值＋误差对应的分位数）。

下面利用 HSAF 计算 Brent 原油的价格风险，设置信水平为 c＝99%，对应于不同的历史数据长度 T，我们分别应用 HSAF 方法对未来的 VaR 进行预测，对同样的时间区间（1999 年 1 月～2001 年 12 月）预测的结果见表 8-3。

表 8-3 HAMF 不同时间长度的 VaR 预测效果

（样本区间：1999～2001，c＝99％）

T	最大值	最小值	平均值	实际收益率超过 VaR 的比例
100	13.74％	4.51％	7.34％	1.96％
300	11.45％	5.92％	7.85％	1.70％
500	10.48％	6.78％	7.74％	1.31％
1000	9.92％	6.24％	7.32％	1.44％

在表 8-3 中观察实际收益率超过 VaR 的比例，我们可以看到，当历史数据长度取为 500 天时，实际收益率超出预测的 VaR 的比例与预设的 99％的置信水平最为吻合。所以，我们在以后的预测中选择 T＝500 天。那么，对 2002 年 1 月至 2003 年 6 月的预测结果见图 8-5，实际的收益率波动超出预测的正负 VaR 的比例为 0.54％，说明在 99.46％的天数，实际的收益率波动不会超过预测的 VaR。

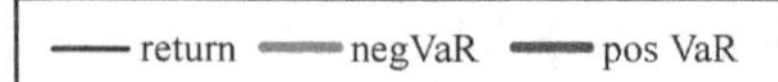

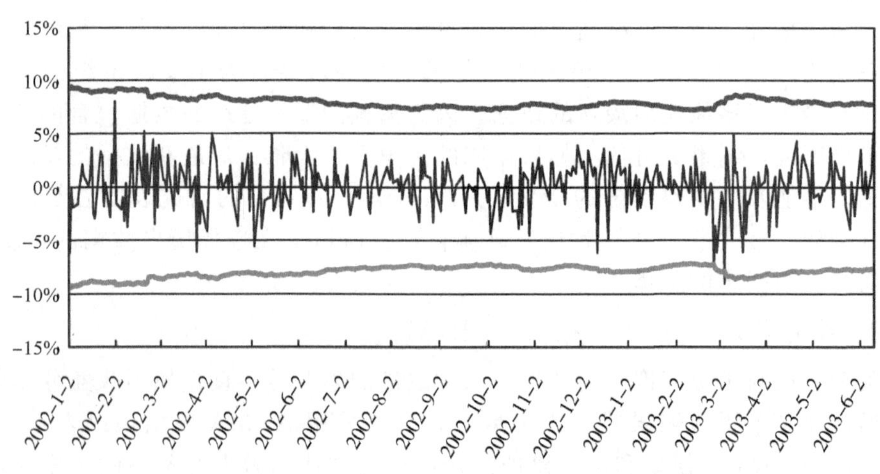

图 8-5 HSAF 方法对 Brent 原油风险值的预测结果

（预测区间：2002.1～2003.6）

8.4.3 能源价格风险的管理

8.4.3.1 套期保值

1. 能源期货套期保值概念

套期保值是把期货市场作为转移价格风险的场所，利用期货合约作为将来现货市场买卖商品的临时替代物。

所谓能源期货套期保值就是指买入（卖出）与现货市场数量相当，但交易方向相反的期货合约，以期在未来某一时间通过卖出（买入）期货合约补偿现货市场价格变动带来的实际价格风险。套期保值分为买入套期保值（又称多头套期保值）和卖出套期保值（又称空头套期保值）两种。买入套期保值是在期货市场购入期货，用期货市场多头保证现货市场的空头，以规避能源价格上涨的风险。卖出套期保值（又称空头套期保值）是在期货市场中出售期货，用期货市场空头保证现货市场的多头，以规避能源价格下跌的风险。

2. 能源期货市场的主要功能

能源期货市场的功能主要体现在以下三个方面：

（1）规避价格风险：套期保值者可以在期货市场上通过期货交易进行套期保值转移价格风险。无论价格怎么变化，都能在一个市场亏损的同时，在另一个市场赢利，两者相抵，就可以规避能源价格波动的风险。

（2）价格发现：套期保值者在交易所进行的交易，集中反映了全社会的供求关系，所以能够发现真实的价格水平，对未来市场价格具有真实、超前的反映。

（3）风险投资：对于期货投机者来说，期货交易还具有进行风险投资的功能。

3. 期货套期保值应遵循的原则

期货套期保值所要遵循的原则包括以下四个方面：

（1）交易方向相反：交易方向相反原则是指在做套期保值交易时，套期保值者必须同时或先后在现货市场上和期货市场上进行反向操作。通过期货交易和现货交易互相之间的联动和盈亏互补性冲抵市场价格变动所带来的风险，以达到锁定成本和利润的目的。

（2）商品种类相同：只有商品种类相同，期货价格和现货价格之间才有可能形成密切的关系，才能在价格走势上保持大致相同的趋势，从而在两个市场上采取反向买卖的行动取得应有的效果。否则，套期保值交易不仅不能达到规避价格风险的目的，反而可能会增加价格波动的风险。在实践中，对于非期货商品，也可以选择价格走势互相影响且大致相同的相关商品的期货合约来做交叉套期保值。

（3）商品数量对等：商品数量相等原则是指在做套期保值交易时，所选择的期货合约商品必须和套期保值者将在现货市场中买进或卖出的现货数量对等。只有保持两个市场上买卖商品的数量对等，才能使一个市场上的盈利额与另一个市场上的亏损额相等或最接近，从而保证两个市场盈亏互补的有效性。在实践中，由于主观和客观的原因，经常出现商品数量不相等的情形。成功的套期保值策略，常依赖于合适的保值率。套期保值率用以解决相对应于 1 单位的现货，要用多少单位的期货才能实现较好的套期保值效果，即所谓的最优套保比的问题。这也是本章所要研究的重点问题。

(4) 月份相同（或相近）：这是指在做套期保值交易时，所选用的期货合约的交割月份最好与交易者将来在现货市场上交易商品的时间相同或相近。因为两个市场出现的盈亏金额受两个市场上价格变动的影响，只有使两者所选定的时间相同或相近，随着期货合约交割期的到来，期货价格和现货价格才会趋于一致。才能使期货价格和现货价格之间的联系更加紧密，达到增强套期保值的效果。

在国际能源贸易中，能源企业类型不同，应用套期保值理论规避价格风险时操作的方式也不同，主要有以下三种方式。

(1) 能源生产企业的买入套期保值：如果担心未来能源价格上涨会造成能源生产企业的成本增加，利润减少，就可以利用能源期货对进口货物进行买入套期保值。这样的买入套期保值使能源企业有效地锁定原料采购价格，从而规避了原油价格变化带来的冲击。

(2) 能源经营企业的卖出套期保值：对于能源经营企业来说，它所面临的市场风险是能源收购后尚未转售出去时，能源价格下跌，这将会使它的经营利润减少甚至发生亏损。为回避此类市场风险，能源经营企业可采用卖期保值方式来进行价格保险。

(3) 能源加工企业的综合套期保值：对于加工企业来说，市场风险来自买入和卖出两个方面。它既担心原材料价格上涨，又担心成品价格下跌，更怕原材料上升、成品价格下跌局面的出现。只要该能源加工企业所需的原油及加工后的石油成品都可进入期货市场进行交易，那么它就可以利用期货市场进行综合套期保值，即对购进的原材料进行买期保值，对其产品进行卖期保值，就可解除其后顾之忧，锁牢其加工利润，从而专门进行加工生产。

例如，某炼油生产商想为自己炼油所需的原油进行套期保值。假定炼油商在8月1日发现，当时的原油现货价格为55美元/桶，市场价格有继续上涨的迹象，预计到9月1日企业的库存已经降至低点，需要补充库存10 000桶。由于前期原油收购价较高，炼油商利润越来越薄，使得多数炼油商减少了炼油，相应原油供给量也会减少。而同期各炼油商的库存较低，企业担心到9月份原油价格继续上涨。此时原油期货市场9月合约报价55美元/桶，该企业在8月1日以55美元/桶的价格买入10 000桶9月原油中远期合约。

9月1日原油中远期、现货市场价格均出现上扬，并且中远期市场的涨幅大于现货市场，此时现货报价58美元/桶，中远期市场9月合约报价涨至59美元/桶。该企业在现货市场买入了10 000吨原油，采购价格为58美元/桶，同时在中远期市场以59美元/桶的价格卖出10 000桶9月合约平仓。

炼油商的套期保值效果（不考虑手续费等交易成本）：

盈亏变化状况＝期货盈亏变化＋现货盈亏变化＝［（59－55）＋（55－58)］×10 000＝10 000（美元）

从上述案例中我们发现，该炼油商采用套期保值，完全规避了由于原油价格上涨而导致的原油采购成本多增加（58－55）×10 000＝30 000（美元）的风险。

上述案例中，期货市场价格上涨幅度大于现货价格上涨幅度，所以套期保值完全规避了现货价格上涨的风险，如果期货价格涨幅小于现货价格涨幅，比如 9 月 1 日现货报价 58 美元/桶，中远期市场 9 月合约报价为 57 美元/桶，此时炼油商套期保值后的盈亏变化状况＝［（57－55）＋（55－58)］×10 000＝－10 000（美元)，即套期保值只规避了价格上涨的部分风险，炼油商仍然承担了部分价格上涨的风险。

上述是原油市场变化与炼油商预期一致的情况，如果预期错误，情况又如何？例如 9 月 1 日现货报价 53 美元/桶，中远期市场 9 月合约报价为 54 美元/桶，此时炼油商套期保值后的盈亏变化状况＝［（54－55）＋（55－53)］×10 000＝10 000（美元)。

或者 9 月 1 日现货报价 52 美元/桶，中远期市场 9 月合约报价为 53 美元/桶，此时炼油商的套期保值后的盈亏变化状况＝［（52－55）＋（55－53)］×10 000＝－10 000（美元)。

根据上述分析可知，炼油商同样的套期保值策略，在不同的市场变化下，套期保值的效果不完全相同，关键取决于套期保值末期现货价格与期货价格之差（定义为基差)，如果一个期货市场是有效的，那么在临近期货合约交割期时，期货价格与现货价格应趋同，即基差趋于 0。所以套期保值的目的不是完全消除价格风险，而是将价格风险降低到最低限度。

8.4.3.2 多品种期货套期保值

1. 单一品种最优套保比的确定

传统套期保值理论要求在期货市场建立一个与现货市场方向相反、数量相等的交易部位，而现代套期保值则从投资组合理论出发，认为交易者进行套期保值实际上是对现货市场和期货市场的资产进行组合投资，套期保值者根据组合投资的预期收益和预期收益的方差，确定现货市场和期货市场的交易头寸，以使收益风险最小化或者效用函数最大化。组合投资理论认为，套期保值者在期货市场上保值的比例是可以选择的，最佳套期保值的比例取决于套期保值的交易目的及现货市场和期货市场价格的相关性，而在传统套期保值交易中，套期保值的比例恒等于 1，即套期保值商品数量对等的原则。

Johnson（1960）在收益方差最小化的条件下，最早提出了商品期货最优套期保值比率的概念，并给出了最优套期保值比率的计算公式，即 MV 套期保值比率（Minimizing variance hedge ratios），可通过 OLS 估计：

$$R_{st} = \alpha + \beta R_{ft} + \varepsilon_t \tag{8-38}$$

其中，R_{st}，R_{ft} 分别为现货与期货的价格变化率，β 的估计值即为最小方差套期保值比率。令 $\mathrm{VaR}(R_{st}) = \sigma_{ss}$，$\mathrm{VaR}(R_{ft}) = \sigma_{ff}$，$Cov(R_{st}, R_{ft}) = \sigma_{sf}$，则有：

$$h = \beta = \frac{Cov(R_{st}, R_{ft})}{\mathrm{VaR}(R_{ft})} = \frac{\sigma_{sf}}{\sigma_{ff}} \tag{8-39}$$

随着时间序列建模技术的发展，人们逐渐发现利用 OLS 进行最小风险套期保值比率的计算会受到残差项序列相关的影响，为了消除残差项的序列相关及增加模型的信息量，有学者提出利用双变量向量自回归模型（VaR）估计套期保值比率。由于现货价格与期货价格有可能是协整的，基于此，学者们又进一步提出利用误差修正模型（ECM）及分数协整模型（FIEC）计算最优套期比，以充分利用已有信息，提高套期保值的效果。OLS，VaR 和 ECM 方法确定的最优套保比为常数，基于期货价格波动呈现异方差的时变特征认识，人们再次将最优套保比的确定有静态推广到动态，常用的方法是利用 GARCH 模型（刘和剑 2010）。

2. 多品种套保的收益率

期货市场运作中，投资风险可分为系统性风险和非系统风险，系统风险的规避可通过参与套期保值交易，在现货市场与期货市场的方向对冲交易实现。非系统风险可以通过分散化投资实现。单一品种套期保值会带来很大的非系统风险。基于此，产生了多品种期货套期保值策略。假设为一种现货资产进行 P 个期货资产进行套期保值，每种期货的套期保值比均为 h。在套期保值开始时，现货价格、第 i 种期货价格分别为 S_1 和 F_{i1}，$i=1$，…，P。在套期保值结束时，现货价格、第 i 种期货价格分别为 S_2 和 F_{i2}。

对买入套期保值者来说，单位现货套期保值组合收益率为

$$R_1 = -(S_2 - S_1) + \sum_{i=1}^{p} h(F_{i2} - F_{i1}) \tag{8-40}$$

对卖出套期保值者来说，单位现货套期保值组合收益率为

$$R_2 = (S_2 - S_1) - \sum_{i=1}^{p} h(F_{i2} - F_{i1}) \tag{8-41}$$

在式（8-40）、式（8-41）中，右边第一项是现货市场的收益率，第二项是期货市场的收益率。

令 $H=(h, \cdots, h)^T_{p \cdot 1}$，$R_f=(R_{f1}, \cdots, R_{fp})^T_{p \cdot 1}$，其中，$R_{fi}=F_{i2}-F_{i1}$，$i=1$，…，$p$。引入 $\xi=(R_s, R_{f1}, \cdots, R_{fp})^T_{(p+1)\cdot 1}$，$\omega=(1, -h, \cdots, -h_p)^T_{(p+1)\cdot 1}$，其中，$R_s=S_2-S_1$。则式（8-40）可写成：

$$R_1 = -R_s + H^T R_f = -\omega^T \xi \tag{8-42}$$

同理，式（8-41）可写成：

$$R_2 = R_s - H^T R_f = \omega^T \xi \tag{8-43}$$

8.4.3.3　多品种石油期货最优套期保值比模型

1. 分析思路

基于 VaR 的多品种石油期货原理是在考虑套期保值者手头资金量的约束下，假设套期保值组合收益率服从多元 t 分布，确定单位现货资产与 p 种期货资产每个套期保值比所对应套期保值资产组合的一个 VaR 风险值，然后以 VaR 风险值最小为优化目标，以得到最优套期保值比，思路如图 8-6 所示。

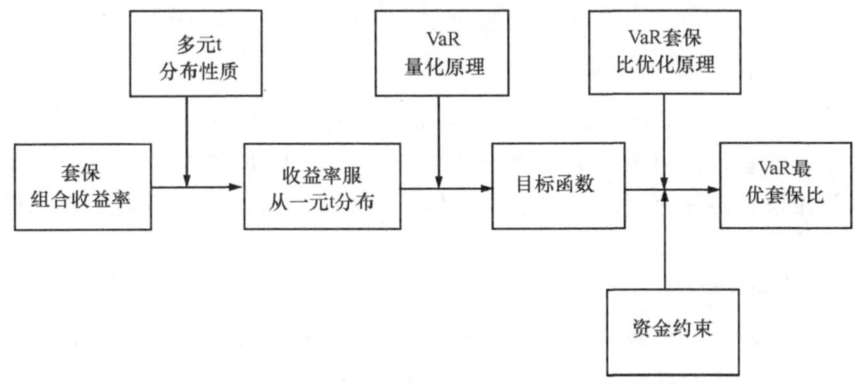

图 8-6　建模思路

2. 目标函数

以卖出套期保值者为例，假设 $\xi=(R_s,R_{f1},\cdots,R_{fp})^T$ 服从自由度为 n 的 $P+1$ 元 t 分布，即 $\xi\sim T_p(n,\mu,AA^T)$。$R_2=\omega^T\xi$ 为一元函数，因为多元 t 分布的任意线性变化仍为多元 t 分布（张光远，1996），所以 R_2 服从一元 t 分布。下面首先根据多元 t 分布的性质将收益率化成一元 t 分布的形式，接着结合 VaR 的定义将 t 分布标准化，最后得到在置信水平 $1-\alpha$ 下 VaR 的表达式，如式（8-34）所示。

$$E\xi=\mu,\mathrm{cov}(\xi,\xi)=\frac{n}{n-2}AA^T=V,AA^T=\frac{n-2}{n}V$$

$$\therefore ER_2=\omega^T\mu,\mathrm{cov}(R_2,R_2)=\frac{n}{n-2}\omega^TAA^T\omega=\omega^TV\omega$$

$$\therefore R_2\sim T_1(n,\omega^T\mu,\omega^TV\omega)$$

$$\therefore t=\frac{R_2-\omega^T\mu}{\sqrt{\omega^TAA^T\omega}}\sim T_1(n)$$

$$\begin{aligned}P[R_2\leqslant -\mathrm{VaR}(h)]&=P\left(\frac{R_2-\omega^T\mu}{\sqrt{\omega^TAA^T\omega}}\leqslant\frac{-\mathrm{VaR}(h)-\omega^T\mu}{\sqrt{\omega^TAA^T\omega}}\right)\\&=t\left(\frac{-\mathrm{VaR}(h)-\omega^T\mu}{\sqrt{\omega^TAA^T\omega}}\right)\\&=1-\alpha\end{aligned}$$

$$\therefore \frac{-\mathrm{VaR}(h)-\omega^T\mu}{\sqrt{\omega^T AA^T\omega}}=t_{1-\alpha}(n)$$

$$\therefore \mathrm{VaR}(h)=-\omega^T\mu-t_{1-\alpha}(n)\sqrt{\omega^T AA^T\omega}$$

$$=-\omega^T\mu+t_\alpha(n)\sqrt{\frac{n-2}{n}\omega^T V\omega} \tag{8-44}$$

以套期保值组合的 VaR 值最小为优化目标，取令 VaR 最小时的套期保值比作为多元 t 分布下基于 VaR 的多品种期货的最优套保比 $h^*_{t\mathrm{VaR}}$：

$$\min \quad \mathrm{VaR}(h)=-\omega^T\mu+t_\alpha(n)\sqrt{\frac{n-2}{n}\omega^T V\omega} \tag{8-45}$$

当自由度 $n\to\infty$ 时，模型（8-45）为

$$\min \quad \mathrm{VaR}(h)=-\omega^T\mu+t_\alpha(n)\sqrt{\omega^T V\omega} \tag{8-46}$$

在不考虑套期保值者手头资金的情况下，基于 VaR 的多品种石油期货最优套期保值比模型是一个无约束的模型，如式（8-46）所示，记该最优套期保值比为 $h^*_{1t\mathrm{VaR}}$。

3. 约束条件

套期保值需要一定数量的资金，如保证金、付给经纪人、经济公司的交易费用等。在实际从事套期保值交易时，由于资金的流动性问题，有时会发生短期内筹集到一定数量的资金会很困难。如果这一问题发生，则会使套期保值者因保证金不足而不得不临时改变投资策略。目前，对套期保值所需资金量的研究并不多见。Blank（1992）首先给出了套期保值短期资金需求量模型。袁象、李纬（2002）等通过介绍 Blank 的短期资金需求量模型，给出了套期保值资金需求量模型，并简要分析了套期保值资金的需求量对套期保值策略的影响。杨万武等（2007）以套期保值资金需求量为约束条件，建立了基于资金限制的单品种期货最优套期保值比模型。

在忽略套期保值所需的交易费用，该费用包括交付经济公司的佣金、交易手续费用的情况下，单位现货套期保值资金需求的最小量可以理解为抵消一连串亏损交易日所需的资金。这里的亏损是指在期货市场上，期货价格相对于前一天的价格下降。多品种期货套保中，单位期货最小资金需求量表示为

$$H_{sp}=\frac{1}{P}\sum_{i=1}^{p}(P_i+M_i) \tag{8-47}$$

其中，

$$P_i=\max\sum_{i=1}^{L}N_{ij} \tag{8-48}$$

其中，假设出现连续 L 天的价格下降，N_{ij} 表示第 i 个期货第 j 天价格下跌的值，$\sum_{j=1}^{j=L}N_{ij}$ 表示连续 L 天价格下跌值之和。在套期保值中，可能会出现许多个价格连

续下跌的情况，P_i 取它们中的最大值。$M_i = F_i k$ 表示第 i 个期货的维持保证金。F_i 为第 i 个期货平均价格，k 为常数，称为维持保证金比率。

根据多品种期货套期保值比的定义，单位现货套期保值最小资金需求量 A 为

$$A = phH_{sp} \tag{8-49}$$

设 B 为套期保值者可以为单位现货提供的套保资金，如果资金不足将遭遇逼仓而导致套期保值完全失败或部分失败，即

$$B < A \tag{8-50}$$

4. 基于 VaR 的多品种石油期货最优套期保值比模型

在套期保值者手头资金不足的约束下基于 VaR 的多品种石油期货最优套保比模型，目标函数如式（8-46）所示，约束条件如式（8-50）所示，因此，建立模型(8-51)，记该最优套保比为 $h^*_{2t\text{VaR}}$（鲍君洁，2010）。

$$\begin{aligned} \min \quad \text{VaR}(h) \quad &= -\omega^T\mu + t_\alpha(n)\sqrt{\frac{n-2}{n}\omega^T V\omega} \\ \text{S. t.} \qquad & B < A \\ & A = phH_{sp} \end{aligned} \tag{8-51}$$

8.4.3.4　套期保值效果评估

对套期保值效果的评估，根据套保目的，可以从套保组合资产（例如期现货组合）的收益率均值，收益率方差，或收益率均值与方差比与现货对应指标进行比较判断，应用比较多的是采用套保有效性 HE 这个指标。

套保有效性 HE 定义为采用套期保值可以降低风险的百分比，计算公式如下：

$$\text{HE} = \frac{\text{VaR}(R_s) - \text{VaR}(R_h)}{\text{VaR}(R_s)} \tag{8-52}$$

其中，VaR（R_s）为无套期保值时的收益率方差，VaR（R_h）为套期保值组合收益率方差。

期货市场是一把双刃剑，通过短期和稍长期的能源期货进行套期保值是转移短期能源价格波动风险最好的办法。企业利用衍生品市场进行套期保值，既要积极稳妥，也要保持一份清醒，切不可因一时利益而舍弃套期保值初衷，由套期保值盲目转为投机，进而酿成不可挽回的损失，这样的例子很多，希望这些前车之鉴警钟长鸣。

8.5　本章小结

由于能源资源分布的高度地缘性，能源供需在空间商产生分离，使得国际能源贸易在各国的发展中具有重要的战略意义。能源贸易最主要的方式是长期供货

合同，但随着贸易量的增加，能源价格波动加大，基于长期供货合同的能源贸易商承受巨大的价格风险，能源期货贸易得到长足发展。

能源期货市场发展，促进了能源与金融的融合，能源金融化发展使得金融支持在能源工业发展上发挥了重要的作用，大型金融机构正日益成为能源领域举足轻重的投资者，同时能源金融化发展对能源市场效率的提高，资源优化配置也都起着积极的作用。

20 世纪 80 年代后，能源价格波动日趋剧烈频繁，为有效控制与管理能源价格波动风险，能源期货市场得到迅速发展。价格发现和套期保值是期货市场的两大功能，期货市场这两大功能的发挥依赖其市场有效性的高低。关于期货市场有效性的研究，传统研究是基于资本市场价格遵循随机游走假设上进行的，大量实证研究发现，很多情况下资本市场价格不满足随机游走假设，在此基础上，后人提出了具有更加广泛意义的分形市场假设。国际能源期货市场经过 20 多年的发展已渐趋成熟，初步具备了价格发现的功能，并可以利用能源期货市场进行相应的价格风险管理与控制。

能源价格风险常用的度量工具为 VaR，VaR 的计算有很多种方法，大体可以归结为方差协方差方法，历史模拟法和蒙特卡洛模拟法三种，为提高预测精度，当前有一些对 VaR 的改进，如本章第 4 节（8.4）介绍的 HSAF 方法。能源价格风险最主要的管理手段是套期保值，传统的套期保值按期现货头寸 1∶1 进行套保，根据套保目的不同，可以对期现货头寸比（即套保比）进行选择，套保比的选择直接关系到套保的效率，本章最后介绍了利用多品种石油期货进行套保的最优套保比选择问题。

思考题

1. 世界能源贸易的主要格局如何？具有什么特征？

2. 能源与金融的融合具体体现在哪些方面？你认为能源金融今后的发展趋势如何？

3. 能源金融化为各国能源项目融资，能源市场风险的规避与管理等具有重要意义，但这种创新也可能产生新的风险，你认为可能会产生哪些新风险？

4. 世界有哪些主要的能源期货市场，如何验证这些市场的有效性？

5. 什么是能源价格风险？如何度量能源价格风险？如何控制与管理能源价格风险？

参考文献

鲍君洁 . 2010. 基于套期保值的石油价格风险决策模型研究 . 合肥工业大学硕士学位论文 .

渤海商品交易所 . 2009. 渤海商品交易所原油产品手册 .

财政部财政科学研究所“可持续能源财税政策研究”课题组 . 2006. 可持续能源战略的财税政策研究——我国能源发展战略及其与财税政策的关系 . 经济研究参考，(14)：2～13.

陈德铭 . 2007. 千方百计完成电力工业节能减排任务 . 中国科技投资，(4)：4～6.

陈权宝，戴西超，张庆春 . 2005. 我国初级能源消费的特征 . 统计与决策，7：76～78.

陈晓进 . 2006. 国外二氧化碳减排研究及对我国的启示 . 国际技术经济研究，9（3)：21～26.

程军，赵娟 . 2006. 油价上涨对我国汽车行业的影响分析 . 上海汽车，(9)：12～14.

迟春洁，黎永亮 . 2004. 能源安全影响因素及测度指标体系的初步研究 . 哈尔滨工业大学学报（社会科学版)，(7)：80～88.

迟春洁 . 2006. 能源安全预警研究 . 统计与决策，(22)：29～31.

丹尼尔·F. 史普博 . 1999. 管制与市场 . 上海：上海人民出版社 .

段冶 . 2010. 后金融危机时代下的金融创新——碳金融 . 中国外资，(4)：46.

范英，焦建玲 . 2008. 石油价格：理论与实证 . 北京：科学出版社 .

冯连勇等 . 2006. 石油峰值理论及世界石油峰值预测 . 石油学报，(5)：139～142.

葛世龙，周德群 . 2007. 可耗竭资源市场中的不确定性研究综述 . 中国人口资源与环境，(5)：18～21.

管清友，何帆 . 2007. 中国的能源安全与国际能源合作 . 世界经济与政治，(11)：45～53.

国际能源署 . 朱起煌译 . 2006. 2004 世界能源展望 . 北京：中国石化出版社 .

国家发展和改革委员会 . 2007. 可再生能源中长期发展规划 . http：//www. ccchina. gov. cn/WebSite/CCChina/UpFile/2007/20079583745145. pdf. 2007-11-15.

国家统计局 . 2004. 中国统计年鉴 2004. 北京：中国统计出版社 .

国家统计局 . 2005. 中国统计年鉴 2005. 北京：中国统计出版社 .

国家统计局 . 2009. 中国统计年鉴 2009. 北京：中国统计出版社 .

国家统计局工业交通统计司 . 2004. 中国工业经济统计年鉴 2004. 北京：中国统计出版社 .

国家统计局工业交通统计司 . 2005. 中国工业经济统计年鉴 2005. 北京：中国统计出版社 .

国家统计局工业交通统计司 . 2006. 中国工业经济统计年鉴 2006. 北京：中国统计出版社 .

国家统计局工业交通统计司 . 2007. 中国工业经济统计年鉴 2007. 北京：中国统计出版社 .

国家统计局工业交通统计司 . 2008. 中国工业经济统计年鉴 2008. 北京：中国统计出版社 .

国务院新闻办公室 . 2007. 中国的能源状况与政策 .

韩君 . 2008. 能源需求分析方法述析 . 经济研究导刊，(18)：280～281.

何虹，王凯，明君，2005. 高油价可能成常态　第四次石油危机阴影临近 . http：//finance. sina. com. cn/stock/t/20050418/12231526793. shtml，2005-12-12.

何凌云，郑丰 . 2005. 基于 R/S 分析的原油价格系统的分形特征研究 . 复杂系统与复杂性科学，2（4)：46～52.

贺永强，马超群，佘升翔 . 2007. 能源金融的发展趋势 . 金融经济，(24)：15～16.

侯永志，宣晓伟 . 2003. 国际油价和进口产品价格总水平变动对我国经济的影响 . 调查研究报告，

40：1～14.
胡宗义，蔡文彬，陈浩.2008. 能源价格对能源强度和经济增长影响的CGE研究.财经理论与实践，(2)：91～95.
黄美龙.2006. 石化行业上游喜下游忧.http：//www.p5w.net/stock/hydx/bkfx/200608/t496255.htm.
黄盛初.2005.2004世界煤炭发展报告.北京：煤炭工业出版社.
黄钟苏.1997. 中国房产市场的非均衡分析.经济与管理研究，(2)：52～55.
加龙.2003. 水库水质与温室气体排放的关系.水利水电快报，(24)：12～15.
金碚.1999. 产业组织经济学.北京：经济管理出版社.
卡罗·A. 达哈尔.2008. 国际能源市场：价格、政策与利润.丁晖，王震译.北京：石油工业出版社.
李红权，马超群.2006. 金融市场的复杂性与风险管理.北京：经济科学出版社.
李连德等.2008. 中国国内一次能源供应多样性计算与分析.东北大学学报（自然科学版），(4)：577～580.
李善同等.2000. WTO：中国与世界.北京：中国发展出版社.
李晓华.2008. 我国能源投资与能源投资规模的确定.中国能源，(8)：30～37.
李艳梅，张雷.2008. 中国居民间接生活能源消费的结构分解分析.资源科学，(6)：890～895.
李忠民，邹明东.2009. 能源金融问题研究评述.经济学动态，(10)：101～104.
李子奈，叶阿忠.2000. 高等计量经济学.北京：清华大学出版社.
廖华.2008. 能源效率的计量经济模型及其应用研究.中国科学院研究生院博士学位论文.
刘和剑.2010. 最优套保比率研究综述.http：//www.ghlsqh.com.cn/pic/attach/201008/最优套保比率研究综述.pdf.
刘强，冈本信广.2002. 中国地区间投入产出模型的编制及其问题.统计研究，(9)：58～64.
马晓微，魏一鸣.2009. 我国能源投融资现状及面临的机遇与挑战.中国能源，(12)：28～32.
马晓微.2010. 能源部门融资主要影响因素分析.中国能源，(6)：33～37，47.
梅孝峰.2001. 国际市场油价波动分析.北京大学经济学院硕士学位论文.
美国能源信息署.2006. 国际能源展望.张军译.北京：科学出版社.
彭红圃，朱惠英.2007. 国外加强能源使用管理、提高能源效率的相关政策介绍.广西城镇建设，(1)：28～31.
齐志新，陈文颖，吴宗鑫.2007. 工业轻重结构变化对能源消费的影响.工业经济，(5)：8～14.
钱伯章.2002. 发达国家能源战略的五大特点.中国能源，(8)：21.
乔治·施蒂格勒.1989. 管制者能管制什么？——电力部门实例.上海：三联书店.
曲建升，曾静静.2007. 国际二氧化碳捕获与封存法规体系建设的重点与发展方向.中国科学院国家科学图书馆资源环境科学专辑，(16)：1～3.
单卫国.2000. 欧佩克对油价的影响力及其政策取向.国际石油经济，1：25～29.
佘升翔，马超群.2007. 能源金融的发展及其对我国的启示.国际石油经济，15(8)：2～8.
史何陈.2007-12-5. 能源安全问题研究.中国社会科学院院报.
世界银行.2010. 加快推进中国省级节能工作.华盛顿：世界银行.
孙利源.2004. 生物质能利用技术与分析.能源研究与信息，20(2)：68～73.
孙茂远.2003. 构筑起飞平台，循序健康发展——中国煤层气产业发展现状及前景.中国煤炭，29(11)：8～12.
汤蕴琳.2004. 电煤的整体气化联合循环（IGCC）发电技术.中国电业，(11)：74～76.
唐炼.2005. 世界能源供需现状与发展趋势.国际石油经济，(1)：30～33.

特伦布莱，薛小红．2006. 水库水质与温室气体排放的关系．水利水电快报，27（15）：19～21.

汪同三，沈利生．2001. 中国社会科学院数量经济与技术经济研究所经济模型集．北京：社会科学文献出版社．

王桂兰．2007. 后石油时代中国能源安全战略构建的价值选择．现代地质（增刊）：112～117.

王漫雪．2009. 能源金融化预示着什么？瞭望新闻周刊．

王其藩．1988. 系统动力学．北京：清华大学出版社．

王庆一．2006. 国外促进节能的财税政策．中国能源，（1）：18～20，46.

王群勇，张晓峒．2005. 原油期货市场的价格发现功能基于信息份额模型的分析．工业技术经济，3：72～74.

王思强．2010. 能源预测预警理论与方法．北京：清华大学出版社．

王思强等．2008. IEA 等国际组织能源预测预警工作经验及对我国的启示．中国能源，（1）：28～30.

王泰昌，张媛媛，迟京东．2007. 我国钢铁工业节能降耗现状分析．中国钢铁业，（3）：21～24.

王文平，姬长生，班林杰．2007. 能源需求弹性分析．能源技术与管理，（4）：102～104.

王志轩等．2003. 我国电力工业节能现状及展望．中国电力，36（9）：34～42.

魏涛远．2002. 世界石油价格上涨对中国经济的影响．数量经济技术经济研究，5：17～20.

魏一鸣，吴刚．2003. 我国实施能源可持续发展战略的问题与对策．科学新闻，（16）：8～9.

魏一鸣等．2006. 中国能源报告 2006：战略与政策研究．北京：科学出版社．

魏一鸣等．2008. 中国能源报告 2008：碳排放研究．北京：科学出版社．

魏一鸣等．2010. 碳金融与市场：方法与实证．北京：科学出版社．

魏一鸣等．2010. 中国能源报告 2010：能源效率研究．北京：科学出版社．

吴巧生，成金华．2003. 论全球气候变化政策．中国软科学，（9）：14～20.

武亚军，宣晓伟．2002. 环境税经济理论及对中国的应用分析．北京：经济科学出版社．

夏明高．2007. 石油定价机制经济学分析．合作经济与科技，（05X）：26～27.

徐连兵．2005. 整体煤气化联合循环发电技术的发展现状和前景．电力勘测设计，（6）：8～11.

徐梅林．2006. 基于电力行业改革下的我国电价管制模式研究．河海大学硕士学位论文．

许月潮．2006. 中国天然气产业政府规制改革研究．中国地质大学硕士学位论文．

严琦．2009. 第一次石油危机与第三次石油危机的比较分析——基于市场结构的视角．中国科技论文在线．

杨光．2007. 欧盟能源安全战略及其启示．欧洲研究，（5）：56～72.

杨瑞广，范英，魏一鸣．2005. 煤炭投资—供应的系统动力学分析模型．数理统计与管理，（5）：6～12.

杨万武，迟国泰，余方平．2007. 基于资金限制的单品种期货最优套期比模型．系统管理学报，16（4）：345～350.

杨晓钰．2009. 财税政策如何促进节能——中外政策对比．大众商务：下半月，（2）：69.

杨泽伟．2006. 国际能源机构法律制度初探——兼论国际能源机构对维护我国能源安全的作用．法学评论，（6）：77～83.

叶继革，余道先．2007. 我国出口贸易与环境污染的实证分析．国际贸易问题，（5）：72～77.

袁象，李纬，王方华．2002. 套期保值资金需求量研究．技术经济与管理研究，（1）：55～56.

袁瑛．2007-03-28. 欧佩克：重寻“卡特尔”盔甲．

翟凡，李善同．1999. 中国经济的可计算一般均衡模型．中国实用宏观经济模型．北京：中国财政经济出版社．

詹姆斯．2008. 能源价格风险．高峰等译．北京：经济管理出版社．

张阿玲，李继峰．2004. 地区间投入产出模型分析．系统工程学报，（19）：615～619.

张博庭 . 2007. 绿色能源：水电的温室气体减排作用 . 中国三峡建设，(1)：72～73.

张春霞 . 2004. IGCC 技术发展 . 燃气轮机发电技术，(2)：1～5.

张光远 . 1996. 关于多元 t 分布的一些讨论 . 新疆大学学报，13 (3)：33～38.

张焕云 . 2005. 天然气发电的市场前景 . 中国能源，27 (12)：42～43.

张九天 . 2006. 能源技术变迁的复杂性研究 . 中国科学技术大学博士学位论文 .

张抗 . 2004. 建立石油安全预警系统势在必行 . 国际石油经济，1：49～50.

张抗 . 2010. 从石油峰值法剖析石油枯竭说 . http：//www. china5e. com/blog/? uid-927-action-viewspace-itemid-181. 2010-06-07.

张雷，蔡国田 . 2005. 中国人口发展与能源供应保障探讨 . 中国软科学，(11)：11～17.

张丽峰 . 2006. 中国能源供求预测模型及发展对策研究 . 首都经济贸易大学博士学位论文 .

张生玲 . 2007. 能源贸易影响经济增长的机理分析 . 生产力研究，(24)：13～18.

张艺，郁义鸿 . 2009. 市场结构、意外利润税与可耗竭资源的最优开采 . 产业经济研究，(1)：47～53.

张跃军，魏一鸣 . 2010. 我国未来能源投资的效益与风险研究 . 中国能源，(5)：29～32.

赵长城，王洲洋 . 2009. 基于主成分与 BP 神经网络的中国能源安全预警研究 . 经济研究导刊，(11)：241～242.

赵农，危结根 . 2001. 石油价格波动的分析 . 世界经济，12：20～24.

赵庆寺 . 2010. 国际能源外交的经验与启示 . 阿拉伯世界研究，(3)：67～74.

郑玉歆等 . 1999. 中国 CGE 模型及政策分析 . 北京：社会科学文献出版社 .

中国电力企业联合会 . 2007. 预计 2007 年我国主要石化产品价格将有所回落 . http：//www. chinaenergy. gov. cn/news. php? id=15082. 2007-1-19.

中国经济网 . 2010. 石油依旧是王道　石油峰值论再惹争议 . 2010-01-28.

中国科学院国家科学图书馆 . 2007. 科学研究动态监测快报——先进能源科技专辑 (10) . http：//210. 72. 148. 116：8010/zip/ny2007-10. pdf. 2007-12-2.

中国能源研究会 . 2010. 关于我国能源战略及“十二五”能源规划的建议 .

中国社会科学院可持续发展研究中心 . 2007. Stern Review 研讨会纪要 . http：//www. rcsd. org. cn/NewsCenter/NewsFile/Attach-20060712135400. pdf. 2007-11-15.

中华人民共和国科学技术部，中国 21 世纪议程管理中心 . 2007. 全民节能减排手册 . http：//www. most. gov. cn/ztzl/jqjnjp/qmjnjpsc/qmjnjpsc-ml. htm.

朱孟珏，陈忠暖，蔡国田 . 2008. 基于系统论的世界能源空间格局分析 . 地理科学进展，(5)：112～120.

庄青，李国俊 . 2007. 国际石油期货市场发展态势及其对我国的启示 . 国际石油经济，8：28～30.

Ackermann T，Andersson G，Soder L. 2001. Overview of government and market driven programs for the promotion of renewable power generation. Renewable Energy，(22)：197～204.

Ang B W. 2004. Decomposition analysis for policymaking in energy：which is the preferred method? Energy Policy，32 (9)：1131～1139.

Aqeel A，Butt M S. 2001. The relationship between energy consumption and economic growth in Pakistan. Asia-Pacific Development Journal，8：101～110.

Armington P A. 1969. A theory of demand for products distinguished by place of production. IMF Staff Papers，(16)：159～178.

Arrow K J，Debru G. 1954. Existence of an equilibrium for a competitive economy. Econometrica，(22)：265～290.

Ausloos M，Ivanova K. 2002. Multifractal nature of stock exchange prices. Computer Physics

Communications，147 (1-2)：582～585.

Ausloos M. 2000. Statistical physics in foreign exchange currency and stock markets. Physica A，285：48～65.

Babiker M H. 2005. Climate change policy，market structure，and carbon leakage. Journal of International Economics，2：421～445.

Baldursson F M，von der Fehr N H M. 1999. Prices vs quantities：the irrelevance of irreversibility.

Barnett H J，Morse C. 1963. Scarcity and Growth：The Economics of Natural Resource Availability. Baltimore：Johns Hopkins Press for Resources for the Future.

Benford F A. 1998. On the dynamics of the regulation of pollution：incentive compatible regulation of a persistent pollutant. Journal of Environmental Economics and Management，(36)：1～25.

Berument H，Tasc H. 2002. Inflationary effect of crude oil prices in Turkey. Physic A. 316：568～580.

Bigman D，Goldfarb D，Schechtman E. 1983. Futures Markets Efficiency and the Time Content of the Information Sets. The Journal of Futures Markets，3：321～334.

Birdcall A，Wheeler L. 2001. Environmental Quality and the Gains from Trade. American Economic Review，30 (4)：657～673.

Bjrnland H C. 2000. The dynamic of aggregate demand，supply and oil price shocks—a comparative study. The Manchester School，5：578～607.

Black F，Scholes M. 1973. The pricing of options and corporate liabilities. Journal of Political Economy，81，637～654.

Blank S C. 1992. The significance of hedging capital requirements. Journal of Futures Markets，12 (1)：11～18.

Blumstein C，Wiel S. 1998. Public-interest research and development in electric and gas utility industries. Utilities Policy，7：191～199.

Bohringer C，Rutherford T F. 2002. Carbon abatement and international spillover，a decomposition of general equilibrium effects. Environmental & Resource Economics，3：391～417.

Bouchaud J P，Potters M. 2001. More stylized facts of financial markets：leverage effect and downside correlations. Physica A：Statistical Mechanics and its Applications，299 (1-2)：60～70.

Brachet M E，Taflin E，Tcheou J M. 2000. Scaling transformation and probability distributions for financial time series. Chaos，Solitons & Fractals，11 (14)：2343～2348.

Cajueiro D O，Tabak B M. 2005. Possible causes of long-range dependence in the Brazilian stock market. Physica A：Statistical Mechanics and its Applications，345 (3-4)：635～645.

Cansier D，Krumm R. 1997. Air pollutant taxation：an empirical survey. Ecological Economics，(23)：59～70.

Cerveny M. Resch G. 1998. Feed-in tariffs and regulations concerning renewable energy electricity generation in European countries. Viena：Energie Verwertungsagentur (E. V. A.) .

Chen W Y，2003. Carbon quota price and CDM potentials after Marrakesh. Energy Policy，31 (8)：709～719.

Cheng S B，Lai T W. 1997. An investigation of cointegration and causality between energy consumption and economic activity in Taiwan Province of China. Energy Economics，19：435～444.

Cherfas J. 1991. Skeptics and visionaries examine energy saving. Science，251 (4990)：154～156.

Christodoulakis G A，Satchell S E. 2002. Correlated ARCH (CorrARCH)：modelling the time-varying conditional correlation between financial asset returns. European Journal of Operational Research，139（2）：351～370.

Cobb C W，Douglas P H. 1928. A theory of production. American Economic Review，(18)：139～165.

Cooper J C B. 2003. Price elasticity of demand for crude oil：estimates for 23 countries. OPEC Review，27（1）：1～8.

Cruz L M G. 2002. Energy-Environment-Economy interactions：an Input-Output approach applied to the Portuguese case. *In*：the 7th Biennial Conference of the International Society for Ecological Economics "Environment and Development：Globalisation & the Challenges for Local & International Governance". Sousse (Tunisia)

Czirok A，et al. 1995. Correlations in binary sequences and a generalized Zipf analysis. Physical Review E，52：446～452.

Dahl C，Sterner T. 1990. The Pricing of and Demand for Gasoline：A survey of models. Memorandum 132，Department of Economics，Göteborg University，May 1990.

Das G G et al. 2005. Regional impacts of environmental regulations and technical change in the US forestry sector：a multiregional CGE analysis. Forest Policy and Economics，1：25～38.

David L G，Donald W J，Paul N L. 1998. The outlook for US oil dependence. Energy Policy，26（1）：55～69.

Davis G A，Owens B. 2003. Optimizing the level of renewable electric R&D expenditures using real options analysis. Energy Policy，31：1589～1608.

Densio E F N. 1985. Trends in American Economic Growth 1929-1982，*In*：The Brookings Institution，Washington D C，USA.

Dension E F. 1962. The Sources of Economic Growth in the United States and the Alternatives before Us，*In*：New York，NY，USA：Committee for Economic Development.

Dickey D A，Fuller W A. 1981. Likelihood ratio statistics for autoregressive time series with a unit root. Econometrica，(4)：1057～1072.

Dickey D A，Fuller W A. 1979. Distribution of the estimators for autoregressive time series with a unit root. Journal of the American Statistical Association，(74)：427～431.

Diewert W E. 1976. Exact and Superlative Index Numbers. Journal of Econometrics，4（2）：115～145.

DNV. Risk analysis of the geological sequestration of CO2. http：//www.berr.gov.uk/files/file18859.pdf. 2007-9-20.

Dooley J J，Runci P J，Luiten E. 1998. Energy R&D in the industrialized world：retrenchment and refocusing，*In*：Columbus，Ohio，USA：Battelle Memorial Institute.

Dooley J J，Runci P J. 1999. Adopting a long view to energy R&D and global climate change，*In*：Columbus，Ohio，USA：Battelle Memorial Institute.

Dooley J J. 1998. Unintended consequences：energy R&D in a deregulated energy market. Energy Policy，26：547～555.

Dosi G. 1982. Technological paradigms and technological trajectories：a suggested interpretation of the determinants and directions of technical change. Research Policy，11（3）：147～162.

EIA. 2007. International Energy Outlook，Washington D. C. http：//www.eia.doe.gov/oiaf/ieo/pdf/0484(2007).pdf. 2007-12-24.

Engle R F，Granger C W J. 1987. Co-integration and error correction：representation，estimation and testing. Econometrica, (55): 251～276.

EU. 2002. Science and Technology for Sustainable Energy. *In*: Luxemburg: Office for official publications of the European Communities, European Union.

Fama E F et al. 1969. The adjustment of stock prices to new information. International Economic Review, 10 (1): 1～21.

Fama E F. 1965. The Behavior of Stock Market Prices. Journal of Business, (38): 34～105.

Fama E F. 1970. Efficient capital markets: a review of theory and empirical work. Journal of Finance, 25 (4), 383～417.

Fama E F. 1998. Market efficiency, long-term returns and behavioral finance. Journal of Financial Economics, 49 (3): 283～306.

Feng Z H, Zou L L, Wei Y M. 2010. Carbon price volatility: evidence from EU ETS. Applied Energy, doi: 10.1016/j. apenergy. 2010. 06. 017.

Foster A J. 1996. Price discovery in oil markets: a time varying analysis of the 1990-1991 Gulf conflict. Energy Economics, (18): 231～246.

Frankch K. 2003. Is free trade good for the environment. American Economic Review, (4): 877～908.

Freeman C, Perez C. 1988. Structural crises of adjustment, business cycles and investment behavior. *In*: Dosi G, Technical change and economic theory, London: Pinter, 38～66.

Freeman C. 1989. The Third Kondratieff Wave: Age of Steel, Electrification and Imperialism, *In*: Research Memorandum 89-032, MERIT, Maastricht, Netherlands.

Garbade K D, Silber W L, 1979. Dominant and satellite markets: a study of dually-traded securities. Review of Economics and Statistics, 61: 455～460.

Gately D, Kyle J F. 1977. Strategies for OPEC' s pricing decisions. European Economic Review, 10: 209～230.

Gately D. 1983. OPEC: retrospective and prospects 1972-1990. European Economic Review, 21: 313～331.

Gately D. 1984. A ten-year retrospective: OPEC and the world oil market. Journal of Economics Literature, 3: 1110～1114.

Glomsrd S, Wei T Y. 2005. Coal cleaning: a viable strategy for reduced carbon emissions and improved environment in China? Energy Policy, 33: 525～542.

Goldstein S et al. 1997. Energy in the world economy, 1950-1992. International Studies Quarterly, 41 (2): 241～266.

Gonzalo J, Granger C. 1995. Estimation of common long-memory components in cointegrated systems. Journal of Business and Economics Statistics, 13: 27～35.

Gorski A Z, Drozdz S, Speth J. 2002. Financial multifractality and its subtleties: an example of DAX. Physica A: Statistical Mechanics and its Applications, 316 (1-4): 496～510.

Greening L A, Davis W B, Schipper L. 1998. Decomposition of aggregate carbon intensity for the manufacturing sector: comparison of declining trends from 10 OECD countries for the period 1971-1991. Energy Economics, 20 (1): 43～65.

Griliches Z. 1996. The discovery of the residual: a historical note. Journal of Economic Literature, 34: 1324～1330.

Grubler A, Nakicenovic N, Victor G D. 1999. Dynamics of energy technologies and global change. Energy Policy, 27: 247～280.

Grubler A. 1998. Technology and Global Change, Cambridge, Cambridge: Cambridge University Press.

Harberger A. 1962. The incidence of the corporate income tax. Journal of Political Economy, 70: 215～240.

Hasbrouck J. 1995. One security, many markets: determining the contributions to price discovery. Journal of Finance, 50: 1175～1199.

Hasbrouck. 2002. Stalking the "efficient price" in market microstructure specifications: an overview. Journal of Financial Markets, 5: 329～339.

He L Y, Chen S P. 2010. Are crude oil markets multifractal? Evidence from MF-DFA and MF-SSA perspectives. Physica A: Statistical Mechanics and its Applications, 389 (16): 3218～3229.

He L Y, Fan Y, Wei Y M. 2007. The empirical analysis for fractal features and long-run memory mechanism in petroleum pricing systems Int. J. Global Energy Issues, 27 (4): 492～502.

He L Y, Fan Y, Wei Y M. 2009. Impact of speculator's expectations of returns and time scales of investment on crude oil price behaviors. Energy Economics, 31 (1): 77～84.

Hendricks K. 1996. Analysis and opinion on retail gas inquiry, an independent study prepared for the Director of Investigation and Research. Competition Bureau, Canada.

Hicks J R. 1932. The theory of wages, London: Macmillan.

Hoel M, Karp L. 2001. Taxes and quotas for a stock pollutant with multiplicative uncertainty. Journal of Public Economics, (1): 91～114.

Horowitz J K. 2001. The income-temperature relationship in a cross-section of countries and its implication for global warming. University of Maryland.

Hotelling H. 1931. The economics of exhaustible Resources. Journal of Political Economy, 39 (2): 137～175.

Hubacek K, Sun L X. 2001. A scenario analysis of China's land use and land cover change: incorporating biophysical information into input-output modeling. Structural Change and Economic Dynamics, (12): 367～397.

Hudson E A, Jorgenson D W, 1974. U. S. Energy policy and economic growth, 1975-2000. Bell Journal of Economics and Management Science, 5 (2), 461～514.

Hulten C R. 1973. Divisia Index Numbers. Econometrica, 41 (6): 1017～1025.

IEAGHG. 2006. Estimating future trends in the cost of CO_2 capture technologies. IEA, Paris.

IEA. 2003a. Creating Markets for Energy Technologies. Paris: OECD/IEA.

IEA. 2003b. IEA Energy Technology R&D Database. Paris: OECD/IEA.

IEA. 2004. Analysis of the Impact of High Oil Prices on the Global Economy. http: //www. iea. org/textbase/papers/2004/high _ oil _ prices. pdf.

IEA. 2004. Key World Energy Statistics. Paris: IEA/OECD.

IEA. 2004. Prospects for capture and storage. Paris: IEA/OECD.

IEA. 2006a. Energy technology prospects 2006-Scenarios & Strategies to 2050. Paris: IEA.

IEA. 2006b. IEA energy technology essentials-capture & storage. Paris: IEA.

IEA. 2007. Key World Energy Statistics 2007. Paris: IEA.

IEA. 2009. Key World Energy Statistics 2009. Paris: IEA.

IEA. 2010. World Energy Outlook 2010. Paris: IEA.

Inja P et al. 1999. Strategic oil stocks in the APEC region. Proceedings of the 22nd IAEE Annual International Conference, International Association for Energy Economists.

IPCC. 1995. Climate change 1995：the second assessment report on the human impacts on the global climate system. Cambridge.

IPCC. 2000. IPCC Special Report on Emissions Scenarios. Cambridge：Cambridge University Press.

IPCC. 2001. Climate change 2001：the third assessment report of the intergovernmental panel on climate change. Cambridge：Cambridge University Press.

IPCC. 2005. IPCC special report on carbon dioxide capture and storage. IPCC，Geneva.

IPCC. 2007. Climate change 2007：the fourth assessment report of the intergovernmental panel on climate change. Cambridge：Cambridge University Press.

Jacquemin A P，Berry C H. 1979. Entropy measure of diversification and corporate growth. The Journal of Industrial Economics，27（4）：359～369.

James S L. 1984. The response to energy demand to higher prices：what have we learned? . The American Economic Review，74（2）：31～37.

Jevons W S. 1865. The Coal Question：An Inquiry Concerning the Progress of the Nation，and the Probable Exhaustion of Our Coal-Mines. London：Macmillan and Co.

Jiang J，Ma K，Cai X. 2007. Non-linear characteristics and long-range correlations in Asian stock markets. Physica A：Statistical Mechanics and its Applications，378（2）：399～407.

Johansen L. 1960. A Multi-sectoral Study of Economic Growth. Amsterdam：North-Holland Press.

Johansen S. 1988. Statistical analysis of cointegrated vectors. Journal of Economic Dynamics and Control，(213)：231～254.

Johnson L L. 1960. The Theory of hedging and speculation in commodity futures. Review of Economic Studies，27：139～151

Jorgenson D W，Gollop F M，Fraumeni B M. 1987. Productivity and U. S. Economic Growth. Cambridge：Harvard University Press.

Jorgenson D W，Stiroh K J. 2000. U. S. Economic Growth at the Industry Level. American Economic Review，90（2）：161～167.

Jose A R et al. 2002. Multifractal Hurst analysis of crude oil prices. Physica A，313：651～670.

Joskow P L，Rose N L，Wolfram C D. 1996. Political constraints on executive compensation：evidence from the electric utility industry. The RAND Journal of Economics，27（1）：165～182.

Kim K，Yoon S M. 2004. Multifractal features of financial markets. Physica A：Statistical Mechanics and its Applications，344（1-2）：272～278.

Kim T H，White H. 2004. On more robust estimation of skewness and kurtosis. Finance Research Letters，1（1）：56～73.

Kok R，Benders R M J，Moll H C. 2006. Measuring the environmental load of household consumption using some methods based on input-out energy analysis：a comparison of methods and a discussion of results. Energy Policy，34（17）：2744～2761.

Kwapien J，Oswiecimka P，Drozdz S. 2005. Components of multifractality in high-frequency stock returns. Physica A：Statistical and Theoretical Physics，350（2-4），466～474.

Kwerel E. 1977. To tell the truth imperfect information and optimal pollution control. Review Economics Study，(3)：595～601.

Lai K S，Lai M. 1991. A cointegration test for market efficiency. The Journal of Futures Markets，11：567～575.

Larrick R P , Soll J B. 2008. The Mpg Illusion. Science, 320 (5883): 1593～1594.

Lauber V. 2004. REFIT and RPS: options for a harmonized community framework. Energy Policy, (32): 1405～1414.

Lehmann E L, D'Abrera H J M. 1998. Nonparametrics: Statistical Methods Based on Ranks, rev. ed. Englewood Cliffs, NJ: Prentice-Hall.

Lesbirel S H. 1988. The political economy of substitution policy: Japan's response to lower oil prices, Pacific Affairs, 61 (2): 285～302.

Liao H, Wei Y M. 2010. China's energy consumption: a perspective from divisia aggregation approach. Energy, 35 (1): 28～34.

Lin C Y. 1984. Global pattern of energy consumption before and after the 1974 Oil Crisis. Economic Development & Cultural Change, 32 (4): 781～802.

Liu W Q, Gan L, Zhang X L. 2002. Cost-competitive incentives for wind energy development in China: institutional dynamics and policy changes. Energy Policy, 30: 753～765.

Lo A W, Mackinlay A C. 1996. A Non-Random Walk Down Wall Street. Princeton. New Jersey: Princeton University Press.

Lo A W. 1991. Long term memory in stock market prices. Econometrica, 59: 1279～1313.

Madlener R, Alcott B. 2009. Energy rebound and economic growth: a review of the main issues and research needs. Energy, 34 (3): 370～376.

Mahoney J M. 1996. Empirical-based versus model-based approaches to value-at-risk: an examination of foreign exchange and global equity portfolios. Federal Reserve Bank of New York Working Paper, February.

Mandelbrot B B. 1963. The variation of certain speculative prices. Journal of Business, 36: 394～419.

Mandelbrot B B. 1967. The variation of the prices of cotton, wheat and railroad stocks and of some financial rates. Journal of Business, 40: 393～413.

Mandelbrot B B. 1968. Fractional brownian motions, fractional noises and applications. SIAM Rev., 10: 422.

Mandelbrot B B. 1971. When can price be arbitraged efficiently? a limit to the validity of random walk and martingale models. Review of Economic Statistics, 53: 225～236.

Mansfield E, Switzer L. 1984. Effects of federal support on company-financed R&D: the case of energy, Management Science, 30 (5): 562～571.

Margolis R M, Kammen D M. 1999a. Evidence of underinvestment in energy R&D in the United States and the impact of Federal policy, Energy Policy, 27: 575～584.

Margolis R M, Kammen D M. 1999b. Underinvestment: the energy technology and R&D policy challenge. Science, 285: 690～692.

Markowitz H M. 1952. Portfolio selection. Journal of Finance, 1 (7): 77～91.

Martin J M. 1996. Energy technologies: systemic aspects, technological trajectories, and institutional frameworks, Technological Forecasting and Social Change, 53 (1): 81～95.

McFarland J R, Reilly J M, Herzog H J. 2004. Representing energy technologies in top-down economic models using bottom-up information. Energy Economics, 4: 685～707.

Mckibbin W J, Wilcoxen P J. 2002. The role of economics in climate change policy. Journal of Economic Perspectives, (16): 107～129.

Meier P, Wiesenthal T, Milborrow D. 2002. Statistical Analysis of Wind Farm Costs and Policy Regimes. World Bank: Asia Alternative Energy Programme (ASTAE) .

Menanteau P, Finon D, Lamy M L. 2003. Prices versus quantities: choosing policies for promoting the development of renewable energy. Energy Policy, (31): 799～812.

Meyer N I. 2003. European schemes for promoting renewables in liberalised markets. Energy Policy, (31): 665～676.

Miketa A, Schrattenholzer L. 2004. Experiments with a methodology to model the role of R&D expenditures in energy technology learning process; first results, Energy Policy, 32: 1679～1692.

Miller R E, Blair P D. 1985. Input-output Analysis: Foundations and Extensions. New Jersey: Prentice Hall, Englewood Cliffs.

Mokyr J. 1990. The Lever of Riches: Technological Creativity and Economic Progress, Oxford, UK: Oxford University Press.

Moledina A A et al. 2003. Dynamic environmental policy with strategic firms: prices versus quantities. Journal of Environmental Economics and Management, 45: 356～376.

Nakicenovic N, Victor N, Morita T. 1998. Emissions scenario data base and review of scenarios. Mitigation and Adaptation Strategies for Global Change, 3 (2-4): 95～120.

Newell R G, Pizer W A. 1999. Regulating stock externalities under uncertainty. Resources for the Future. Washington DC.

Nordhaus W D, Boyer J G. 1999. Requiem for Kyoto: an economic analysis. Energy Journal (Special Issue): 93～130.

Nordhaus W. 2007. Alternative measures of output in global economic-environmental models: purchasing power parity or market exchange rates? Energy Economics, 29 (3): 349～372.

Odell P R. 1968. The significance of oil. Journal of Contemporary History, 3 (3): 93～110.

OPEC. 2003. OPEC production agreements: a detailed listing. OPEC Review, (27): 65～77.

Osborne M F M. 1964. The Random Character of Stock Market Prices (P. Cootner ed.) . Cambridge MA. : MIT Press.

Oswiecimka P, Kwapien J, Drozdz S. 2005. Multifractality in the stock market: price increments versus waiting times. Physica A: Statistical and Theoretical Physics, 347: 626～638.

Pagan A. 1996. The econometrics of financial markets. Journal of Empirical Finance, 3 (1): 15～102.

Paltsev S et al. The MIT Emissions Prediction and Policy Analysis (EPPA) Model: Version 4 [EB] . http: //mit. edu/globalchange/www/MITJPSPGC _ Rpt125. pdf.

PCAST. 1999. Federal Energy Research and Development for Challenges of the Twenty-First Century, *In*: Washington DC: President's Committe of Advisors on Science and Technology.

Perez C. 2004. Technological revolutions, paradigm shifts and socio-institutional change, *In*: Eric R. Globalization, Economic Development and Inequality: An alternative Perspective, Northampton, MA, USA: Edward Elgar, 217～242.

Peters E E. 1994. Fractal Market Analysis: Applying Chaos Theory to Investment and Economics: John Wiley & Sons, Inc.

Peters E E. 1996. Chaos and Order in Capital Markets: A New View of Cycles, Prices and Market Volatility, (2rd ed.) . New York: John Wiley & Sons, Inc.

Phillips P C B, Perron P. 1988. Testing for a unit root in time series regression. Biometrika, (2): 335～346.

Pindyck R S. 1978. Gains to producers from Cartelization of exhaustible resource. Review of Economics Statistics, 2: 238～251.

Piontkivsky D M et al. 2007. The Impact of Higher Natural Gas and Oil Prices on Ukraine. http: //siteresources. worldbank. org/INTECAREGTOPENERGY/34004325-1112025344408/20772964/UkraineEnergyPricePolicyNote. pdf. 2007-08-12

Popp D. 2002. Induced innovation and energy prices. The American Economic Review, 92 (1): 160～180.

Quan J. 1992. Two-step testing procedure for price discovery role of futures prices. The Journal of Futures Markets, 12: 139～149.

Ragwitz M, Miola A. 2005. Evidence from R&D spending for renewable energy sources in the EU. Renewable Energy, 30 (11): 1635～1647.

Richard T B et al. 2002. Price discovery and common factor models. Journal of Financial Markets, 5: 309～321.

Richards G R. 2000. The fractal structure of exchange rates: measurement and forecasting. Journal of International Financial Markets. Institutions and Money, 10 (2): 163～180.

Robison et al. From stylized to applied models: Building multisector CGE models for policy analysis, North American Journal of Economics and Finance. 1999 (10): 5～38.

Rosenberg N. 1976. Technology and environment, *In*: Rosenberg N. Perspectives on Technology. Cambridge MA: Cambridge University Press.

Rostow W W. 1959. The stages of economic growth. Economic History Review, 12 (1): 1～6.

Rowlands I H. 2005. Envisaging feed-in tariffs for solar photovoltaic electricity: European lessons for Canada. Renewable and Sustainable Energy Reviews, (9): 51～68.

Ruttan V. 1971. Technology and the environment. American Journal of Agricultural Economics, 53: 707～717.

Sagar A D, Holdren J P. 2002. Assessing the global energy innovation system: some key issues. Energy Policy, 30: 465～469.

Sato K. 1976. The ideal log-change index number. Review of Economics and Statistics, 58 (2): 223～228.

Saviotti P P. 1988. Information, variety and entropy in techno-economic development. Research Policy, 17 (2): 89～103.

Scarf H E. 1967 The Approximation of fixed points of a continuous mapping. SIAM Journal of Applied Mathematics, (15): 1328～1343.

Sharpe W F. 1970. Portfolio Theory and Capital Markets. New York: McGraw-Hill.

Sheffrin S M. 1983. Rational Expectations. Cambridge, London, New York: Cambridge University Press.

Sherrington D, Moro E, Garrahan J P. 2002. Statistical physics of induced correlation in a simple market. Physica A: Statistical Mechanics and its Applications, 311 (3-4): 527～535.

Shoven J B, Whalley J. 1973. General equilibrium with taxes: a computable procedure and an existence proof. Review of Economic Studies, 40: 475～489.

Shoven J B, Whalley J. 1974. On the computation of competitive equilibrium on international market with tariffs. Journal of International Economics, 4: 341～354.

Shoven J B, Whalley J. 1992. Applying General Equilibrium. Cambridge surveys of economic literature, Cambridge.

Silberglitt R, Hove A, Shulman P. 2003. Analysis of US energy scenarios: Meta-scenarios, pathways and policy implications. Technological Forecasting & Social Change, 70: 297~315.

Simon H. 1973. Technology and environment. Management Science, 14 (10): 1110~1121.

Slow R M. 1957. Technical change and the aggregate production function. Review of Economics and Statistics, 39: 312~320.

Sorrell S et al. 2004. The Economics of Energy Efficiency: Barriers to Cost-Effective Investment. Northampton, MA: Edward Elgar.

Starr C, Rudman R. 1973. Parameters of technological growth. Science, 182: 358~364.

Stock J H, Watson M W. 1988. Variable trends in economic time series. Journal of Economic Perspectives, 2: 147~174.

Tol R S J. 1999. Kyoto, efficiency and cost-effectiveness: applications of FUND. Energy Journal (Special Issue), 131~156.

Troll G, beim Graben P. 1998. Zipf's law is not a consequence of the central limit theorem. Physics Review E, 2: 1347~1355.

Tse Y, Xiang J. 2005. Market quality and price discovery: introduction of the e-mini energy futures. Global Finance Journal, (16) : 164~179.

Turiel A, Pérez-Vicente C J. 2003. Multifractal geometry in stock market time series. Physica A: Statistical Mechanics and its Applications, 322: 629~649.

Turiel A, Pérez-Vicente C J. 2005. Role of multifractal sources in the analysis of stock market time series. Physica A: Statistical Mechanics and its Applications, 355 (2-4): 475~496.

Törnqvist L. 1936. The bank of Finland's consumption price index. Bank of Finland Monthly Bulletin, (10): 1~8.

Vandewalle N, Ausloos M. 1999. The n-Zipf analysis of financial data series and biased data series. Physica A. 268: 240~249.

Varian H R. 1992. Microeconomic Analysis. W. W. Norton & Company, Inc. New York, 3rd Edition.

Vartia Y O. 1976. Ideal log-change index numbers. Scandinavian Journal of Statistics Theory and Applications, 3 (3): 121~126.

Walras L. 1954. Elements of pure economics, or, the theory of social wealth. New York: A. M. Kelley.

WEC. 2001. Energy Technologies for the 21st Century, *In*: World Energy Council.

WEC. 2006. Wec Statement 2006: Energy Efficiencies: Pipe-Dream or Reality? London: World Energy Council (WEC) .

WEC. 2007. Carbon Capture and Storage: a WEC interim balance. http://www.worldenergy.org/documents/ccsbrochurefinal.pdf. 2007-10-24.

Wei Y M et al. 2006. A scenario analysis of energy requirements and energy intensity for China's rapidly developing society in the year 2020. Technological Forecasting and Social Change, 73 (4): 405~421.

Wei Y M, Wu G, Fan Y, Liu L C. 2008. Empirical analysis of optimal strategic petroleum reserve in China. Energy Economics, 30 (2): 290~302.

Weitzman M L. 1974. Prices vs quantities. Review Economics Study, (4): 477~491.

Willenbockel D. 2004. Specification choice and robustness in CGE trade policy analysis with imperfect competition. Economic Modelling, 6: 1065~1099.

World Coal Institute. 2007. UK Government Releases Carbon Abatement Technology Strategy. http://www.worldcoal.org/assets_cm/files/PDF/ecoal_july_2005.pdf. 2007-11-12.

WorldBank. 2009. World Development Indicators 2009. Washington DC：World Bank.

Yang H et al. 2003. Status of photovoltaic industry in China. Energy Policy，31：703～707.

Yang H Y. 2000. A note on the causal relationship between energy and GDP in Taiwan. Energy Economics，22：309～317.

Zhang Y J，Wei Y M. 2010. The crude oil market and the gold market：evidence for cointegration，causality and price discovery. Resources Policy，(35)：168～177.

Zhang Z X. 1998. Macroeconomic effects of CO_2 emissions limits：a computable general equilibrium analysis for China，Journal of Policy Modeling，20：213～250.

Zhang Z X. 2000a. Decoupling China's carbon emissions increase from economic growth：an economic analysis and policy implications. World Development，4：739～752.

Zhang Z X. 2000b. Can China afford to commit itself an emissions cap? an economic and political analysis. Energy Economics，6：587～614.

Zhou F. 1996. Development of China renewable energy. Renewable Energy，9 (1-4)：1132～1137.

Zipf G K. 1949. Human Behavior and the Principle of Least Effort. Cambridge：Addison-Wesley Press.

Zipf G K. 1968. The Psycho-Biology of Language：an Introduction to Dynamic Psychology. Cambridge：Addison-Wesley Press.